南开大学马克思主义研究文库（第二辑）

刘骏民文集

刘骏民　著

南開大學出版社
天　津

图书在版编目(CIP)数据

刘骏民文集 / 刘骏民著. —天津 ：南开大学出版社，2022.2
（南开大学马克思主义研究文库. 第二辑）
ISBN 978-7-310-06211-9

Ⅰ. ①刘… Ⅱ. ①刘… Ⅲ. ①经济学－文集②虚拟经济－文集 Ⅳ. ①F0－53②F019－53

中国版本图书馆 CIP 数据核字(2021)第 242793 号

刘骏民文集
LIUJUNMIN WENJI

南开大学出版社出版发行
出版人：陈　敬
地址：天津市南开区卫津路 94 号　　邮政编码：300071
营销部电话：(022)23508339　营销部传真：(022)23508542
https://nkup.nankai.edu.cn

天津创先河普业印刷有限公司印刷　全国各地新华书店经销
2022 年 2 月第 1 版　2022 年 2 月第 1 次印刷
240×170 毫米　16 开本　18.75 印张　4 插页　317 千字
定价：95.00 元

如遇图书印装质量问题，请与本社营销部联系调换，电话：(022)23508339

出版说明

今年是中国共产党成立一百周年，我国开启全面建设社会主义现代化国家新征程。在新的历史起点，为进一步加强和巩固马克思主义在哲学社会科学中的指导地位，推动加快构建中国特色哲学社会科学的理论体系和话语体系，我们在 2019 年出版了“南开大学马克思主义研究文库”第一辑后，又适时推出了该文库第二辑，旨在集中展示南开大学哲学社会科学领域的有关专家学者，长期以来在马克思主义理论应用、发展和创新方面所做的贡献。文库以专著、文选等多种形式，彰显马克思主义理论的强大活力和生命力。

此次出版的“南开大学马克思主义研究文库”第二辑，与第一辑一样，也是 10 种，分别为：《柳欣文集》（柳欣）、《杨谦文集》（杨谦）、《李淑梅文集》（李淑梅）、《阎孟伟文集》（阎孟伟）、《何自力文集》（何自力）、《刘骏民文集》（刘骏民）、《杨永志文集》（杨永志）、《辩证逻辑——认识史的总结》（封毓昌）、《社会资本——产业资本社会化发展研究》（张彤玉）、《马克思主义经典与新时代劳动关系研究》（杨晓玲）。需要说明的是，这些著述或收录于书中的一些文章，有不少之前在别的出版社出版或在报刊上发表过。由于时代和认识的局限，书中有些观点今天看来难免有所偏颇或值得商榷；语言文字、标点符号、计量单位、体例格式等方面，也有不符合现行规范之处。我们在编辑出版过程中，根据国家有关新闻出版的管理规定，对一些明显的错误做了更正，对个别不合时宜的内容做了适当删改，其他则遵从原著，未予改动。恳请广大读者在阅读这些著述时，能有所鉴别。

南开大学马克思主义学院
南开大学出版社
2021 年 12 月

序

不管青年人进入哪一行，经常会听到这类励志的话："不想当将军的士兵不是好士兵。"然后前辈们会历数功成名就的将军和各类名人作为青年人的榜样和奋斗目标。但是，当那些"真将军"讲实话的时候，你就会知道，他们初上战场的榜样根本就不是司令部里的将军，而是身边告诉他怎么活下来的老兵。残酷的战争在"你不杀他他就杀你"的无奈中锻造着那些早把"将军梦"扔到九霄云外的士兵们，直到有几个坚持到最后的人，他们才有机会真的体会到什么是"一将功成万骨枯"。"活下去"似乎只有在战争和极度贫困的情况下才被看作最重要的事情，但仔细想来，人类所有的活动何尝不是为了活着。只是战争将生存与死亡的距离拉得太近，将生存空间压缩得太小罢了。从吃到穿到住，从一个人到一个家再到一个民族，从邻居到邻村再到邻国，生存何尝不是最重要的。不能生存下去，时间和空间也就失去了意义。经济学的定义不论如何鲜亮，又何尝不是要搞清楚怎样才能活下去，怎样才能活得好一些的学科。经济学在当代不但是探讨谋生之道的学科，也是可以谋生的行业。与当年马克思的处境不同，现在的中国，无论是马克思主义经济学还是西方经济学都可以成为某些人谋取利益的工具。但经济学的发展不是靠利益刺激推动的，名誉地位的刺激下可以有更多人参与，却不能保证其忠诚的治学态度，因为其兴趣不在治学本身而是其能够带来的利益。对学科的兴趣可以启发人的想象力和创造力，持久的兴趣会演化为对目标的忠诚，从而形成执着的追求，执着才能心无旁骛和专注。虽然有兴趣不一定有真正的成就，但成就却往往是持久的兴趣所赐，何况过程本身已经不是什么人都可以享受的奢侈品了。

本文集大致记载了我多半生对经济学兴趣的发展历程。

从朦胧的意识到产生兴趣

少年时羡慕诸葛亮未出茅庐已定三分天下，觉得很了不起。但那毕竟是演绎，当不得真，后来读到介绍商鞅《商君书》中的名句："愚者暗于成事，智者见于未萌"，于是羡慕先知先觉的高人。1968 年下乡以后强制自己读名著，先看了托尔斯泰的《战争与和平》，虽然提不起兴趣，但还是坚持读完了。至今记得，其中讲到战争中拿破仑是否真的能驾驭战争的时候，托尔斯泰做了一个比喻，一座山被众人刨倒了，人们常常认为是最后那个人最后一镐的功劳。我觉得他在暗示战争背后有某种力量支配着战争的结果，这个结果不是英雄的个人力量所致。后来读了马克思的《路易·波拿巴的雾月十八日》，初步接触到历史唯物主义。特别是读到法国农民对拿破仑的侄子高呼拿破仑万岁的时候，马克思在破折号后写道："——香肠万岁！面包万岁！小丑万岁！"我被如此清晰且深刻的见识震撼了。再后来，随着读书渐多，我对历史唯物主义深信不疑，坚信每次重大的历史事件背后都必然有着深刻的经济原因。理论如果不能应用自然就没有价值，也就不必学。于是我在读政治经济学著作的同时希望能对未来的现实发展有所预见。当时正值"文革"，用历史唯物主义的观点看，如果"文革"确实是重大的历史事件就应该有鲜明的经济原因。认识是不断发展的，也是逐渐深入的。后来我读了经济系本科，又攻读了经济学硕士、博士研究生，并从事西方经济学教学几十年，这类问题始终在脑海里挥之不去，直到40多年以后，我终于将自己的理解在本文集收集的文章中阐述出来。对什么有兴趣可能有偶然性，但从兴趣发展到执着的追求却需要长期理论和实践两方面的磨炼。

从兴趣到执着的追求

对于一个人的努力来说，成绩如何很重要。我也希望得到表扬和赞誉，这些往往是坚持下去的重要环境。但成绩不是评选出来的，更不是媒体炒出来的。它是历史的判断，必须经历时间的沉淀。当虚拟经济概念提出以后，在成思危教授的支持下，南开大学成立了虚拟经济与管理研究中心，推动这个命题的研究。但是，围绕这个命题的争议不断，直到如今。一位著名教授早在2004年就提醒我，同其他研究命题相比，虚拟经济研究的一个重要劣势就是不能与国外接轨。的确，我们没有国外经济学大腕的背书，不是已有的成熟命题，更不是国外正在兴起的研究方向。但是我想，与国外接轨虽然一定要做，但不一定是引进，输出难道就不是接轨的方式吗？我们的理论尚在发展中，正在接近成熟。我们会在不久的将来将自己的理论和盘托出，但现在还需要继续磨炼。成思危于2000年第一届全国虚拟经济研讨会上就说过，要有十年磨一剑的精神。从那时至今已经19年了，如果从我自己开始研究虚拟经济算起已经20多年了。20多年来，各种批评和疑问也无时无刻不鞭策着我们。成思危先生病重时曾嘱托我要将虚拟经济的研究坚持下去，深入下去。我承诺会毕此余生完成这个任务。

我之所以要将虚拟经济作为我研究理论经济学的一个旗帜，是因为我认为，以美英为代表的自由市场经济迄今最重要的变化莫过于经济虚拟化，这个变化的逻辑来自市场经济的本质。它悄悄地削弱着美国国际地位，改变着世界经济格局，且成为世界一切经济、政治和军事格局变化的重要背景。与此同时，世界的另一个重大历史事件就是中国经济的迅速崛起。这一衰一盛，改变着世界历史的进程，也改变着我们对经济学的认识。这些已经发生并依然继续着的历史趋势挑战传统的经济学理论。体会这些变化，比较已有的经济学理论在事实面前的解释力，不盲从任何权威，做自己的判断。发现历史事实背后的真实逻辑，如果有必要，改造甚至重建经济学体系，帮助后人更清晰地认识经济发展的规律。这就是逐步清晰起来，从兴趣生成的毕生追求。

尴尬与希望

我是一名极普通的教师，如何生活得好一些自然是不能不问的大事。兼职做独立董事是我补贴收入的重要来源。要履职、看材料、调研、开会等会消耗我不少时间，但是也给了我近距离观察企业的机会。从经济学视角来体会企业，再从企业兴衰直接感知中国经济的脉动。亲眼看民营企业如何从无到有，从小到大，看着它们辉煌，看着它们被美国和欧洲“双反”搞得迅速衰落，直到倒闭；近距离体会大国企科技体系的效率如何支撑“歼-20”那样高科技的研发；亲眼看网络企业如何将网络写手魔术般变为亿万身价的网络作家；看着周围众多年轻人如何从靠工资生活的打工仔在几年之内便成为分享利润的亿万富翁，将“财务自由”硬生生充作了年轻人奋斗的重要目标；我也亲身经历了原来遍地都是的国企不得不以各种形式倒掉的悲剧；看那些几乎毫无节制的高污染中小企业怎样在公众的一片怒骂声中被整治；那些靠“借新债还老债”迅速膨胀的公司以及无节制发债的地方政府如何将中国的债务推到空前高的水平，直到“脱实向虚”成为威胁中国经济稳定的最大风险……。中国在各种困境中崛起，也给落后国家带来希望，更给新的经济模式的理论概括带来希望。在21世纪，中国正在走向世界经济的中心，中国经验的概括和总结以及更符合实际的经济学诞生也必将成为 21 世纪中最具吸引力的文化事件。世界经济无论在技术、经营模式还是制度上都处在新陈代谢旺盛的时期。新技术替代旧技术，新制度替代旧制度，新企业替代老企业，新经济体替代老经济体等。新陈代谢及其活跃程度是所有经济体的生命力源泉，而经济增长则是所有经济体生命力的集中表现。这个世界充满变化，充满挑战，充满困难，充满陷阱，也充满机会。但最重要的是充满希望，包括越来越好的希望和涅槃再生的希望。

刘骏民

2019.2.1

目　录

生产函数理论对“物”的研究与政治经济学的对象

摘　要：当代西方经济学一方面力图“证明”资本主义制度的“合理性”，另一方面要为发展资本主义的国民经济出谋划策。根据这样的目的，西方经济学的研究对象同时包括人与人、人与物和物与物这三种关系。生产函数理论是同时研究这三种关系的一个典型。通过对它的解剖，我们会清楚地看到，摆在经济学家面前的许多问题中，除去经济制度的或体现人与人关系的问题以外，还有相当一部分是人与物和物与物之间的关系。它们属于人类共同面临的经济问题，属于无论社会制度如何，都必须设法解决的那类经济问题。

当代西方经济学一方面力图“证明”资本主义制度的“合理性”，另一方面要为发展资本主义的国民经济出谋划策。根据这样的目的，西方经济学的研究对象同时包括人与人、人与物和物与物这三种关系。生产函数理论是同时研究这三种关系的一个典型。通过对它的解剖，我们会清楚地看到，摆在经济学家面前的许多问题中，除去经济制度的或体现人与人关系的问题以外，还有相当一部分是人与物和物与物之间的关系。它们属于人类共同面临的经济问题，属于无论社会制度如何，都必须设法解决的那类经济问题。

一、生产函数理论的研究对象

生产函数理论研究投入与产出之间的技术关系。它的直接目的，一是要说明企业如何选择技术工艺或生产方法才能使利润达到最大或成本达到最小；二是要用这个理论来证明资本主义分配的“合理性”，即劳动创造工资、资本创造利润、土地创造地租这一庸俗经济学的老命题。

（一）物与物的纯技术关系

生产函数的一般形式为 x=f（a, b, c...）。其中，x 表示产出，a、b、c 表

示投入的各种生产要素。在多数情况下，生产函数用价值量来描述投入与产出之间的技术关系。例如，生产价值为 x 的某种商品需要价值为 a 的劳动、价值 b 的设备、价值为 c 的原料等。加入了价值因素以后，由于工资和价格范畴都属于人与人之间的关系，就使生产函数所描述的技术关系发生了扭曲。但是，如果假定价格和工资不变，只是用价值量（以不变价格计算）来衡量和通约生产要素和产量，那么生产函数所描述的仍然是技术关系，而不是人与人之间的生产关系。

在生产函数中，劳动和资本（生产资料）一样，都被当作物。这对企业管理来说是过于呆板和僵化的，但在理论分析上却很有用。例如，库伯-道格拉斯生产函数的形式如下：

$$x=b_0\cdot L^{b1}\cdot K^{b2}$$

其中，x 为产量，L 为劳动，K 为资本，b_0 为效率参数，b_1 和 b_2 分别为劳动和资本的效率参数。生产要素的集约变可以由 b_1/b_2 来衡量，这一比值越大，表示劳动的集约度越大；这一比值越小，表示资本的集约度越大。生产的组织效率由 b_0 来衡量，在资本和劳动不变的情况下，生产组织得越好，b_0 的值越大，产量 x 也就越大。

b_1+b_2 还可以表示规模收益的状况。如果 $b_1+b_2=1$，规模收益不变，生产要素 L 和 K 增加 1 倍，产量 x 也增加 1 倍。如果 $b_1+b_2<1$，规模收益递减，生产要素（投入）增加 1 倍，产量 x 的增加则要小于 1 倍。如果 $b_1+b_2<1$，规模收益递增，投入的生产要素增加 1 倍，产量 x 的增加要大于 1 倍。一旦实际测定出某些行业的上述三个参数（b_0、b_1、b_2），就可以较确切地描述不同行业在技术关系上的差异。

在马克思的理论中，技术关系也是研究生产关系的前提条件。他用资本有机构成概念分析工、农业之间的差别就是一个突出的例子。首先，资本有机构成以资本的技术构成为基础，由资本的技术构成决定，并反映资本技术构成变化的资本价值构成。其次，马克思指出，造成农产品价值高于其生产价格的原因是农业的资本有机构成低于工业。

显然，马克思这里提到的资本的价值构成所反映的资本的技术构成，指的是技术关系，而不是人与人的关系。利用资本的有机构成概念可以把工、农业之间技术水平差异粗略地描述出来。而用道格拉斯生产函数来描述技术关系比用有机构成概念更精确一些。当然，马克思的资本有机构成概念并不是为了单纯描述技术关系而建立的，用它来大致描述技术关系的目的是建立生产价格理论，为了研究资本积累的历史趋势及剩余价值瓜分等生产关系上的问题。技术关系在马克思的理论中只处于“被联系到”的从属地位。而生产函数却是单纯为描述技术而建立的，它要更“专业化”一些。

在生产函数理论中，生产要素的边际产品是一个重要的概念，它一方面是研究技术关系的重要工具，另一方面也是庸俗分配论的理论依据。生产要素的边际产品是指，在其他生产要素数量不变时，某一种要素投入量的微小变化带来的产量变化。它通常被用来衡量生产要素的边际生产力。它可以表示产量变化（通常指增加）对不同生产要素的不同依赖程度。

有的同志认为，承认了资本和劳动的边际产品概念，就意味着承认资本和劳动共同创造价值的观点，从而否定劳动价值论，最终导致“三阶级三收入”合理和资本主义制度合理的结论。但是，问题不在于是否承认边际产品这个概念，而在于怎样使用这个概念，用它来干什么。马克思曾引用配第的名言“劳动是财富之父，土地是财富之母”来说明使用价值的创造。他从不否认社会的物质财富和商品的使用价值是由劳动、代表自然力的土地和生产资料共同创造的观点。如果只把边际产品的概念用于使用价值或物质财富的研究，它就不会与马克思的理论有任何冲突。即使加入价格因素，只要研究对象不是人与人的关系，就不会改变这类研究的科学性。庸俗经济学之所以庸俗，并不在于它创造了边际产品的概念，而在于它试图用这一概念去解释人与人之间的分配关系，试图用物与物的关系去证明本来并非由它决定的社会生产关系。

（二）人与物的关系：评价与选择

任何一种商品的生产往往同时存在多种不同的生产方法。为了进行选择，首先就要对不同的生产方法做出评价。生产函数描述了物与物之间的技术关系，而比较不同生产方法的优劣，做出评价和选择，则是一种人与物之间的关系。发生关系的一方是具有主观意志的人，另一方则是物或物的过程。只有单纯的技术关系，人们往往无法做出选择，必须加上评价或选择的标准及其条件。

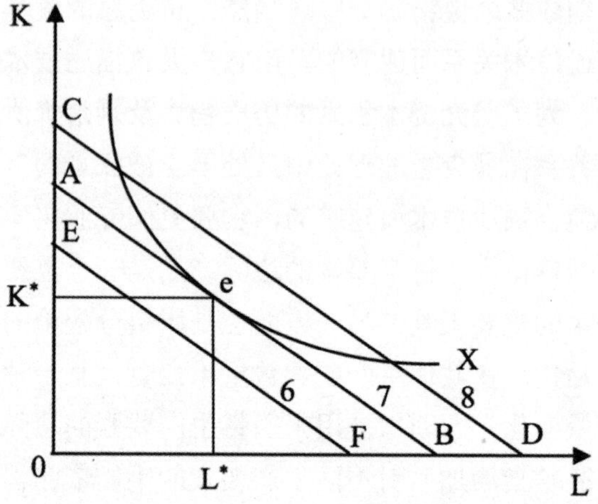

图 1

在生产函数理论中，最低成本和最大产量是评价和选择生产方法的基本标准，价格则是其基本条件，价格因素一般通过等成本线来表示。如图 1 所示，EF、AB、CD 为三条等成本线，分别表示总成本为 6、7、8 三个水平，它们相互平行，表示劳动与资本的“价格”比不变。X 为一条等产量线。在图中，只有总成本为 7 的 AB 与等产量线 X 相切，高于 AB 的等成本线 CD 表示总成本高于 AB，为 8，它与等产量线有两个交点，按其中任何一点确定生产要素的组合，总成本都是 8。而按总成本为 6 的等成本线 EF 来组织生产，则无论如何不能生产出 X 的产量，它与等产量线 X 没有交点。所以，AB 是生产 X 量产品的最低成本，它与等产量线 X 相切于 e。只有选择资本为 K^*，劳动为 L^* 的生产要素组合才能使成本达到最低。这是一种典型的对物的过程进行评价和选择的问题。它体现的不是人与人的关系，也不是物与物的关系，而是人与物的关系，是我们常遇到的“经济或不经济”的那类问题，属于经济一词的最基本含义，用最小的耗费获得最大的成果。它是所有社会都存在的、最一般的经济问题。

（三）人与人的关系

在当代西方经济学中，生产函数理论的一个重要作用就是为分配理论提供理论基础。西方资产经济学家认为，效用就是价值，它是由土地、劳动和资本共同创造的。这三个要素各自对价值的贡献是由它们的边际生产力决定，并由边际产品来衡量的。各要素所得的收入（租金、工资、利润）是它们各自创造的，除非某要素的收入超过了其边际产品的价值，否则就不存在剥削问题。西方资产阶级经济学家不是从社会的生产方式，从所有制中去寻找价值论和分配论的理论基础，而是试图从人与物和物与物的关系中直接推导出价值和分配关系。这显然是错误的，这是庸俗经济学惯用的方法。在人与人关系的研究上，当代西方经济学并未脱离庸俗经济学的窠臼。

二、政治经济学的研究对象

马克思主义政治经济学和当代西方经济学是两个根本对立的理论体系，它们之间存在着两种最基本的关系：第一种关系是它们各自站在相互对立的阶级立场上，有完全相反的实践目的；第二种关系是它们都是在分析资本主义经济，要从同一些经济现象入手来开始各自的研究。前者从根本上决定了它们在研究对象上和理论内容上的差别和对立。后者则使它们研究了一些共同的经济现象，在一些非本质的问题上有许多共同的认识。

（一）不同的实践目的与不同的研究对象

马克思认为资本主义财富的一般形式是商品和价值，而资本主义财富的特有形式是资本和剩余价值。使用价值的创造，以及社会物质财富的增长和分配无非是在价值关系和资本关系下实现的。马克思认为它们不属于政治经济学的研究对象。他要揭示统治着各种“物的过程”的人的社会过程。他指出资本主义的使用价值创造是以价值创造和剩余价值创造的形式存在的。收入分配是在资本与劳动的对立关系中实现的，而资源分配则服从于资本家追求最大利润率的行为规律，并通过资本和劳动力的自由流动来实现，揭示了资本主义经济运动的客观规律是马克思经济理论的根本任务。《资本论》的这一特点是由它的实践目的决定的。

马克思要用他的政治经济学武装工人阶级的头脑，使他们认识到资本主义必然灭亡的历史趋势和自己肩负的历史使命。《资本论》的实践目的就是指导无产阶级推翻资本主义制度，它必须科学地揭示资本主义发展的历史趋势。而一个制度的历史趋势，只有在人与人的社会关系中才能得到正确的说明。《资本论》绝不是为发展经济出谋划策的理论。但马克思也曾设想过共产主义社会的计划经济。他认为计划实质上就是总劳动的分配，社会依据人们的需要、生产的物质内容和生产能力来计划自己的生产活动。显然，计划的主要内容是人与物和物与物的关系。马克思没有具体研究计划经济，也就不会充分注意到研究使用价值创造和社会物质财富的增加对于将经济发展放在首位的经济学的重大意义。

资产阶级经济学在李嘉图之后经历了一个漫长的庸俗经济学时期。在21世纪30年代以前，资本主义虽周期性爆发危机，未出现崩溃的迹象。这使得资产阶级经济学还可以停留在单纯辩护性的水平上，1929—1933年的大危机和随后的长期萧条使资本主义制度不能再照旧维持下去了。经济学也为之震动，产生了以张伯伦和琼·罗宾逊为代表的微观经济学革命和随后的凯恩斯宏观经济学革命。从此，西方经济学开始了一个实用主义的新时代。资本主义制度不再可能靠口头辩护生存下去了，它需要能为资本主义经济发展出谋划策的理论。研究使用价值的创造，物质财富的增长，不再仅仅是为资产阶级的价值理论、分配理论提供辩护性说明。当代资产阶级经济学要为资本主义经济发展出谋划策，这就是它为什么要在人与物和物与物的关系上大作文章的根本原因，也是“实用主义经济学”同庸俗经济学的一个重要区别。

（二）对同一些现象的描述和认识

《资本论》同西方经济学的另一种关系是二者都从一些共同的资本主义经济现象入手来进行各自的研究，这使得它们在一些非本质的问题上有不少相同的或类似的见解。

例如，对价值规律作用形式的见解。马克思在《资本论》第一卷中指出价格受供求影响会围绕一个中心波动，当供求一致时，价格将与这个中心（价值）相符。马歇尔的均衡价格论也认为价格受供求影响围绕这个中心波动，当供求一致时，价格与此中心（均衡价格）相等。二者对“波动中心”的解释是根本对立的，但对价值规律作用形式的见解却相当类似。张伯伦曾批评马歇尔把均衡价格理解为供求相等的价格不能说明任何问题，他认为资本主义的均衡价格是边际成本等于边际收益的均衡，也就是利润最大化的均衡。它把利润最大化看作是统治资本主义市场均衡和价格决定的根本原则。马克思在《资本论》第三卷中也指出，造成价值规律向生产价格规律转化的根本原因是资本家追求最大利润率的行为规律。马克思的生产价格理论（包括《资本论》第3卷第10章的市场价值理论）也体现了一般均衡理论的一些相同思想，特别是同斯拉法《用商品生产商品》一书的某些观点相比，有基本相同的均衡条件和原则：第一，考虑到各部门之间的竞争关系，并假定资本和劳动力是自由流动的；第二，各部门都有平均的利润率；第三，各部门的供求趋于一致。

又如，列昂梯夫曾说，他的投入产出分析可源于马克思的再生产理论。

他的投入产出分析体现了马克思再生产理论的核心问题，即部门间的物质比例和价值比例的问题。而且还加上了价格、工资、利润等因素来考察部门之间的比例关系。此外，西方宏观经济学中关于储蓄等于投资的思想，也是马克思再生产的实现条件之一。他指出，在简单再生产中，进行货币折旧的资本家要与进行资本实物更新的资本家数量相等。前者从流通中取出货币，后者向流通中投入货币，在扩大再生产中，进行货币积累的数量要与进行现实积累（实际投资）的数量相等。从流通中取出货币就是西方宏观经济学的储蓄概念，它是收入流量中的货币“漏出量”；向流通中投入货币的资本更新和现实积累就是西方宏观经济学的投资概念，它是收入流量中的货币“注入量”。

此外，在诸如效用的创造、对技术关系的描述，以及《资本论》第3卷（457 页）提到的存款创造理论等问题上，《资本论》和西方经济学之间也有非本质的类似之处，至少可以被看作是对经济现象的理论描述和归纳。而由于理论的实践目的不同，马克思对多数经济现象的描述和归纳大都比较简单，只指出其一般形式、特点和（或）若干基本原则，而不再对它们进行更加具体化、数量化的分析。

（三）政治经济学社会主义部分的研究对象

与马克思的时代不同，社会主义经济学家的主要任务是为社会主义经济发展出谋划策。一方面要继续研究人与人的关系，以便为制度和体制的调整提供指导，另一方面也要研究发展经济的政策和策略。这二者不能分开，前者是基础，而后者是经济建设中最经常、最大量的问题，其中多数属于最优化的决策问题，这类问题又多半要对物与物的过程和人与物的过程进行研究。此外，对体现人与人关系的经济范畴的研究也要注重具体化和数量化。社会主义政治经济学的研究对象应是包括人与人、人与物和物与物三种关系，并以发展社会主义经济为实践目的。

（四）关于生产力经济学

生产力经济学是马克思主义经济学派中最先明确把生产力纳入经济学研究范围的学派，它打破了“生产力是自然科学研究对象”的传统观点。但是，如何发展社会主义经济绝不是单纯的生产力问题，也不是联系生产关系来研究生产力的问题。社会主义经济建设需要一个把生产关系和生产力统一起来全面考察的理论，一方面要对制度和体制的发展做出规律性的解释，以指导它们的调整；另一方面要对既定制度和体制下的经济运行规律进行研究，并在此基础上为发展经济的微观和宏观决策提供理论分析的工具和方法。当代西方经济学就是这种以推动经济发展为主要目的的经济学，它也是资产阶级的政治经济学，它是根据资本主义经济发展的全面需要，把人与人、人与物、物与物一并纳入研究对象的政治经济学。在对生产关系的本质研究上，它们仍然是庸俗的，但在对制度和体制调整的研究上却是现实主义的。我们为了给社会主义经济发展提供理论指导，需要有自己的把生产力和生产关系统一起来进行研究的政治经济学。

（本文原载于《现代财经》1988 年第 3 期）

国际虚拟资本与国际货币体系

20 世纪 90 年代以后，国际货币本身的虚拟性和国际证券业的迅速膨胀结合在一起，导致国际货币体系崩溃的潜在威胁越来越大。特别是近年来金融衍生物的迅速发展，使许多世界性大银行和金融机构卷入了国际性的投机活动，并造成了一些大银行的倒闭。一些西方经济界人士已经在探讨国际货币体系崩溃的可能性。实际上，发达国家银行业近年来的过度投机倾向，只是国际货币体系基础不稳的一个表面现象，更深刻的原因在于当代国际货币的虚拟性发展与国际虚拟资本的运动结合在一起，对各国货币金融当局之间的国际合作和协调提出了更高的要求，而各国之间的利益冲突又不可能使这些要求得到满足。当代国际货币体系的崩溃将是不可避免的。

一、当代国际货币的价值量

用贵金属充当货币材料已经有几千年的历史，而货币最终与黄金割断联系仅仅是 20 世纪 70 年代的事。从用贵金属充当货币材料，到它完全退出货币领域是与资本主义信用的发展密切相关的。而商业信用工具——汇票则是货币摆脱贵金属过程中的第一个工具。马克思曾经指出，海外贸易是资本主义生产关系得以确立和发展的一个巨大的推动力。而信用货币的最初形式——汇票早在 17 世纪的国际支付中就被用来代替黄金充当支付手段。货币摆脱贵金属（因运输安全等因素）带来的不便正是在最需要它还原为有价值的黄金的国际支付中开始的。可见货币的发展在资本主义初期就与国际支付分不开，并与虚拟资本的国际化运动密切相关。在当代，这种关系就更为密切。货币不但是价值符号，而且是虚拟资本。货币 M1 的定义包括可开支票的活期存款，它就具有“价值增殖”的外衣，而 M2、M3 的定义则直接将不同流动性的证券包括在内。在国际上，货币总是以存款和各种有价证券的形式存在，使货币在很大程度上与证券重叠在一起，具有价值增殖的形式。它虽然越来越像是自行增殖的资产，但货币本身不再有内在价值，它的价值完全是经济关系赋予的。币值的决定脱离了任何贵金属的个别生产过程，完全是一个社会过程。

（一）当代国际货币的价值基础

国际货币的发展大致经历了“金本位”“ 金汇兑本位”“布雷顿森林体系”和“浮动汇率”这四个阶段。国际货币的发展历程清楚地表明了货币摆脱黄金束缚的过程。直到“布雷顿森林体系”崩溃之前，国际支付中的一切工具，美元、英镑等各国的货币，以及用各种货币命名的票据，都直接或间接代表一定量的黄金。在金本位时期，黄金是国际支付的最后手段。在金汇兑本位时期，黄金逐步由国际交换媒介和支付手段退居国际储备的地位。第二次世界大战以后，布雷顿森林体系的建立使美元具有与黄金的同等地位，美元与其他一些硬通货逐渐成为国际储备的主要成分，黄金国际储备货币的地位也开始动摇。在金汇兑本位时期，一切国际支付手段都不过是黄金的代表。各国的货币之所以被看作是有价值的支付手段而被接受，是因为它可以兑换黄金。黄金的代表物——各国的货币绝不是按货币数量论所说的那样，其币值由货币供给量与商品量及其价格之间的数量关系决定，而是由它们的含金量决定，由它们实际能够兑换的黄金数量决定。它们的供求关系只不过使它们围绕含金量决定的价值上下波动，在美元成为国际货币，从而可以与黄金同样作为国际储备货币以后，情况变得更复杂了。一方面，美元的含金量仍然在名义上决定着它的币值；另一方面，美元的供求关系，即美国的国际收支和对美元的投机活动，在决定美元的国际价值方面起着比过去更大的作用。但是直到布雷顿森林体系崩溃之前，世界货币一直保持着与黄金的关系。这种关系是币值决定的基础。国际货币是与黄金这种有较稳定价值的物质联系在一起的。国际货币的币值是建立在个别使用价值的价值基础之上的。

1973 年，美国最后停止对各国中央银行用黄金兑换美元，黄金虽仍是国际储备的一个重要组成部分，但国际货币的币值决定发生了根本性的变化。币值的基础不再是黄金这种个别使用价值的价值，而是整个商品界，一些其货币被作为国际货币广泛用于国际支付和储备的国家，其币值首先由其货币供给量与国内商品和劳务价值总额的相对关系决定。在国内，货币的币值决定已经摆脱了个别使用价值的生产过程，不再由黄金的个别生产过程来决定，而是直接由社会总的经济关系来决定。它不再是先与黄金发生关系，然后再与国内的整个商品界相对立，而是直接与国内的商品界相对立。在国际上，一国的币值已经完全取决于其在国际货币市场上的供求关系。在这一供求关系中，该国的国际收支状况虽然起着重要作用，但对像美元、日元这些在境外大量存在的货币来说，国际的投机活动和其他金融活动正在起着越来越大的作用。

我们不难得出结论，当代国际货币的价值量基础已经完全摆脱了个别使用价值的生产过程。它是由国内的宏观的经济关系所决定，并由国际经济关系调节的。

（二）货币数量论

用 M 表示货币供给量，用 V 表示货币流通速度，用 Q 表示一国当年全部最终产品的数量，用 P 表示其总价格水平。货币数量公式可以写为：

$$M \cdot V = P \cdot Q \tag{1}$$

实际上，在我们考虑债务支付、投机的证券买卖时，早已超出了当年国民收入的范围。当投机活动活跃的时候，不但当年的收入会有更多的部分流向金融市场，而且人们会动用储蓄甚至借款。这样就使得投机的货币需求不限于当年的国民收入，在当年国民收入支付的货币之外，仍然需要有一部分货币用于与当年收入支付无关的各种支付活动。其中最大量的支付活动与虚拟资本的运动有关。这样，在式（1）的右边应增加各类证券交易所需的货币量。

用 SP 表示证券的一般价格水平，用 SQ 表示证券的数量，货币数量公式就应写为：

$$M \cdot V = P \cdot Q + SP \cdot SQ$$

$$M = \frac{P \cdot Q + SP \cdot SQ}{V} \tag{2}$$

关于货币流通速度是否易变存在着争论。精确地测定实际的货币流通速度是一件相当麻烦的事，这种测定只能用于长期，短期测定的困难在于经济活跃，买卖流动频繁，资金周转加快，不同产品、行业和在不同环境下的交易速度往往有很大差异。对于产品来说，总有生产周期的限制，快与慢不会发生太大的差异，但对证券业来说就完全不同了。证券没有生产周期，只有发行量、存量和交易量之分。而且一笔证券可以在很短的时间内多次买卖。因此，将证券交易速度与商品和劳务交易速度区别开对于货币数量公式显得十分重要。用 Vs 表示证券交易的速度或用于证券交易的货币流通速度，式(2)可以写为：

$$M=\frac{P\cdot Q}{V}+\frac{SP\cdot SQ}{Vs} \tag{3}$$

该式是在国内适用的货币数量公式，它表明一国的币值不但与整个商品界或总资本的实际生产活动有关，而且与货币的供给量 M、虚拟资本的总交易量（$SP\cdot SQ$）及其活跃程度 Vs 有关。

（三）货币、总产值、虚拟资本的关系

将式（3）做如下变换：

$$M-\frac{P\cdot Q}{V}=\frac{SP\cdot SQ}{Vs} \tag{4}$$

式（4）表明，货币的供给量将压向两个市场，一是产品市场，二是证券市场。当货币供给量增加的时候，如果证券投机活动活跃，往往会有更多的货币压向证券市场。Q 越是保持较高的增长率，证券市场就越是容易得到较高的股息红利等收入，证券价格会提高。在经济前景看好时，证券投机越活跃。经济越是持续增长，就越是容易引发证券市场的过度活跃。货币供给量增加造成的通货膨胀的压力就相对越小，造成证券市场的泡沫也就越多。这时币值并不因货币供给量增加而贬值。日本 1986—1990 年间就经历了典型的上述过程。1986 年日本金融当局采取了过度放松银根的货币政策，1987 年日本的实际 GNP 开始迅速增长，1987 年为 4.4%，1988 年为 6.2%，1989 年为 4.8%。1990 年为 5.2%。银根放松引起前所未有的资金过剩，大量资金投向股票和其他证券及房地产市场，导致股票和房地产价格过度膨胀，将 1985 年设为 100，1986—1991 年的股票价格指数分别为：1986 年 132.9，1987 年为 196.4，1988 年为 213.9，1989 年为 257.8，1990 年为 218.8，1991 年为 184.9。而同期的消费物价指数为：1986 年为 100.6，1987 年为 100.7，1988 年为 101.4，1989 年为 103.7，1990 年为 106.9，1991 年为 110.4。日本股票价格从 1987 年开始猛涨，一直持续到 1989 年。而消费物价指数在同期却保持着很低的增长率。显然，过度增加的货币量滞留在证券和其他金融及房地产炒作市场上。日本股市从 1990 年开始降温，消费物价指数上涨的幅度开始增大，日本的泡沫经济开始破裂。尽管 1990 年日本已开始紧缩银根，证券价格的下跌使压向金融市场的资金开始流出，一方面物价指数上涨幅度加大，另一方面由于大量日本资金外流，也造成数度日元汇率下跌。日元与特别提款权的汇率以$/SDR 计，1988 年平均为 169.36，1989 年为 188.52，1990 年为 191.21。

货币供给量、总产值、虚拟资本之间的关系是由投资者的行为来决定的，由于虚拟价值增值不受时间、具体经营活动条件的限制，而且其价格差带来的收益往往是生产活动无法比拟的，所以虚拟资本一旦膨胀起来，对投资者往往更有吸引力。

二、国际货币与国际证券

几乎所有发达国家的货币都被作为国际支付手段和储备手段执行着国际货币的职能。由于它们都是纸币，没有内在价值。因此，其波动幅度就远大于金本位时的各国币值波动幅度。这一方面给所有的国际经济往来增加了“汇率风险”，另一方面也造成了套利机会，刺激了约束汇率波动的机制。国际证券投资与其他国际经济活动一样，存在着汇率风险，但是国际证券对货币及其有关变量的敏感程度要高于商品交易和直接投资。因为货币的虚拟性与证券的虚拟性合在一起，可能给投资带来更大的损失或更大的收益。

（一）国际证券与国际货币的密切关系

国际证券投资与其他实际投资的重要区别之一是它与货币变量有更为密切的关系。这种密切的关系首先表现在市场的部分重合上。国际货币市场包括所有的短期货币交易，进行即期的货币兑换业务仅是其中的一部分。当进行远期货币兑换业务的时候，汇率变动和利息率变动都要被直接考虑在内。除货币兑换业务外，国际货币市场还包括各种短期银行信贷，以及短期债券市场和商业票据市场。由于货币兑换业越来越感到汇率变动预期的重要性，而预期汇率变动又总是与利率变动和对远期利率的预期交织在一起，使得国际证券的收益、价格的变动与国际货币有着更为密切的关系。其次，国际利率的差异、通货膨胀的差异，以及货币政策差异引起的其他货币变量的差异，对国际证券投资的影响要比对实际投资和商品贸易的影响大。这些货币变量有时不影响实际资产的价值，却影响国际虚拟资本的价格和收益，也有时对实际资产影响的方向和程度与对虚拟资本的影响不同。例如，某种国际货币的本国货币当局过度增加了货币供给，可能过多地流入证券市场，实际利率大幅度下降，而物价上升并不严重，商品进出口受到的影响不大，而金融资产的进口却可能因国内利率太低而增加，导致汇率下跌。该国的实际资产对外国人来说，其账面价值下跌，但该国的股票却会因利率下跌而上升。可能抵消汇率下跌而有余，至少不会与实际资产同比例贬值。一般来说，利率的变动对实际资产的影响最多是机会成本的问题，而对于股票和债券，则会影响其价格和收益。第三，无论是证券还是实际资产的国际交易，躲避汇率风险的唯一办法是通过各种金融或货币的期权、期货等证券交易。在当代，由于货币的虚拟性，使得国际证券与国际货币的关系远比货币与实际资产的关系要密切。

（二）国际虚拟资本与货币投机

在国际上，汇率套利的投机活动有助于消除汇率差异，使货币市场在国际范围内更有效，同时也会减小汇率的波动幅度。国际证券投资者总是要考虑该国的利息因素和汇率因素对其收益的影响。货币的国际投机活动也是一样，投机者必须考虑所投机的货币的软硬，即其汇率是看涨还是看跌，并比较两种（或两种以上）货币的利息率差异。因此，国际证券投资与货币投机的影响因素有许多是共同的，在许多西方金融理论家看来，国际证券（包括货币派生物）的交易与各国货币的现货交易有直接的关系，人们通过货币、债券等的期货和期权交易来避免汇率波动的风险和进行投机活动的影响也在日益增大。

三、虚拟性的本质要求

在当代，价值的独立化表现形式——货币，已经被彻底虚拟化了；价值增殖的虚拟化表现形式——证券交易，也扩大了规模和范围。虚拟资本是资本主义生产日益社会化的产物，货币和证券的虚拟性也就是它们的社会属性。在国内，货币失去了内在价值，与整个商品界相对立，就要求对货币进行严格的宏观控制；证券业的虚拟性也要求实行严格的宏观控制和社会管理，使它的运行不至于给实际经济活动带来危害。

（一）当代的国际货币、国际虚拟资本与国际货币体系

当代各国的货币都严格地控制在其货币当局的监管之下，使得货币的供给量与国民经济发展的需要相适应。但是，在国际上，既无统一的货币，也无统一的货币当局来监控国际货币的数量，而货币的社会属性则要求其在世界范围内的统一。在金本位制度下，这种统一由黄金成色和衡量的统一来完成。在布雷顿森林体系下，纸币不但成了国际支付的主要手段，而且是国际储备的主要成分。黄金不再能以其自然属性保持世界货币的统一，世界性的货币协调机构就成为保持世界货币统一性的必要条件之一了。在黄金非货币化以后，国际的货币政策协调就变得更加重要了。货币关系是国际经济关系的集中体现，也直接影响着国际的各类经济往来，在许多一体化的经济区域，货币的统一都是至关重要的。欧洲共同体早在20世纪70年代开始就为欧洲的货币统一进行了不懈的努力。直到1993年11月1日《马斯特里赫特条约》（以下简称《马约》）生效，统一货币终于正式被列为新的“欧洲联盟”的基本目标。《马约》规定将在1999年实现欧洲的单一货币，并成立欧洲中央银行。在此之前，成立欧洲货币机构以监督协调各国中央银行的货币政策，并为成立欧洲中央银行和发行统一的欧洲货币做准备。到1997年，欧洲联盟各成员国应实现货币稳定；低通货膨胀率；利率不超过三个低利率国平均水平的2个百分点；预算赤字不超过国民生产总值的3%；公共债务总额不超过国内生产总值的60%这五大目标。在欧洲和整个资本主义世界经济不景气的情况下，要实现这些目标，顺利过渡到单一的欧洲货币体系，是相当艰难的。各国要维护本国的经济利益，本国货币的独立性和本国中央银行的独立性是基本保证，而各国间的经济往来又需要统一的货币和一个有实权的欧洲中央银行。在经济繁荣时期，如20世纪60年代欧共体初期，共同的利益关系往往要超过各国之间的利益冲突，合作有较好的经济环境作基础。而在经济长期不景气的时期，各国间的利益冲突就要升级，一体化的进程就会遇到更大的困难。尽管欧洲单一货币的实现前景不容乐观，但货币的社会属性要求统一，它的虚拟性要求一个有权威的中央银行来控制，并能在欧洲一体化进程和《马约》中获得充分的体现。

就世界范围来看，这种要求也是明显的。在布雷顿森林体系即将崩溃的最后几年，纸币已经充分暴露出了其虚拟性的危害。到1973年美国宣布美元不再兑换黄金之后，整个西方经济都为国际货币体系的混乱付出了沉重的代价。在布雷顿森林体系崩溃的过程中，人们已经意识到，美元和美国的黄金储备已经不能支持一个稳定的国际货币体系，黄金退出货币体系已成必然趋势。1967年里约热内卢的国际货币基金组织会议上达成了建立特别提款权的协议，特别提款权是世界范围内的“法币”。它的发行额受到严格的限制。它的使用也仅限于国际收支逆差国家用于弥补逆差。特别提款权徒有国际货币的外表，却并不真正执行世界货币的职能。进入浮动汇率制以后，特别提款权的使用范围和规模也有所扩大。但它仍只是一种主要起协调作用的货币。真正执行国际支付和储备职能的国际货币，仍然是一些由各主要资本主义国家的货币当局发行的各国货币。作为协调机构，国际货币基金组织及其附属金融机构的国际协调功能却大大加强了。

货币在国内是经济关系的综合性表现，它既与商品的价值总额密切相关，又与实际价值增殖过程密切相关。在国际上，各国货币之间的汇率集中体现着各国之间的经济关系，又对国际的经济关系起着综合性的调节作用，随着国际经济关系的日益密切，国际货币的社会属性对世界范围内统一货币的要求会日益强烈；货币的虚拟性对进行世界性的货币控制的要求也会日益强烈。在各国间的利益冲突还不能被其共同利益所压倒的一个相当长的时期，这种要求会通过国际货币协调的不断加强和区域性货币合作的不断加强来表现。这就是国际货币虚拟性发展的本质规律。货币的社会属性造成了它最终的虚拟化，虚拟化的货币会导致社会化和国际社会化的管理和控制。

（二）当代的国际虚拟资本

根据马克思的理论，资本主义生产具有二重性，它既是物质生产过程，又是价值增殖过程。前者是资本主义生产过程的物质属性，后者则是它的社会属性。在资本主义生产方式的发展过程中，价值增殖过程的社会属性使它以证券的形式获得相对独立的、虚拟的表现形式。而虚拟资本的发展又使它日益脱离个别生产过程，更依赖于整个经济的状况和社会总资本的运动。虚拟资本本身就是资本主义生产社会化的产物。股票是产权的公共化和公众分享企业利益的重要手段。债券虽不涉及产权，却也是社会化集资以扩大生产（或维持正常生产）的基本手段。这些证券的社会性一开始就要求有严格的社会化管理。随着证券业的不断发展和金融创新，虚拟资本过度膨胀的危险日益增长。历史上因证券业暴涨暴跌使实际生产受到严重破坏的例证屡见不鲜，特别是20世纪30年代的大危机以后，证券业与货币一样，被严格地置于社会化的管理之下。80年代以来，国际证券业的迅速发展也在国际引起了同样的问题。日本在80年代末至90年代初的泡沫经济是日本90年代经济不景气的重要原因之一。进入90年代以后，一些国际大银行因参与外汇期货交易而倒闭的传闻不断（如英国的巴林银行和日本的大和银行），充分说明国际货币的虚拟化和虚拟资本的国际化要求对国际货币和国际债券及其衍生物进行有效的控制。它们与一些国家的货币国际化一样，也要求世界性的统一管理和控制。

（三）国际货币与国际虚拟资本

在当代，货币和虚拟资本之间很难列出明显的界限，除货币本身的虚拟性以外，证券与货币如被看作金融资产。即使在国内，证券也依其变现的难易或灵活性的高低，分别被包括在不同的货币定义之中（如 M2、M3）。此外，一些短期政府债券，通常作为商业银行的二级准备金而起着基础货币的作用。在国际上，证券与货币的界限就更难划分。持有任何一种货币，以现钞方式持有是极少量的。它们总是以证券或存单的方式持有。这就是说，任何货币的持有，哪怕只有一两天，它都是生息的。货币作为价值符号的虚拟化与它作为虚拟价值增殖形式的虚拟化是一同发展的。一方面，证券是生息的货币；另一方面，货币又总是以生息的证券方式存在。这就使这二者紧密地交织在一起，特别是像提款权这样的世界货币，总是以贷款的方式存在，而各国中央银行管制的国际储备货币中，绝大多数都以生息的证券或存单方式存在。在国际货币市场上，参与者是各国的银行。因此，国际货币市场在很大程度上是一个银行间市场，货币的兑换总是以证券买卖或信贷的方式完成。信贷业务已经和货币兑换紧密地结合在一起，国际证券和国际货币对国际经济环境的影响是交织在一起的。

国际货币与国际证券的这种密切关系要求国际货币协调和国际证券协调也必须密切地结合在一起。而在当代各种经济矛盾和利益冲突充斥的世界，要想实现这种有效的合作困难重重。浮动汇率制营造了国际投机活动的温床；金融创新和衍生物的发展为国际的大规模投机活动提供了快捷便利的工具；无国籍货币资本的迅速膨胀为国际的投机活动提供了资金支持；跨国金融机构则利用这一切在国际创造着赚钱的梦幻。各主要经济大国如不能有效地合作对其加以控制，国际货币体系的崩溃将不会等得太久。

（本文原载于《太平洋学报》1997 年第 1 期）

西方主要工业国家宏观经济政策的转型

当代世界正在发生着两个重要的经济体制转型，一个是西方主要工业国家的经济转型，它主要体现在宏观经济政策上；另一个是包括我国在内的计划经济体制向以市场为基础的经济体制的转型。这两个转型不但相互产生着潜移默化的影响，而且影响到几乎世界上的所有国家和地区，特别是对亚洲和其他第三世界国家而言，并对整个世界在下一个世纪的经济格局产生着深远的影响。

一、20世纪六七十年代的传统宏观经济政策

通常西方国家的宏观经济目标包括：实际经济增长率、失业率、通货膨胀及经常项目平衡。根据丁伯根规则，要实现这四个主要政策目标，政府就需要四个政策工具：财政政策、货币政策、收入政策和汇率政策。如果政策工具相对于其主要政策目标有缺陷的话，就意味着在六七十年代的某些时候需要一些额外的政策工具。例如，为了降低通货膨胀而采取的直接价格控制的政策，战后初期的法国，以及1971、1972年的美国都曾采用过这种政策。其他比较重要的政策主要是针对经常项目均衡的，如对出口的刺激和抑制进口的进出口税收政策等。在60年代和70年代，主要工业国家经常采用的政策工具是财政政策和货币政策。在英国，每年的财政预算都要在各个目标之间进行权衡。在美国，经济顾问委员会的报告总是在每年2月与政府预算同时提交国会讨论，其目的就是将那些违反1946年就业法案和与政府经济目标不一致的内容去掉。在德国，1967年的“稳定规则”提出，政府的财政政策应该着眼于如下政策目标：价格稳定、高水平的就业、外部均衡、适度的经济增长。

积极的干预政策在70年代末和80年代相继在各主要工业国家发生了转变，这主要与保守主义政党上台和新古典经济学派的一些观点和理论的普遍

影响有关。

二、20世纪80年代政策目标优先次序的改变

20世纪80年代，主要工业国家政策目标的优先次序发生了重要转变，失业率的控制不再是首要目标了，代之而起的是通货膨胀率。此外，实际增长率的地位也下降了。这种转换的重要背景可以追溯到1973年和1974年主要工业国家相继爆发的两位数的通货膨胀率，以及1979—1980年受到的第二次石油价格冲击。人们对“菲利普斯曲线”关于失业率和通货膨胀率之间的替代关系的理论产生了怀疑。

在英国，1980—1981年度的财政预算中的“中期金融战略”将降低通货膨胀率作为首要目标，并将其看作保护产量和就业稳定增长的主要条件。1980年，英国采取了相当强硬的紧缩性货币政策，从而一度引起了英镑的升值和一次较严重的经济衰退，其部分原因被认为是在金融市场上确立了人们的信心，而在劳动市场上却没有建立这种信心，因此工资推动的通货膨胀并没有减弱。在70年代的美国，人们认为反通货膨胀的代价是损失总产出。1978年，据阿瑟·奥肯估计，反通货膨胀的总产出成本是1∶10，真正把反通货膨胀作为主要目标还是从1979年美国联邦储备转换货币政策目标开始。这一年美国中央银行（联邦储备）开始将货币供给量本身作为货币政策目标，从而放弃了将利息率作为货币政策中间目标，将货币供给量作为达到利息率目标的政策工具的传统做法。紧缩的货币政策造成美国经济的严重衰退，1982年的失业率达到11%。与以前的传统做法相反，美国政府和货币当局对此并没有立即采取扩张性的财政政策和货币政策。但是，在随后的1983年和1984年美国采取了扩张性的财政政策和较宽松的货币政策，这些政策逐渐使美国的失业率下降到70年代中期的水平。与70年代不同的是，在失业率下降的同时，通货膨胀率却仍然保持在较低的水平上。

在联邦德国，80年代初明显地将控制通货膨胀放在了第一位。1983年失业率一度达到8%，是70年代末的两倍，而通货膨胀却几近于零，政府和货币当局对此没有采取传统的提高有效需求的扩张性政策。在法国，密特朗上台后，政策目标的优先次序明显转变了，通货膨胀的控制被放在了首要地位。由于法国决定要留在欧洲货币体系（EMS）内，政府和货币当局将减少法国与其伙伴国的通货膨胀率差别，将国际收支平衡当作当时最主要的政策目标，经济增长和就业目标几乎暂时从其政策目标中去除了。日本的失业率一直低

于其他工业国家，而且对通货膨胀率的控制也早于其他工业国家。在1974—1978年间，日本通货膨胀率大幅下降的时候，其失业率仅有小幅度上升，从1.4%上升到大约2%，失业率在日本的温和提高是非周期性的，一直持续到80年代，日本的失业率平均在3%左右。

三、传统政策工具的变化

在20世纪六七十年代，政策当局习惯于将目标变量与政策工具变量区分开来，通过对政策工具变量的调整达到目标变量的改革。

最显著的工具变量的变化是主要工业国家在80年代普遍放弃了六七十年代的收入政策。收入政策传统上被看作是用来控制通货膨胀的工具变量，主要的措施是对工资和物价进行限制甚至冻结。作为控制价格的工具变量，它往往被当作财政政策和货币政策的一种补充。它在短期内往往产生效果，但从长期看，一旦取消管制，通货膨胀往往更严重。许多经济学家认为，80年代通货膨胀率的降低，很大程度上也是放弃了收入政策的结果。显然，将收入政策当作控制物价的工具变量是不成功的。80年代，在许多国家相继放弃了收入政策之后，结构政策便被用来部分地填补其留下的空白。结构政策又称为“微观政策”，主要是指目的在于改变微观经济结构的政策，如金融活动的非管理化和私有化等。在80年代以前，结构政策不在政府政策的目标之内，结构政策主要是从供给方面来起作用的。保守派政党相继在各主要工业国家执政后，纷纷采取非管理化和私有化的政策。结构政策强调改革国民经济的微观基础，主要依靠私人部门的自动调节机制，调动经济自身的积极因素，降低政府在经济中的作用。在美国，金融体系的非管理化改革早在卡特政府时期就开始了，但直到90年代非管理化的政策才趋于稳定。私有化的政策在英国最为明显，可以说，英国在私有化方面是80年代主要工业国家政策转型中的一个典型。

财政政策作为工具曾长期被用来调整政府财政收支，以调整总需求。由于六七十年代财政政策的使用是在将目标变量确定为实际GDP的基础之上的。因此，它往往由于没有名义变量的限制，而成为推动通货膨胀的重要动力之一。此外，财政政策的正确实施时间也由于时滞长短不一而难于确定。这样就使得财政政策的使用过于频繁，而其影响叠加在一起就更难判断当前的经济状况（衰退或通货膨胀的原因），从而很难对症下药。财政政策的长期频繁应用，使得财政赤字在一些国家不断增大，政府的债务占GDP的比例不断增长。这些引起了人们对财政政策工具变量本身的注意，许多国家相继在 80 年代将减少财政赤字，平衡财政预算当作重要的宏观经济目标。最显著的例子是日本和英国。日本早在 1980 年就制定了“财政巩固计划”，英国则在同年制定了削减财政赤字和公共借款的中期战略，而且持续三年执行着削减公共债务的政策。此后，虽因经济衰退债务有时略有提高，但将财政收支本身作为政策目标已经是一个确定的变化了。在美国，由于里根政府的大规模减税和增加防务开支，使得美国在 80 年代初的财政赤字迅速扩大。直到克林顿上台后的 1992 年，美国政府才将减少财政赤字列为其重要的政策目标之一。克林顿削减财政赤字的努力取得了较大的成效，1992 年美国的财政赤字占其 GDP 的比例为 4%，到 1996 年已经下降到 1.4%，是主要工业国家中最低的。1997 年财政年度开始时，财政部预计 1997 年的财政赤字将为 1250 亿美元左右，但到 10 月份，白宫预算负责人富兰克林 • 雷恩斯宣布 1997 年的财政赤字将低于 300 亿美元。

四、宏观经济政策的国际协调

宏观经济政策的协调是 20 世纪 80 年代主要工业国家经济政策转型中的一个突出特点。国际的宏观经济政策协调主要集中在七国集团和如欧洲联盟的一体化区域经济中。国际的宏观经济政策协调大致经历了三个阶段。第一个阶段是国际宏观经济政策协调的重点放在汇率的调节上。70 年代末到 80 年代初，主要工业国家开始了以稳定汇率为主要目标的政策协调。最具典型意义的是1985年9月在美国由5个主要工业国家签订的“广场会议协议（Plaza Accord）”。这个协议中虽然涉及了一些货币和财政政策，但其主要目的却是对美元汇价过高进行联合干预。广场协议是卓越有成效的，美元汇价在 5 国协调干预下，很快开始下跌。第二个阶段是货币政策和财政政策协调的阶段。80 年代后期，7 国或 5 国之间，对包括国内货币政策、财政政策和增长率目标之间的协调逐渐加强。国际宏观经济政策的协调进入了一个新阶段。各主要工业国家认识到，仅仅停留在汇率政策的协调上是远远不够的。因为，汇率的变动在很大程度上与国内的货币政策有关，也与国内的财政收支状况及公共债务的状况有关。单纯的汇率政策协调不可能不影响其国内的经济状况，而主要针对国内的货币政策和财政政策也不可能不影响其汇率和国际收支。因此，宏观经济政策的全面协调就被主要工业国家纳入了议事日程。主要工业国家宏观经济政策的全面协调是从 1987 年 2 月的卢浮宫协议（Louvre Accord）开始的。进入 90 年代，主要工业国家之间的宏观经济政策协调进入了一个更新的阶段。由于7国集团中各国之间的差距，完全协调一致的宏观经济政策几乎不可能实施。应对需求增长率超过 GNP 增长率的国家和 GNP 增长率超过总需求增长率的国家加以区别。前者往往会导致国际收支逆差，从而出现货币贬值的压力；后者通常会产生国际收支顺差，引起货币升值。国内总需求与外部均衡的关系已经成为7国或5国集团高度重视的问题，这意味着国际经济协调正在向更深层次上发展。在欧洲联盟的进程中，宏观经济政策的全面协调更加明确。《马约》为欧洲联盟成员国规定了从财政赤字到通货膨胀率，从公共债务占 GDP 的比例到失业率等的具体目标。在北美和东盟等区域集团中，宏观经济政策的协调及一些法规的协调也不断加强。这些大大改善了世界的经济秩序，加强了经济全球化的进程，也促进了各国经济的协调发展。

（本文原载于《经济学动态》1998 第3期）

当代国际金融危机频繁爆发的原因探析

20世纪90年代以来，世界性金融危机不断爆发，如1990年8月以后日本泡沫经济破灭，1992年欧洲的货币危机，1994年的墨西哥金融危机，1995年初美元汇率狂跌，1997年的东南亚金融危机和最近的俄罗斯金融危机等。可以说，金融危机伴随着世界经济度过了20世纪最后10年。在讨论东南亚金融危机原因时，人们总结了许多经验和教训，如过早开放金融市场，实行盯住汇率时间过长，外债结构不合理，国内泡沫经济，国际炒家兴风作浪，金融机构缺乏有效的监管，国内产业结构不合理等。这些原因对东南亚国家和发展中国家也许是合适的，对日本和韩国就不完全合适，于是还要加上对日本“主银行制度”缺陷的分析等，对于欧洲1992年的货币危机，则还要加上德国1992年7月提高利息率引起的国际利益冲突等。金融问题本来就是十分复杂的，在经济学专家令人眼花缭乱的术语和专业知识面前，人们总是感到如坠入迷雾中。能不能简单地尽量通俗地将当代金融危机的原因做一个概括呢？本文将做这样的尝试，一方面满足普通读者的需要，另一方面也对当代金融危机的根本原因做一些探讨。

一、一个简单的理论

当代世界上实行的是浮动汇率，其特点是所有在国际支付中使用的货币都不再以任何形式与黄金挂钩，也就是说它们不管是美元还是卢布本身都不再有价值。那么汇率是怎样决定的呢?西方经济学家认为，汇率是由一个国家的货币在外汇市场上的供求关系决定的。影响这种供求关系的因素就必然直接影响该种货币的汇率。例如，当一国的商品和劳务（经常项目）出口增加时，就意味着外国的进口商会增大向该国的购买支出，由于它们购买该商品需要用本国货币兑换该国的货币，于是在外汇市场上对该国货币的需求就增加了，该国的货币汇价就会上升。这就是人们常在报刊上看到的国际收支顺差使本国货币汇价上升，逆差使其下降。在资本市场开放的条件下，外国投资者可以购买该国的证券和其他金融资产（如大额储蓄存单），因此当大量外国资本涌入该国购买其金融资产时，也会促使其货币汇价上升。由于利息率越高，对外国投资者的吸引力越大，从而流入该国购买金融资产的外国投资者越多，所以西方经济学家认为利息率可以作为调节本国货币汇价的工具。这也是最有影响的汇率理论之一——利息率平价学说的一个结论。该理论认为货币有两个价格，内部价格是利息率，外部价格是汇率，内部价格决定外部价格，也就是利息率决定着汇率。在1992年欧洲爆发的货币危机中，德国中央银行在7月份调高国内的利息率和后来声明近期内不会降低利息率，引起了马克飙升和法郎、英镑、里拉等相对暴跌，后来欧洲各国呼吁德国降低国内利息率，以平息欧洲的货币危机。但是，意大利、法国和英国等一再提高了国内利息率，因而即使德国在9月份降低了国内利息率，都不能及时平息当时欧洲的金融危机。在东南亚金融危机中，利息率的调节作用也在危机爆发后完全丧失了。其原因很简单，当投资者对某国的经济丧失信心时，利息率再高，人们也不会投资。显然，西方的汇率理论是有局限性的。让我们来做一个马克思主义的简单的理论分析。

马克思认为，货币是价值独立化的表现形式，是商品内在矛盾（使用价值和价值矛盾）发展的产物，它体现着商品社会人与人之间的社会关系，起着媒介商品交换、计量商品价值等社会职能。当以黄金作货币的时候，靠黄金的自然属性（与其他商品相比，具有价值稳定、便于携带、便于分割等属性）来保持货币的社会职能；当黄金不再与货币挂钩，也不再作为货币流通的时候，纸币、支票账户及信用卡账户等货币的新形式，由于本身没有价值，其作为货币的社会职能就必须靠中央银行制度及其对货币数量的严格控制来保证。因此，列宁曾认为现代银行执行着“社会簿记”（也就是全社会的管账先生）的职能。马克思主义经济学认为货币的汇价是由货币的内在价值决定的，但现在的货币没有价值，货币的购买力完全是社会关系赋予的。而这个“社会关系”就是中央银行控制下的货币存量（及社会上现存的货币数量）与社会的总产品（所有的产品与劳务）之间的数量关系。西方经济学家也认识到这一点，并将当代的货币制度称作“商品本位”（相对金本位、金汇兑本位而言）。这个关系决定着货币的实际购买力，所谓实际购买力是指货币能够买到的实际商品和劳务的数量。货币的价值不再用其本身的含金量，而是用其购买到的商品和劳务来衡量。

用 P 表示价格总水平，用 Q 表示全部商品和劳务总量，用 V_1 表示货币流通速度，用 M 表示货币数量，我们就可以将货币与名义国民生产总值（$P \cdot Q$）的关系用下式表示：

$$M = \frac{P \cdot Q}{V_1}$$

马克思的货币流通公式表示，待出售的商品和劳务总额除以货币流通速度等于货币数量。将上式两边同时乘以货币流通速度 V_1，就得到西方经济学家常用的货币数量公式：

$$M \cdot V_1 = P \cdot Q$$

如果两边再同乘以 $\frac{1}{M \cdot V_1 \cdot P}$ 就可以得到货币价值的公式：

$$\frac{1}{P} = \frac{Q}{M \cdot V_1} \tag{1}$$

例如，商品和劳务总量 Q 为 5000 单位，货币数量 M 为 1000 元，货币流通速度 V_1 为 2（假定单位货币一年平均媒介商品交换两次），货币的价值就是：

$$\frac{5000\text{单位商品}}{1000\text{元} \times 2} = 2.5\text{单位}$$

即每一元的实际购买力是 2.5 单位商品（衡量商品的数量单位可以理解为包括每种商品一单位的一篮子商品）。我们从公式中可以看到，货币的购买力或价值恰好是价格的倒数。这可以解释为：当考虑价格水平时，我们说 2.5 单位商品的价格是 1 元，或一单位商品的价格是 0.4（=1/2.5=P）元；当考虑货币的购买力时，我们说 1 元可以购买 2.5 单位商品。

在这里我们必须强调货币的价值只能用其购买到的商品数量来衡量，其中不包括货币可以购买的金融资产，如购买股票和债券的能力。因为马克思将股票和债券等称为虚拟资本，它们本身和货币一样没有价值，一旦发生危机这一点就显示出来，人们对货币能够购买到的虚拟资本的数量毫不关心而只关心其能够购买到的实际物品的数量。但是，在当代，货币不但被用来购买实际物品，也用来购买虚拟资产（如股票、债券、期货合同等）。而且在发达国家，金融资产（虚拟资产的主要构成之一）已经超过国内生产总值（GDP）的两倍以上。80 年代以来，新兴市场经济国家在金融自由化政策之下，金融资产的存量猛增，也都达到了其 GDP 的两倍以上，有些甚至大大超过发达国家。正是这一变化使得货币价值决定变得复杂了。

我们可以在上面的公式中加入这个因素，简单地说明这一因素加入后对一国货币价值的影响。用 S 表示虚拟资产，我们将虚拟资产定义为：除现钞和银行支票账户以外的所有金融资产加上房地产总值中刨去建筑成本以外的部分。由于金融资产的交易速度平均要比商品和劳务的交易速度快，所以应将虚拟资产的交易速度（或用于虚拟资产交易的货币流通速度）与商品和劳务的交易速度区别开，用 V_2 表示虚拟资产的交易速度。新的货币流通公式可以写为：

$$M = \frac{1}{V_1} \cdot P \cdot Q + \frac{1}{V_2} \cdot S$$

将公式整理后得到：

$$\frac{1}{P} = \frac{Q}{V_1 \cdot M - \frac{V_1}{V_2} \cdot S} \qquad (2)$$

从式（2）可以得出结论：货币的价值取决于实际经济（用生产的全部商品和劳务代表）Q、虚拟经济 S 和货币供给量 M 之间的数量关系。一国的经济实力越强，Q 越大，其货币的价值越大；一国货币供给量 M 越大，货币价值越低；一国的虚拟资产数量 S 越大，货币价值就越大。用这个简单的公式可以帮助我们理解当代金融危机最根本的原因。

二、虚拟经济对货币价值的决定作用

从公式中不难看出，当虚拟经济 S 膨胀时，货币价值是上升的，其汇率也将上升。在日本，从 1986 年到 1990 年 8 月是其虚拟经济膨胀的时期，日元的汇率持续上升，曾达到 1 美元兑换 90 日元以下。当虚拟经济开始下降时，货币的价值是下降的，其汇率也将下降。从 1990 年 8 月开始，日本泡沫经济开始破灭，日元汇率不断下降，直到最近 1 美元兑换 145 日元以上。东南亚国家的情况也可以提供有力的例证。

从式（2）中也不难看出，实际经济是货币价值的重要决定因素。一国的实际经济持续增长时，其货币的汇率通常是坚挺的。在 20 世纪 70 年代以前，经济实力对货币汇率所起的作用是相当大的，如美国经济实力的衰落引起美元大幅度贬值直至布雷顿森林体系崩溃。在 90 年代以后，经济实力的影响仍然是十分明显的，如美国 90 年代以来连续 7 年保持经济增长，美元汇率在

90年代基本上是保持向上的。但是，经济实力只是三个决定货币价值的因素之一。在70年代西方政府就充分认识到货币供给量对汇率的重要影响，在80年代以来虚拟经济日益扩大的条件下，对虚拟资产的控制就是保证货币价值稳定，从而成为汇率稳定的重要条件。美国在70年代末80年代初还将M1作为货币政策目标，到80年代中期以后，逐渐将包括许多流动性强的短期金融资产在内的M2作为货币政策目标，到90年代则将包括更多金融资产在内的M3作为货币政策目标，就充分表明从实际控制效果入手也会得出要对虚拟资产数量进行控制的结论。当然，美国对金融资产的控制是被动的、部分的，从属于对货币总量的控制。但从客观上看，将部分金融资产与货币一并控制有利于实际经济、虚拟经济和货币数量关系的稳定。

对虚拟经济的控制并不是只要求减少虚拟资产，而是要稳定虚拟经济；既不能让虚拟经济过度膨胀，从而引起货币价值过度高估；也不能任由虚拟经济崩溃或大幅度紧缩而不加干预。在这个方面堪称典范的是最近香港特区政府对股市的直接干预，这在市场经济国家和地区中，特别是被西方认为自由化典型的中国香港从未有过的。联系到特区政府去年对楼价的控制，可以说香港特区政府实际上是在对虚拟经济进行直接干预下的控制。这种控制是比较成功的，其意义实际上超过了稳定港币汇价、稳定香港经济的意义。它第一次在发达市场经济中，提供了政府有意识地调节虚拟经济的干预政策。在今后相当长的一段时期内，各国政府会相继认识到这种干预的重要作用，为自己在虚拟经济中保持这种干预力量留下必要的席位。

本文在此提供的简单公式，并不是汇率的决定公式，而是货币价值的决定公式。因为在我们看来，决定汇率的基础在国内，其根本在于货币的价值，但却不限于此。

三、世界性金融危机的前景

对于市场经济国家，虚拟经济日益庞大实际上是生产日益社会化的结果。生产的社会化要求对社会经济进行更有效的宏观控制。但是，要认识到这一点，对长期生活在“自由化”思潮影响下的西方国家并不是一件容易的事情，只有不断爆发的金融危机可以说服他们。世界性金融危机不断爆发的根本原因在于各市场经济国家虚拟经济的规模（从交易量上看）已经大大超过了实际经济的规模。而虚拟经济同实际经济的最大区别就是虚拟经济的膨胀可以在瞬间发生，其中的不确定因素和不稳定因素远远高于实际经济。而虚拟经济中的主力或“庄家”——商业银行和其他金融机构，极易出现资不抵债的情况，或者说资不抵债是金融机构经常出现的现象。接受储蓄的银行对所有的储户都承诺还款付息，但其贷款的对象则不然，它们拖欠、违约的现象是经常发生的。与其他行业的企业不同，银行的经营方式是负债经营，其自有资金占其全部经营资金的比例很小，通常不到 5%。这就是说，如果用衡量普通企业的标准来衡量银行的话，只要坏账、呆账超过 5%，它就要赔上储户的存款。而在正常经营中，特别是当代金融投机的机会大大增加的情况下，发生 20%以上的实际坏账、呆账是非常容易的。银行可以保持坏账、呆账比例的大小，或银行自身承受风险的能力大小实际上已经与其自有资产无关，而是与整个金融体系的运行方式、效率以及政府的货币当局对其支持的方式和力度有关。在这方面政府的银行要比民间银行更强一些。对于强调金融自由化的市场经济国家来说，除非有效地控制金融投机和金融机构的自有资金比例（如巴塞尔协议规定 8%的自有资金比例），并对金融机构的业务严格进行监控，否则就不能长期保持虚拟经济不会过度膨胀。私人（或民间）银行自身有扩大负债比例（缩小自有资金比例）的倾向；此外，其还有参与金融投机的倾向，当然是在当事人明显预期收益大于风险的时候；越是在虚拟经济膨胀时，一些较保守的金融机构越容易参与投机，这一方面是因为高收益“低风险”的引诱，另一方面则是“不进则退”效应的逼迫。这样，金融资产由于金融机构的上述倾向便会在正常时期自行膨胀（包括金融资产的数量增加和价格膨胀），而不确定因素会随着虚拟经济的膨胀而增加，于是金融风险增加。一旦一些金融机构认识到风险正在增大，就会收缩其经营活动，引起虚拟资产价格下跌。虚拟经济与实际经济的重要区别之一，就是它的虚拟性使得它的价格主要取决于人们的需求，而这种需求又主要取决于人们对其价格的主观评价，正因为主观因素太多，其价格极易波动。触发金融危机的原因可以多种多样，如政府某些政策、政府官员的声明、政治事件、某种传闻等。当这些因素引起金融活动的当事人对未来预期发生变动时，虚拟经济就会出现波动。在 20 世纪 70 年代，虚拟经济尚不发达，它对实际经济和汇率的影响尚小，但到 90 年代，它在国民经济中的比例增大，对实际经济和汇率的影响已经大大增强了。这就大大增加了整个经济中的不稳定因素。

世界性金融危机的条件是浮动汇率制度。浮动汇率制度意味着在国际不存在像在国内那样对货币和虚拟经济的中央集权控制。第一，在国际浮动汇率制度为国际金融投机提供了土壤，而种类繁多的金融创新又为国际投机资本提供了隐蔽的“丛林”，这就养育了庞大的国际金融投机资本。第二，在国际缺乏国内宏观经济政策的有效协调和合作，缺乏对付国际金融投机的有实力的金融机构和基金。第三，经济全球化发展使得许多资本市场开放国家的国内状况很容易通过国际金融市场传播到其他国家和地区。

从根本上说，当代世界性金融危机的原因有两个：一是虚拟资产总量超过了 GDP，使得世界各国国内经济的稳定性大大削弱；二是当代的浮动汇率制度在世界范围内缺乏对货币数量和金融活动的有效控制。一方面，虚拟经济的膨胀要求各国政府对其进行严格的控制；另一方面，国际需要货币政策的有效协调。但是目前还看不到实现这两个从根本上避免金融危机措施的前景。这就使得金融危机将在今后一个较长的时期内成为困扰世界经济的一个经常性的现象。直到各国对虚拟经济有了比较有效的控制，国际出现宏观经济政策的有效协调方式和组织；或者像欧盟那样，在全世界范围内，至少是在主要地区和国家之间实现统一货币或有效的固定汇率制度。当代的浮动汇率制度自开始起就孕育了它的崩溃和必然被有效控制的世界货币体系所代替的命运。因此，从一定意义上可以说，为新制度的诞生开辟道路的恰恰是越来越频繁、越来越严重的世界性金融危机。

（本文原载于《城市金融论坛》1999 年第 1 期）

发达国家风险资本业的特征及支持性政策

一个国家的经济发展的质量如何，不仅在于其经济增长率、通货膨胀率、人均收入等宏观经济中经常用来衡量经济质量的指标，还在于其经济中高技术、高科技含量的大小。与发达国家相比，我国的产业结构和传统产业中的高技术含量还很低。在21世纪我国综合国力能否排在世界的前列，一个关键的因素是我国高科技产业和传统产业的高科技含量能否排在世界的前列。发展高科技产业的基本要素有三：一是具备充足的高科技人才和良好的科研机构的组织；二是高科技产品和服务的巨大潜在市场；三是高科技产品和服务商品化的良好的转化机制。这三方面的要素中，我国高科技人才和科研机构的水平虽然仍落后于发达国家，但是大量的归国留学人员以及广泛的国际学术交流已经在迅速缩短着这个方面的差距。在世界范围内，华人高科技人员的数量剧增，尽管大量一流科技人员不在国内，但这方面的人才储备是充足的。中国是高科技产品和服务的巨大潜在市场，这一点可以从近年来电脑的迅速普及以及 Internet 网络的迅速发展上得到印证。因此，前两个条件并不是我国发展高科技产业的瓶颈。1992年以后的两三年中，乡镇企业和一些已经感到传统产品和市场受到威胁的国营企业，急于寻求新的项目，这在一定程度上刺激了高校和科研机构研究项目（特别是非职务发明）面向市场的转化，但是成功率极低。这说明了两点，一是高科技产品及其服务的潜在市场很大；二是没有支持这种转化的适应市场经济的机制。因此，建立高科技产品产业化的转化机制是目前一个亟待解决的问题。风险资本（Venture Capital）在发达国家是推动新产业发展、新产品商品化的重要力量，因此是高科技产业化和市场化的重要机制之一。

一、风险资本的投资阶段、特征和投资战略

风险资本的投资过程大约可分为如下阶段：接触和筛选阶段、调查和评

估阶段、企业成长阶段、实现收入或退出阶段。

在接触和筛选阶段，寻求融资的企业家首先接触风险资本管理者，向他们提交一份计划，说明将要发展的产品的性能、前景等，列出主要管理者和经理的背景并给出融资计划。企业家与风险资本家取得联系的主要渠道是通过中介人，如银行家、代理人或认识风险资本家的熟人。中介人的作用是十分重要的，他们具有专业知识，熟悉风险资本的投资标准，同时也与风险资本家有较密切的联系。他们实际上是对申请风险资本融资企业进行最初的筛选，有些国家的政府也担任中介人，他们建立相关的网络与广泛的风险资本家和企业保持联系。一些单个投资者也通过这些网络选择其投机性的投资机会，有时单个投资者也会通过网络相互结成集团进行风险投资。在筛选阶段，风险资本家的经验十分重要。由于小企业的失败率相当高，因此风险资本家在众多的申请人中筛选出确有高收入潜力，且成功率比较高的企业就显得格外重要。一般来说，在众多申请人中，只有 2%—5%可以得到风险资本家的融资。风险资本家对企业的审查是很严格的，但绝大多数估计都是不精确的。因为这些企业面对的市场大都不成熟，其管理者队伍的管理能力也由于这些队伍大多是新组建的，而很难精确估计。因此，企业只能采取“大数定理”的估计方法。

在调查和评估阶段，风险资本家将在详细调查的基础上对企业进行评估。风险资本家通过与企业家的一系列会晤进一步研究企业的计划，修改企业的融资方案；还要与企业顾客、银行家、其他投资者和学者进行一系列会晤。在一些小国家，还要考察企业产品是否具有出口的潜力。这一阶段一般要持续几个月。如果一切顺利，风险资本家就要对企业进行评估，并且开始与企业家进行正式谈判。价格谈判主要依据在调查阶段获得的有关信息和投资者根据类似投资获得的经验。但是，由于这些企业是新生的，对其进行的评估就带有相当大的主观性。在这个时期，还要进行关于投资的融资结构的谈判。如果可以获得适当水平的信用的话，就可以避开过度的金融风险。这种信用也可以像“杠杆”一样，撬动股权的收益，又不必冒太大的风险。这种结构性谈判是用来避免潜在性亏损的重要工具。例如，可以通过谈判确定今后判断企业业绩的一些标准，也可以要求今后的管理者做出某些保证，像对未结束的诉讼以及合同中出现的一些问题做出处理的明确规定等。这时，也可能会做出进行组合融资的决定，在最初投资者的基础上增加新的投资者。这样就可以把投资的融资风险分散到其他投资者身上，并获得其他投资者对企业进行的专业鉴定，以补充自己在对企业进行估计时的不足和缺陷。

在企业的增长和发展时期，风险资本家将对企业倾注更大的精力。绝大多数风险资本家都在企业合作中扮演着积极的角色。他们频繁地访问企业，提供金融事务的各种建议，并对诸如招募新的管理者、法律的选择、会计等事务提供咨询服务及广告代理等。风险资本家在这个时期最重要的功能就是为进一步的融资做顾问。风险资本家的背景将影响到其是否在这一时期介入企业。在美国，许多风险资本家都有技术行业的背景，因此，美国风险资本家倾向于在新企业的创办期投资。而在其他国家，风险资本家更多地是具有金融业背景，因此，他们倾向于在新企业成长期的后面一些阶段进入企业。

退出企业阶段是风险资本家最终获取风险投资回报的阶段。因此，有效的退出机制是风险资本业健康发展的关键，因为风险资本的投资者必须在投资成熟时实现其投资的价值。最常用的退出机制包括同业销售（Trade Sales）、私人安排（Private Placement）和股票市场上的上市竞价 IPO（Initial Public Offering）、企业回购（Repurchases by Buy-out or Buy-in）等。

（1）同业销售是完全地、阶段性地将风险资本支持的公司卖给工业公司或服务性公司，买入公司的动机可以与风险资本一样，是为了获得具有较高增长潜力的新企业未来较高的资本收益，也可以是为了控制一种新产品或获得进入一种新技术领域的途径。在欧洲，同业销售是主要的退出机制。

（2）私人安排。私人安排是指由另外的风险资本家个人来购买由风险资本所支持的企业股权。通常，这种退出机制总是与不太成功的风险资本相联系，否则最初的风险资本家将会持有该企业股权以待其进一步成长。新的投资者可能相信自己有办法改善企业的经营，否则也不会购买这个企业。在荷兰，1992 年 12 月正式成立了一个私人安排的交易市场，称作“Parex”，这个交易市场每年举行两次拍卖大会，进行企业产权交易。荷兰建立这样的市场主要是因为它缺乏一个成功而有效的“第二证券市场”（不是指二级市场，是指股票交易所外的证券商市场，如柜台交易市场）。

（3）竞价上市。私人公司可以在股票交易所通过竞价上市成为公共企业。也就是说，风险资本家可以通过在一级市场公开出售其股票实现其投资价值。风险资本收益最具决定性作用的决定因素是股票一级市场的健康状况。因为一级市场竞价通常也为其他退出机制起指导作用。因此股票一级市场对风险资本的退出机制起着十分重要的作用。

风险资本的基本特征有如下几个方面。（1）它是长期投资，一般在 3—7

年。（2）在估计企业风险的时候，风险资本家一方面要估计这一投资机会的竞争性地位，另一方面要估计企业的管理水平和企业家队伍的质量。（3）风险资本管理者通常与企业家们保持着密切的合股关系。风险资本的管理者通常利用自己的经验、与各方面的广泛联系和较广泛的信息来源帮助企业提高战略水平和经营管理水平。（4）风险资本管理者的收入主要是在风险资本退出时的收益，或者是通过在股票交易所上市后出售其股票或者是将其权益出售给其他投资者。

风险资本可以在企业成长的不同阶段进入企业，并采取不同的经营战略。这些经营战略可以概括如下。（1）种子战略。它是企业形成最初阶段的战略。从产品的研制、计划到发展成最初具有经济效益的产品，这一阶段一般持续不到1年。（2）开办阶段战略。它是为产品的发展和最初的市场营销提供融资的战略。公司已经针对该产品经营了一个较短的时期，但仍没有使其商业化。在这个时期，企业对风险资本有很强的依赖性，企业往往需要大量的资金来开拓市场和完善生产技术。而企业尚处于创业阶段，没有什么以前的记录可供参考，是风险资本的高风险时期。这个时期一般为6个月到1年不等。（3）扩张阶段战略。这是风险资本为已经有短期经营记录的企业扩大市场而进行的融资战略。所融资金可能用于扩大生产能力、开拓市场，或增加流动资金。在这一阶段，风险资本往往要多次为企业融资。（4）最后阶段战略。这是企业成为公共公司以前的最后融资阶段的战略。这一时期的融资规模一般不大。（5）全部买入股权战略。风险资本管理者为了控制企业有时需要买入全部股权或大部分股权，这种战略多是在企业发展的较后一些阶段采取的战略，往往需要大量的资金。

投资于企业成长的早期阶段——种子阶段和创业阶段——存在着相当高的失败率，作为补偿，风险资本在企业创建初期的投资回报通常也是相当高的。投资于小企业比投资于大企业风险要大得多，而且投资于新创办的小企业，投资的流动性也比投资于大企业要差。这就使得小企业在长期资本投入方面处于非常不利的地位。于是一些国家的风险资本就要避开新企业发展过程中的种子阶段和创办阶段，集中于企业发展的后面三个阶段。值得注意的是，在美国，风险资本更集中在企业发展的初期阶段；而在欧洲，则更集中在企业发展的后面一些阶段上。近年来，美国风险资本对企业初期阶段的投资正在逐渐增长，而在欧洲，风险资本对企业初期阶段的投资正在下降。许多风险资本基金根据它们融资的不同阶段来确定其投资战略。一个公司从其创建初期到其成为公共企业或被其他公司所购买阶段的时间长度在不同的国家是不同的。一般来说，风险资本的管理者不会在企业成长期始终持有企业的股份，他们往往只持有一段时间。在美国平均持有时间是 5 年；在德国大约是 7 年；在日本是 4—5 年；在英国是 3—4 年。

二、风险资本的组织机构、融资来源和投资领域

风险资本的组织机构有一些不同类型，其分类的主要依据是不同的管理结构、它们的所有制，以及融资方式等。

（1）独立的基金。它们是一些独立的企业，其资金来源通常有若干个。这些资金来源有投资机构（包括保险公司和年金基金）、公司和富有的个人。独立的风险资本企业也向个别股东筹资。这种风险资本基金有私人所有的，也有公众持股的上市的投资公司。对于私人风险资本企业来说，有限的合股关系是最常见的组织形式。选择这种形式主要是为了躲避公司收入税。那些在风险资本基金上的投资者都是有限的合股者，管理基金的风险资本家也是只负有限责任的合股者。这种合股关系的典型生命期是 10 年。在美国，以公众名义持有风险资本企业被归类于“企业发展公司”（Business Development Companies，BDC）。小企业投资公司（Small Business Investment Companies，SBIC）是美国风险资本企业的最早期形式。SBIC 中的绝大部分是独立的企业，不管其是否独立，它们都会从政府的“小企业局”（Small Business Administration，SBA）中获得杠杆性的融资支持。但是，目前 SBIC 已经不再是风险资本企业中的主要成分了，它们所占的比重已经很小，无足轻重。

（2）子公司的组织形式。存在着一些工业公司和金融机构的子公司性质的风险资本企业。对于工业公司来说，建立这样的子公司是为了补充其内部的研究与发展计划。金融机构的风险资本子公司是由商业银行、保险公司和投资公司建立的。这些大的银行和保险公司的风险资本子公司在德国占的比例很大，1994 年银行风险资本子公司在德国占德国总风险资本的 55%，保险公司占 12%。在美国和日本，有些投资银行已经建立了风险资本部或风险资本的分支机构。建立风险资本的分支机构之所以对商业银行和投资银行具有很大的吸引力，不仅是因为其潜在的投资收益，也因为它可以获得传统融资机构的收入。

（3）公共部门的组织形式。这种风险资本企业主要是那些由政府出资建立的基金。

根据美国《风险资本杂志》（*Venture Capital Journal*）报告，1982—1992年间，美国风险资本的投资规模一直稳定在170亿—350亿美元的水平。一些较大的规模通常是辛迪加式的融资，有几个风险资本企业共同参与融资。

风险资本业的融资来源由于国与国之间在管理条件、金融市场环境等方面存在着种种差异而有所不同，但是风险资本的资金来源还是可以划分为一些具有共性的类型。分支机构的资金来源可以分成两类：（1）私人独立风险资本企业的资金来源可以是其创办者个人或家庭、家族。独立企业的资金来源有相当大的比例是由个人和家庭提供的，特别是在独立风险资本企业建立的初期。在加拿大和澳大利亚，个人和家庭提供的风险资本数量特别大。（2）独立风险资本企业的另一个重要资金来源是机构投资者。机构投资者自20世纪80年代开始成为风险资本基金的主要来源，其中年金基金、保险公司和银行占了最大的比例。

在美国、英国、爱尔兰和丹麦，年金基金已经成为最大的风险资本融资来源。1994年，年金基金占风险资本的比例在上述国家依次为47%、39%、36%和32%。在许多欧洲国家，银行法允许银行持有接受贷款的公司的股票，因此商业银行是这些国家风险资本的主要资金来源。1994年，银行提供的资金占这些国家风险资本总额的比例在比利时为70%，在法国为49%，在德国为55%，在意大利为35%，在荷兰为29%，在西班牙为31%，在瑞士为81%。它们的情况与美国不同，在美国，银行只能通过分开的法人实体投资于风险资本。

风险资本投资的领域主要集中在高技术部门。在美国由风险资本提供的资金占新技术投资总额的比例大约为77%，加拿大的这个比例是50%，德国是19%，日本是35%，英国是18%，某些因素刺激了美国风险资本业的发展，特别是一些大学和科研机构在科学技术方面的发展，为美国风险资本业创造了一个十分优越的环境。美国政府正在努力通过公共政策和“孵化器”政策为风险资本注入资金，希望通过政府刺激能够出现更多的风险资本，加速新技术和新发明尽快从大学和科研机构转化为商业化的产品。

三、风险资本业发展的决定因素和支持性政策

能否产生高收益是风险资本业发展的决定性因素。根据风险经济学提出的衡量指标——风险资本基金收益率（Rate of Return，ROR），美国为12%—15%。这一收益率超过美国上市股票的收益率。但是，在个别投资之间和在

不同时期之间却存在着较大差异。一些研究表明，对于这个收益率，其中的50%只由占风险资本投资总额6.8%的投资贡献。显然，这一高风险行业的失败率相当高。在荷兰，1986—1994年间ROR的平均年率是17.6%，内部收益率（Internal Rate of Return，IRR）为10.8%。在英国，风险资本协会于1995年10月发表公报称，英国风险资本的IRR大约是12%。在对荷兰和法国的研究中发现了另一个重要现象，对于企业成长期早期投资的收益，在荷兰是负数（平均是亏损的），在法国几近于零。这显然与高风险高收益的原则相违背，但却能够说明为什么在欧洲风险资本倾向投资于新企业成长期的后面一些阶段。

西方各国政府越来越认识到培育风险资本的活动是保持经济增长的重要因素。政府可以通过金融、财政和法定的管理条例来刺激风险资本的成长和发展，并通过制定计划来刺激特定的行业和特定的投资类型。支持风险资本发展的公共政策可以减少投资风险和投资成本。但是这种政策也存在着一些负面影响，如政府干预过多会导致政府对私人资本业的支持性开支增加，一方面会由于掺入较多的政府资金而抑制或延缓私人产权投资的发展；另一方面也会由于政府的过度干预导致私人投资者更难认清企业的真实经营状况，以及市场的真实前景，导致投资减少，阻碍私人产权市场的正常发展。

政府对风险资本的政策和计划有三个主要类型：税收系统和管理条例；金融刺激；结构性支持措施。这些类型之间都有一定的相互联系，所以不同政策计划的结合就显得格外重要。金融刺激的有效性是一个存在着激烈争论的问题。有些人认为，直接刺激和保障计划是吸引投资者将资金投向高技术领域的有力工具，这会导致就业和社会福利的增加。批评者认为，这样一些政策和计划措施会导致不适合的投资者进入风险资本业，使风险资本的收益下降，从而使风险资本业的收益率低于一个具有吸引力风险资本业应有的投资收益率。政府的支持措施也意味着降低在投资本或正在运营资本的成本，还可以通过降低投资收益税来触发退出机制的启动，使处于投资周期后半期的风险资本有更强烈的退出倾向。

政府可以通过税收和法律系统确定风险资本所用金融工具的类型和提供融资的投资者的类型来影响风险资本业的发展。例如，许多国家的政府往往要对投资及其方向进行控制，这种控制对风险资本业的发展也有重大的影响。同美国相比，许多国家不允许年金基金和保险公司投资于风险资本业，从而使这些国家的风险资本业远不如美国发达。有些国家对风险资本家有一些特殊的管制性规定，规定风险资本家与其投资公司之间的联系。例如，在日本，就不允许风险资本家成为其开户的证券公司的董事会成员。这就限制了投资者对公司的影响。一个国家如何对待知识产权是其高新技术能否发展的重要因素。对于一些处于创业阶段的公司，知识产权几乎代表了其全部资产的价值。没有专利法的保护，这些企业很难发展，甚至无法生存。因此，实行严格的专利法以保护知识产权对于风险投资业的发展具有非常重要的意义。有些国家的政府制定计划对一些特殊种类或行业的风险资本企业进行直接投资，特别是对一些高新技术的研究及其商业化予以直接的投资支持，已经有很长的历史了。对风险资本业的种子阶段和创业阶段采取各种形式的融资支持，可以降低这些企业的运营成本，加快其产品商品化过程。OECD 国家中有很多政府已经采取相关措施刺激有关部门加强这种直接资本的投入。为了减少风险资本业的风险，政府往往在参股经营风险资本企业时，采取更多承担风险的支持性政策。在新企业的创办初期，政府往往占有较大股份，在投资获得成功时，政府自动减少自己在企业产权中所占的份额。也就是说，政府实际承担的风险要比私人投资者大。一些国家的政府正在考虑对风险资本业实施保险计划，以加速其发展的步伐。政府促进退出机制健全的措施会提高投资者的灵活性，使其投资可以随时变现，退出风险资本企业。要保证风险资本业的正常发展，建立并管理好进行产权交易的证券市场是一个重要条件。这就要求证券管理机构必须为风险资本业创造一个良好的金融投资环境。政府对研究与发展（Research and Development，R&D）组织的支持也是风险资本业发展的重要条件之一。公共基金在研究与发展组织融资方面起着重要作用。有些研究与发展基金直接以奖金、项目资助等形式无偿为研究和发展活动提供资金。政府除了在资助方面起重要作用以外，对于国民教育方面的发展计划也是一个十分关键的因素。

（本文原载于《环渤海经济瞭望》1999 年第 2 期）

财富本质属性与虚拟经济

摘　要：关于财富的研究涉及整个经济的基础和整个社会的经济增长方式，人们的传统财富观是建立在物质基础上的，这种物质财富观正在受到挑战。其原因在于财富的本质属性实际上就是其社会属性，在市场经济中，财富的本质属性是价值的而不是物质的。也正因如此，当人们在观念上将具有物质形态的资财当作真正的财富的时候，又不得不将自己财富中的绝大部分以储蓄、债券、股票和地产等虚拟资产的形式持有。这不是统计与理念之间的矛盾，而是理论错位所致。虚拟财富是更能体现财富本质属性——价值属性或社会属性的财富。它的交易、创造及流动等不仅仅是因为它们影响了物质财富才有意义，其本身就直接体现了市场经济中各种行为的目的——价值增值。

关键词：虚拟经济；财富；虚拟资本

经济学是研究关于财富性质和财富创造的学科。然而，究竟什么是财富却不是一个简单的问题。当人们考虑大气、地球资源乃至宇宙中人类认知的一切事物的时候，它们都是人类的财富。但是这些财富中的绝大部分却不会被计入当年的 GDP。因为 GDP 只计入当年人们经济活动创造的财富，即国民财富。那些潜在的、有用或潜在有用的东西仅仅是潜在的财富，它们与人类的经济活动无直接关系，不计入当年人们创造的国民财富。当货币政策导致通货膨胀时，增加的名义 GDP 或名义国民财富中有相当一部分是中央银行的货币政策“创造”的。但是，因货币量增加而引起的名义财富的增量被看作是“虚构的”，因此，世界上几乎所有的国家都将实际 GDP 看作是财富的真正代表。如果我们将实际 GDP 看作是国民财富，它就不是劳动单独创造的。马克思引用威廉·配第的名言“土地是财富之母，劳动是财富之父”后指出，这一财富概念被用来表示使用价值无疑是正确的，但是用来表示价值就完全错误了。显然，用不变价格计算的实际 GDP 就是马克思的使用价值概念。马克思也同威廉·配第一样，认为它是土地和劳动共同创造的。可以肯定的是，无论名义 GDP 还是实际 GDP，都不是劳动单独创造的。长期以来，在政治经济学中沿袭苏联的教材，将马克思劳动价值论的核心看作是劳动决定价值。但笔者认为，马克思价值理论的精髓是其指出了财富的社会性质。简单地说是他将价值理解为一种社会关系，至于价值表现的关系是否仅仅是等量劳动相交换的关系却并不重要。按照马克思的历史唯物主义和辩证唯物主义的观点，价值作为社会关系的基本内容，应该是随着社会发展而不断发展和变化的。交换劳动的社会关系是最原始的价值关系，也是最基本的价值关系。但是，随着社会的发展，它却不是唯一需要在交换中需要计较和计量的社会关系。如果将劳动价值论的精髓理解为将财富的本质属性看作是社会的，而不是物质的；同时不再机械地将价值的内容理解为唯一的——劳动，马克思的劳动价值论就是今天指导我们认识新经济的钥匙。先让我们来回顾一下历史上对财富性质的认识。

一、对财富性质的不同认识

在封建社会，人们对财富的认识比较简单，主要将财富看作是物质的。虽然贵金属金、银已经成为财富的一般代表，但是统治者和富有的人都将土地及其肥沃程度看作是富庶与否的标志（它们与物产的丰富程度直接相关），金钱仅仅是为了获得这些实际财富的媒介。在欧洲，随着海外贸易的发展，重商主义兴起，他们认为财富就是贵金属货币，不论个人还是国家都将贵金属货币视为所追求的目标。于是，重商主义主张贸易出超，以换取越来越多的贵金属货币。他们认为，贵金属货币多了，国家就会富强。发达的海外贸易是资本主义最初的曙光，而贵金属金、银成为财富的一般代表，则是资本主义战胜封建社会最有力的武器。这时，对商人的鄙视就是对金银等贵金属的蔑视，这在欧洲和中国商业发达时期的封建社会都可以看到。它表明，在商品经济初期，关于财富的争论就开始了。一方认为是物质的，另一方认为是货币、是价值的。当越来越多的人认为金钱是真正的财富的时候，封建社会的丧钟就敲响了。但是在学术上，拜金主义者的代表——重商主义，却很快被打倒了。

与重商主义相对立，在法国兴起了重农学派，他们将财富的概念缩小到只有“农产品”才是真正的财富，工业品和贵金属货币都不是真正的财富。

因此，他们认为只有农业才是“生产性的”，工商业者不但“不生产”，还要分掉真正的财富——由农业生产出来的农产品。魁奈著名的《经济表》就是为了说明这种生产阶级和不生产阶级之间的交换关系的。同样的，财富概念也导致了中国封建社会长期的“重农抑末”思想。随后，亚当·斯密的《国富论》将农产品的财富内涵扩大到了一切工业品及相关服务上。在后来的福利经济学的发展中，财富的内涵不但包括个人福利，还扩展到了社会福利。至今，西方主流经济学的财富概念仍然是历史沿革下来的“物质或效用”的概念。效用价值论的价值概念与马克思的价值概念完全不同，效用价值的“价值”概念是建立在“物与人之间关系”的基础上的，而马克思的价值概念是建立在“社会关系（人与人之间关系）”的基础上的。价值一词的字面相同，但其内涵却完全是两回事。

从亚当·斯密的《国富论》到当代的各类微观和宏观经济学教材，其财富概念都是物质的或效用的。国民财富被分为名义的和实际的两类，实际财富是指“实际 GDP”，即各种物质财富和具有实际效用的各类服务（包括金融和各类其他服务）。名义财富是用货币量衡量的财富，其代表性的指标是名义 GDP，名义财富会受到货币供应量增加等的影响，从而可能表现出与实际财富不一致的增长率。他们认为，一个社会的实际财富多少才是衡量一个社会富裕程度的标志。财富的实际内容与其价格无关，无论价格为何，当物质数量不变的时候，财富的实际数量不变，因为 100 斤小麦的价格是 100 元还是 10 万元无关紧要，真正的财富仅仅是 100 斤小麦。主流经济学将人类经济活动的实质看作是物质的，而将价值看作是虚幻的，是“货币假象”。当然，货币假象会对实际经济产生影响。但仅仅是影响，财富本身却仍然是货币假象背后的物质内容。这样，“实际财富”作为一个物质概念，成为主流经济学财富概念的本质。

当财富概念是物质的时候，人们将经济的本质看作是物质的，这样生产率提高就是经济增长最具本质意义的方式。而生产率提高又依赖于高科技的发展。于是，主流经济学的理论逻辑就十分清楚：人类经济活动的目的是物质财富（当然也包括通常所说的精神财富），生产物质财富的是各种资源。而经济本质上就是耗费的资源（投入）和产出的产品和服务之间的技术（生产函数）关系。由于财富概念是物质的，而物质的生产不仅仅是劳动一种要素创造的，物质财富是土地、劳动和资本共同创造的。这样，土地、劳动和资本就需要补偿其各自在生产过程中的消耗。也就是说，从物质角度看，收入分配必须使这三种基本生产要素得到补偿。不管边际生产力为基础的分配论在分配的论证上有多大的错误，其逻辑上的合理性就在于其前提是将市场经济看作物质（包括效用）的生产过程。这就是西方主流经济学的要旨。既然如此，那么经济活动就是人们利用“有限”的自然资源，通过生产活动来满足人们“无限”欲望的过程。“生产什么？怎样生产和为谁生产”就被看作是经济学的定义。这样的理论对于产品经济是基本合适的，对于工业化时期的市场经济也有一定的解释力，但是随着市场经济的发展，这一理论就越来越缺乏解释力了。

这里，我们不能不提及马克思独特的财富观。在马克思看来，财富有其物质内容和社会形式。在商品社会，商品就是财富的基本存在方式。其物质内容是其能够满足人们各种需要的具体物理形态，其社会形式就是其价值形态。在马克思看来，价值是商品的本质属性，也就是说价值是广义财富（包括资本）的本质属性。马克思曾赞赏魁奈的资本概念是与剩余价值相关联的。而在西方主流经济学中通常使用的财富概念也是将耐用消费品、机器设备(资本物)、房地产及国外的债权当作有形资产。这种资产概念相当于马克思的资本概念，但是马克思不是将资本理解为“物”，而是将资本定义为“能够带来剩余价值的价值”，它不是“物”，而是一种社会关系。马克思与西方主流经济学的区别在于，马克思将生产过程看作是物质生产过程和价值增殖过程的统一，同时将价值增殖过程看作是资本主义生产的本质属性。而西方主流经济学则将物质生产过程看作市场经济中生产的本质。在马克思的理论中，资本主义经济的发展无非是从价值到价值增殖的一个逻辑和历史过程的统一。

财富的本质属性是物质的还是社会的，实际上是对整个经济体系的理解，即市场经济的本质是物质的（技术的）还是价值的（社会的）。将市场经济本质上看作是一个物质系统还是一个价值系统将影响到一系列基础理论问题。

二、物质财富观面临的挑战

马克思将经济过程看作是一个社会过程和物质过程的统一，而且，其本质是社会过程，经济活动不是物质的，是社会的。与马克思的财富观不同，西方主流经济学的财富观是物质的，因此主流经济学将整个经济学的核心问题看作是资源的配置问题。而其中主要是自然资源的配置问题。

让我们来考虑与西方主流经济学的财富观相悖的一些现象。

首先，在市场经济成熟之后，即资本主义生产方式占统治地位之后，经济危机和经济周期性衰退从来都是因为其价值系统出问题而招致的，物质过程和技术过程的问题从来只是引起个别麻烦，却不曾引起整个经济的动荡。在价值系统尚寄身于各种产品上的工业化初期，价值系统主要表现在价格系统上。在现代信用制度产生以后，则表现在价格系统和信用关系这两大方面，这时的信用关系又包括两方面的内容：一是商品的价格系统与货币供应量之间的关系；二是企业与银行及其他金融机构之间的信贷关系（其中与此关系密切的金融资产价格与货币量的关系则格外突出）。成熟的资本主义是建立在信用关系基础之上的，因此，在发生经济危机的时候通常表现出两方面的危机：一是价格系统出问题，利润下降，收入下降，投资下降，需求下降，导致生产萎缩，失业增加；二是信用系统出问题，银行坏账呆账增加，银行倒闭，头寸紧张，信用紧缩使得经济更加不景气。在早期的危机中，价值系统出问题是最直接的原因。20 世纪 90 年代以后，情况发生了重大的变化，虚拟资产的价格成了更具影响力的因素，地产、金融资产（都属于虚拟资产）价格剧烈波动导致的危机更加频繁，影响力也更大。20 世纪 90 年代以后由金融系统的波动造成金融危机，从而导致经济衰退，已经不再是偶然的，而是经常发生的现象。实际经济中价格系统紊乱引起的危机正让位于信用系统紊乱引起的危机。信用关系是更纯粹的价值关系，在市场经济从工业化向后工业化经济转化的过程中，信用关系逐渐成为市场经济中价值系统的核心关系。这正是表明马克思财富观的正确，价值与价值增殖是市场经济的核心关系。它们不但贯穿市场经济的始终，从而决定着市场经济的兴衰，也同时决定着市场经济发展的趋势，决定了它的过去、现在和未来。

其次，在市场经济中，经济行为的目标历来就不是物质指标，而是其价值指标。在微观层次上，企业生产的目的是赚钱，是价值增殖。企业之所以采用高技术并不是为了提高整个经济的生产力，而仅仅是为了提高自己企业的竞争力从而赚更多的钱。在宏观上，人们习惯用实际 GDP 的增长率来衡量一个国家经济繁荣的状况。但是，在通货紧缩时，我们看到，实际 GDP 的增长总是高于名义 GDP 的增长（无论增长率是正还是负都是如此）。比如说，实际 GDP 年增长率为 4%，物价下跌的幅度为 5%，即通货膨胀率为-5%，这意味着名义 GDP 增长率为-1%。这就是说，物质财富多了，其价值量却少了。我国 1997 年末开始的持续三年的“通货紧缩”过程中，我们看到了家电、纺织等制造业因为价格不断下降所遭受的困境。这些行业的技术不断进步，产量不断提高，却没有给他们带来多大利益，技术优势仅是在同行业竞争中比其他厂商更好一些罢了。他们的利润在下降，经营更加困难。马克思的理论认为，无论劳动生产率怎样提高，单位劳动在一定时间内创造的价值量不变。最初，企业技术提高，在同行业竞争中处于领先地位，然后随着技术扩散，整个行业技术水平提高，引起总行业创造的商品量数量增加，但单位产品价值量下降，整个行业的物质产量增加了而价值创造却保持不变或变化很小，甚至下降。人们消费的是效用，而企业追求的却是价值增殖，是利润。效用随同技术进步正相变化，同步提高，而价值和价格一方面与技术不是正相关，另一方面它还依赖于整个价值系统的运行状况。

显然，在市场经济中，决定企业行为的不是物质生产，而是价值增殖。企业目的是赚钱，不是为消费者服务，当二者一致时经营者尚可说是“消费者至上”，当二者产生冲突时，经营者唯一能够生存的选择是赚钱而不是消费者至上，否则它就会被淘汰，市场经济中不承认不赚钱的经济行为。物质和物质生产并不是市场经济的本质属性，价值和价值增殖才是市场经济的本质属性。在新凯恩斯主义的经济学教材中，越来越重视名义变量恰好说明了传统的物质财富观越来越不适应当代日益虚拟化了的市场经济。

最后，人们持有的财富形式基本上越来越与物质财富相脱离。表 1 显示了部分经济发达国家家庭持有财富中金融财富所占的比例。当代美国人的财富中有 82%以上是金融资产，这还不包括地产在内。在银行的抵押资产中，大约有 70%以上是房地产。可见，虚拟资产在发达国家的财富中所占的重要地位。中国自改革开放以来也经历了且正在经历着个人财富从简单的自行车、手表、缝纫机到股票、存款、债券、房地产等占主要地位的变化。收入越高，其财富构成中的虚拟资产就越大。在微观层次上如此，宏观上也是如此，随着社会发展，整个社会中的虚拟财富越来越大。我们使用“虚拟财富”，只不过是借用马克思“虚拟资本”中的“虚拟”一词。它不是不存在的财富，相反，只有单纯以价值形式存在的财富，才更能体现市场经济中财富的真正属性，即市场经济承认的财富的本质属性——它的社会性。在金融交易“无纸化”的今天，我们甚至从来没有见过自己持有的股票，但是它却是实实在在存在的。它可以无形，可以涨落，可以脱离它所代表的实际资产，却一时一刻也不能脱离市场经济中所形成的一整套价值关系。个人财富中的物质财富比例越大，个人对社会的依赖程度相对越低；个人财富中的虚拟财富比例越大，个人对整体社会的依赖程度越大。个人财富的虚拟化，把人们越来越紧密地联系在一起，人们对整体经济状况的敏感程度不断上升，个人与社会的联系越来越密切，这就是市场经济的社会化。

表 1 主要工业国家金融资产占家庭净财富的百分比（%）

年份	美国	日本	法国	英国	加拿大
1981—1985	69.7	42.5	37.8	51.9	58.6
1986—1990	71.7	41.5	49.6	52.7	63.9
1991—1995	76.9	50.1	55.2	64.1	67.3
1996—1999	82.2	58.2	58.8	68.8	70.2

资料来源：IMF World Economic Outlook, October 2001.P65

三、财富的创造与经济虚拟化

财富的本质属性是价值的或社会的。随着市场经济的发展，财富的创造越来越是价值的和社会的，离开了人类社会财富就不成其为财富。一张存有100万元的信用卡，一张价值100万的股票，当它们离开现代社会（如到了一个尚存的原始部落），就什么也不是，什么也不值。在人类社会从实物经济向市场经济转化的早期，价值仍主要依赖于物质而存在。所以，直到市场经济进入工业化时期，仍然盛行物质财富观。这种观点认为，首先要有效用，然后才有价值，或先有使用价值，然后才有价值。而在经济高度虚拟化的当代，情况却完全相反，是否有价值才是最重要的。只要有价值，即市场经济承认其价值，它有没有效用都无所谓。而一项使用价值，一旦失去了市场价值，它就什么也不是，市场经济会无情地淘汰它。例如，一项逐步失去应用价值的技术及其设备，如果愿意，你可以继续使用，但它却不再有市场价值，用它生产的产品进入市场去销售已经不可能了，你可以在家里（如果你的家足够支撑这项技术）自产自消（消费）。又如指数期货，它不提供任何实际效用，但是它却实际存在，它的价值是市场经济承认的，靠它投机赚得的收入确确实实是市场经济所承认的价值。因为价值的本质是市场经济中的社会关系，那么它可以在实体关系的媒介中存在，如商品之间的价格关系，也可以脱离实体关系而存在，如观念中的股票及其与其他金融活动之间的关系。因此可以得出结论：在市场经济中，财富的基本属性是价值，而价值可以存在于实体经济中，同样也可以存在于虚拟经济中。既然财富的本质属性是价值的不是物质的，那么虚拟资产就是最能体现财富本质属性的财富。它没有物质“假象”，不受“物质生产过程的拖累”，更多地是受到社会关系变化和调整的影响（更少受物质生产过程的影响）。因此，虚拟资产并不是不存在的资产或虚假的资产，它们是最具市场经济本质属性的资产，是市场经济承认的资产。

既然如此，财富的创造就是多方面的，即市场经济中可以用货币衡量的一切经济活动，包括股票和一切金融资产的买卖等活动都与虚拟财富的创造有关。例如，在实际 GDP 的统计中，本意是从物质财富概念出发来统计当年国民创造的物质财富和有实际效用服务的数量。但是，当货币政策导致货币量大量增加并流入股市的时候，股票价格会猛增，交易活动增加，这些交易按一定比例被直接计入当年的 GDP，它们一方面表现为金融机构的盈利，从而按收入创造计入 GDP；另一方面金融交易的营业额，即金融交易量（印花税按此缴纳）则以增加值的意义被纳入当年的 GDP，而不论前者还是后者都与股市中的炒作有关。经济越是虚拟化，虚拟经济就越是可以直接创造 GDP。中国 2000 年股票交易的印花税 486 亿元就与股市 1999 年“5 • 19 行情”以后的大牛市有关。牛市冲天，金融交易计入 GDP 的就多一些；熊市下，股市创造的财富就少一些。此外，地产的交易也是如此。市场经济不过是一套价值系统，从这个角度看，实际经济不过是以物质形式存在的价值系统，而金融活动不过是脱离了物质存在形式的价值系统。所以说虚拟经济体现了市场经济的本质属性。它的真正意义在于价值增殖形式与物质生产过程的脱离，也就是价值增殖的相对独立化。显然，价值创造不一定依赖于物质生产过程，越是脱离物质生产过程就越是可以省掉“不必要的麻烦”，直接用钱生钱已经是当代最普遍不过的事了。

坚持物质财富观，就必然得出结论：虚拟经济创造的财富是“不存在”的。无论资本市场创造了多少个百万富翁，他们不过是夺取别人钱袋里的钱。这种议论提出了两个问题：一是零和交易问题，当牛市持续时，由于资金增量介入股市等资本市场，名义上赚钱的比赔钱的多。资本市场上存在零和交易，但不是完全的零和交易。虽然赚的钱直接来自资本市场中当事人的活动，但与增量资金有关是不争的事实。二是资本市场直接创造的价值有没有实际产品对应的问题。假定经济中有 1 万亿的 GDP（假定全部是物质产品），人们手中必然有 1 万亿的收入，如果由于货币量增加，导致股市上涨，使人们手中增加了 1000 亿的货币收入（减去零和交易之后），财富是否增加了呢？按照物质财富观，财富没有任何增加，若用所有的收入去购买商品，结果物价会上涨1000亿，实际收入仍然是相当于原来1万亿GDP的实际产品。但是，问题就出在这里，如果人们多余的货币收入滞留在金融市场，物价就不会上涨。人们的名义收入11000亿仍然保持原来的分配比例：1万亿购买实际经济中的产品和服务，1000亿购买股票等金融资产，就不会发生11000亿购买的实际产品相当于原来1万亿的情况。这样，全部持有的股票等金融资产和人们用收入购买的其他实际产品，以及其手中余留的货币就都保持原来的价值不变，人们的总财富仍然是11000亿。在市场经济中财富的名义价值之所以重要，因为谁都不会只重视自己占有的实际物品是什么，而是更重视这些物品的价值，以及纯粹以价值形式存在的各种财富的增减。实际上，所有金融财富都必须有实物相对应的命题就是错误的。

人们持有的虚拟资产越多，虚拟资产作为财富的意义就越明显。当股市暴跌的时候，人们的财富不翼而飞，就会产生心理恐慌，对未来预期黯淡。整个经济将会因此而衰退。经济越是虚拟化，人们的心理就越是对经济产生更大的影响。在农业社会和工业化社会的初期，由于价值系统还附着在实物系统上，不确定因素相对于今天要少得多，人们的心理因素就相对稳定，心理因素对经济的影响也没有那么大。而在经济高度虚拟化的发达市场国家，心理因素的影响（对未来的预期）几乎已经成为经济兴衰的决定性因素。美国2001年的9·11事件就是一个鲜明的例子。“9·11”以后，美国政府和货币政策当局采取了一系列措施，以提高人们的信心，稳定股市，包括停市3天、降息、道义劝告美国公民和券商不要抛售股票等。假如这种恐怖事件发生在非洲或亚洲的落后地区和国家，而不是在金融、信息系统高度发达的美国，特别是世界金融中心的纽约，肯定不会产生如此之大的影响。随着市场经济的发展，虚拟资产的意义越来越大，它影响所有的经济行为，从而影响整个经济的兴衰，将它看作“虚构的”“虚假的”“不存在的”将会误导我们对经济走势的判断，也会导致我们忽视其在当代经济中正反两方面的功能。

虚拟财富是真实的财富，这是市场经济的客观要求，不是人们的一厢情愿。不管你是否愿意，市场经济只认价值、价值增殖。但是，市场经济的客观要求是一回事，市场经济的好与坏则是另一回事。市场经济并不是人类社会的全部，有许多问题是市场根本不能解决和基本不能解决的。这就要政府或公共机构来做。例如，高科技的发展就不可以完全靠市场经济。美国高科技的发展有许多是政府在冷战时期靠军备竞赛支撑的，计算机和网络就是一个例子，他们的研制和最初的研究是在不计成本、不考虑任何回报的情况下，靠大量财政投入进行的。而财政支持的各种科研活动中，只有少数能够市场化。而市场经济中只有那些能够市场化的科技才是财富。大国的社会进步不单纯是市场经济的发达，还要有发达的科技，市场对科技的发展有一定的刺激作用，但市场不是科技主要的支撑力量，必须有政府、有大量不受市场引导的科学家。市场经济虽然是我们必须要完善的一个经济制度，但是市场经济的发展并不等同于社会进步，市场经济的价值标准往往与社会进步的价值标准不完全一致。因此，我们才可能既依赖市场经济解决效率问题，又要搞社会主义。

参考文献

[1] 亚当·斯密. 国富论[M]. 北京：商务出版社，1994.

[2] 马克思. 资本论[M]. 北京：人民出版社，1975，(3).

[3] 希法亭. 金融资本[M]. 北京： 商务印书馆，1999.

[4] 凯恩斯. 货币论[M]. 北京：商务印书馆，1986.

[5] 成思危. 中国经济改革与发展研究[M]. 北京：中国人民大学出版社，2001 (1).

[6] Mishkin US. Stock Market Crashes and Their Aftermath: Implications for Monetary Policy[J]. NBER Working Paper, No.8992.

（本文原载于《南开经济研究》2002 年第 5 期）

理解流动性膨胀：美元与国际货币体系的危与机

随着全球股市、房地产价格的不断上涨，人们对金融危机的担心加剧了。人们担心10年前的亚洲金融危机将在更大的范围内重演，因为引起金融危机的那些因素不但没有消除，反而更加发展了。而导致一切危机因素发展的根源，都来自30多年前美元停止兑换黄金的那一刻。那时美元曾经面临崩溃，停止兑换黄金挽救了美元的霸主地位，但问题并没有得到根本解决。经过30多年的演变，美元霸主地位的支撑越来越脆弱，在人们还浑然不觉的时候，世界已经阴云密布。

1971年，在尼克松总统宣布美元停止兑换黄金之后，世界经济开始了一个新时代。当时人们并没意识到它可能在30多年后引起的严重后果。黄金的非货币化虽然保住了美元的霸主地位，世界货币体系的基础却发生了根本性的变化。

一、美元支柱的虚拟化与美元流往境外的渠道

在布雷顿森林体系中，美元承诺兑换黄金，美元的支柱就是它的黄金储备。美元外流意味着美国的黄金储备外流，黄金储备就构成了美国对外提供美元的约束力量。美元不再承诺兑换黄金后，各国央行持有的美元储备便不能在美国兑换黄金，只能购买美国政府的债券和其他金融资产。债券和其他金融资产替代黄金成了支撑美元国际货币地位的支柱，美元不再需要黄金储备作支撑，只要有足够的债券、股票以及其他金融资产，就足以替代黄金应付来自境外美元回流的压力。境外美元的支柱从黄金储备改为债券和其他金融资产之后，境外美元的支柱虚拟化了，美元流往境外也就不再有约束。失去约束，美元流往境外的速度加快，规模也越来越大。

美元如何出境也是一个十分重要的问题。在20世纪70年代以前，美元多数是通过资本项目，以援助、贷款等形式提供给其他国家和地区。其他国

家用来自美国的美元援助或从美国借来的美元去买美国的各种产品（也有些用来购买其他国家的产品）。在这个时期，美国经常项目顺差年份多，资本项目逆差年份多。但是从 80 年代开始，美国对外提供美元的渠道改成了经常项目，而资本项目则成了美元回流的渠道。这个时期美国经常项目持续逆差，表示美国人持续用美元购买世界各国的产品和资源，各国为美国人提供产品之后，收到美元现钞和现汇，然后再去购买美国联邦政府债券和美国的其他金融资产。持续的资本项目顺差表示美国人持续靠外债来维持自己的经济生活，靠借入美元来购买其他国家的产品和资源。当然，美元现金也会通过美国资本项目顺差流回美国。80 年代前后的差别在于，通过资本项目逆差输出美元往往意味着对本国以制造业为主的实体经济的需求增加，导致本国实体经济增长；而通过经常项目输出美元，在黄金非货币化的条件下，意味着对本国实体经济的需求减弱和对本国虚拟经济（包括房地产、股票、债券及其他可以反复炒作的资产）的需求增大，这将导致本国制造业外移和经济的虚拟化。美国在 20 世纪 50—70 年代期间，GDP 占世界 GDP 的比重一直在 50%以上，最高曾接近 70%，其中制造业占 25%以上。随着 80 年代以后美国经济的不断虚拟化，到 2005 年，美国 GDP 占世界 GDP 的比重已经下降到 20%，其中制造业占比已经下降到美国 GDP 的 12%。

二、全球流动性膨胀的规模和速度

在世界外汇储备中，欧元增长显著快于美元增长，这一方面加剧了世界流动性的膨胀，另一方面也强烈显示出欧元有替代美元的趋势，而且这个趋势因美元的衰落正在加速。

我们所说的“全球流动性膨胀”是指货币和具有高度流动性的短期证券的膨胀。其根源在于美国对外提供的美元长时期加速增长和近年来欧元的高速增长。

在 1960—1981 年的 22 年中，美国国际收支的经常项目只在 70 年代有 5 年是逆差，其余年份都是顺差，资本项目也仅有 6 年是顺差，其余年份都是逆差。这意味着美国在这个时期输出美元的基本渠道是资本项目，而不是经常项目。美元输出的规模大致维持在较低的水平，在 60 年代，美元输出最高的年份不过 59 亿美元，70 年代末也不过 240 多亿美元。从 1982 年开始，美国对外提供美元的方式发生了重大变化，经常项目逆差成为输出美元的基本渠道，资本项目则成为美元回流的渠道。1982—2005 年的 24 年中，美国经常项目只有1991年有些许顺差，其余23年都是逆差，这表示美国的经济运行发生了巨大变化。对外输出美元的规模也越来越大。从1982年的55亿美元增长到2005年的7915亿多美元，24年增长了大约143倍，超过任何国家GDP的增长幅度。

从1982年开始，美国通过经常项目的持续逆差总共向外输出了52000亿美元，累计形成了3.1万亿美元的官方外汇储备。按照较保守的估计，在美国境外至少有8.5万亿美元资产，而美国2005年的名义GDP不过12万亿美元。世界并非因失去了黄金而变得疯狂，实在是因为被疯狂地注入美元和美元资产而变得风雨飘摇了。

美元和欧元加在一起占世界官方外汇储备的90%。正是它们的高速增长导致了世界性的流动性膨胀。在世界的外汇储备中，欧元的增长大大快于美元的增长，这一方面加剧了世界流动性的膨胀，另一方面也强烈地显示出欧元有替代美元的趋势，而且这个趋势因美元的衰落而正在加速。各国官方持有的外汇资产大约只占总外汇资产的1/5—1/3，其余为民间的个人、企业和各种机构持有的外汇头寸。5万亿美元的官方外汇储备意味着有15万亿—20万亿美元的总外汇资产（其中美元资产约占65%）。但这还远远不足以显示实际过程中被数倍放大的流动性膨胀。

三、全球流动性膨胀的机制与全球经济虚拟化

美国每一美元经常项目的逆差，将导致世界的流动性扩张2—3倍，其中还不包括银行乘数扩大的货币量。流动性的加速扩张将导致虚拟经济以更高的速度膨胀。

货币最初是交换媒介，而后是一种资产，现在货币正在向“经济能量”转化。也正是这个转化使得投机盛行，投机活动导致大量资金在股市、债市、大宗商品期货市场、房地产市场、外汇市场及收藏业市场等之间迅速流动并将它们连成一个整体。庞大的资金流在其间流动，使得它们正在成为蓄积货币能量的巨大流动性储备池。这就是正在被广泛接受的“虚拟经济”。不管你愿意不愿意，经济已经被虚拟化了，根源就在于美国等世界货币国家日益加速对外提供的流动性。

美国通过经常项目逆差对外提供美元的全过程可分三个层面。第一个层面是对美国经常项目顺差的国家，必然要从美国输入流动性膨胀。中国已经充分经历了这个过程。需要强调的是央行的“对冲操作”能否减少流动性的

问题。假定中国增加了1000亿美元经常项目顺差，而且全部结汇。假定汇率为1美元兑换7元人民币，国内将增加7000亿元人民币流动性。一般情况下，央行会为对冲流动性而发行央行票据，假定为4000亿元人民币。于是我们就多了4000亿元人民币的央行票据和3000亿元人民币的现金。但央行短期债券到期之后还要变为现金，为防止这一点，央行只好不断增大央行票据发行额从而导致银行间市场不断膨胀。参与者也从一般商业银行扩大到了其他金融机构。

第二个层面是顺差国外汇资产增加。在民间结汇之后（我们的例子中就是美元兑换成人民币），美元现汇便会流到中国的外汇管理局手中。外汇管理局用外汇购买美元债券的时候，美元现汇流回美国，替代现汇的是外汇当局手中持有的联邦政府债券。于是中国人手中的流动性就获得了双重存在。一是1000亿美元的美元债券资产，二是按当时汇率增加的同价值量的人民币现金和央行票据（在我们的例子中就是3000亿元人民币现金和4000亿元人民币央行票据）。

这个层面的重要结论是，在资本市场没有开放的条件下，在外汇占款导致人民币增加之后，除非有相反的情况（国际收支逆差），人民币流动性增大是不可以避免的，为了维持较低的通货膨胀率和正常的经济增长，只有靠虚拟经济的增大及其平稳运行来吸收大量增发的货币。要从根本上解决本国的流动性膨胀问题，就必须采取疏导的办法，尽快实现人民币自由兑换，促进人民币成为国际储备货币。用人民币金融资产和外汇储备来调节人民币汇率，支撑人民币的国际化，舍此无其他措施可想。

第三个层面是美国通过出售联邦政府债券，导致美元流回美国之后的机制。在国家外汇管理局购买了美国债券之后，会导致同量美元流回美国，美国央行也会采取对冲的方法，减少美元对实体经济的冲击。但是流动性没有减少，只不过债券交易量增大会占用大量增加的美元现金。即便如此，流回美国的美元也会有大部分聚集在各类基金和银行中作为投资和贷款再次前往亚洲、拉丁美洲和美国境外的其他地方。第三个层面的结论是，在当前的国际货币体系中，国际货币缺乏退出的出口，越是靠发行债券等金融资产来对冲货币，越是会导致经济的虚拟化，因为在提供的金融资产不足以吸收大量资金的时候，地产、石油等大宗商品期货市场、收藏业市场以及其他可以炒作的市场就会成为投机、投资的理想场所。这样，美国每一美元经常项目的逆差，将导致世界的流动性扩张2—3倍，其中还不包括银行乘数扩大的货币量。流动性的加速度扩张将导致虚拟经济以更高的速度膨胀。

以国际债券市场为例，1966 年的全球国际债券余额仅 1 亿美元，但此后保持了持续快速增长，1977 年突破 1000 亿美元，2002 年突破 10 万亿美元，2006 年第一季度已达到 14.778 万亿美元。

在全球性的经济虚拟化过程中，一个重大的变化就是 GDP 的创造已经不是主要依靠制造业提供产品和消费性服务来增长了。各种资产的炒作创造的 GDP 所占比例在迅速增加。

金融、房地产等中介服务业的收入要计入当年的 GDP。这些收入会随着交易额的增加而增加，而投机越是活跃，交易额就越大，流入虚拟经济的资金就越多，由虚拟经济领域中各类服务创造的 GDP 就会越多。这种 GDP 与制造业的 GDP 显然有重大区别，当虚拟经济比例较小时，我们可以不重视这类活动的虚拟性质。当它们逐渐增大比例的时候我们就要重视其虚拟性了，因为个人可以依赖炒作资产生存，但是一个民族和社会不可能靠任何资产的炒作来维持生存。

四、国际投机活动与躲避美元风险

与 10 年前的亚洲金融危机时相比，国际货币体系有两个重要变化：一是投机力量更加巨大，二是越来越多的投资者和机构在有意识地躲避美元风险。

首先，对冲基金已经达到 1 万亿美元以上，这是一个非常可怕的数字。但是，这还远远不足以说明投机参与者的能量。其次，投机队伍中加入了从事国际业务的银行和其他金融机构。越是在金融动荡、汇率波动加大的时候，这些金融机构为了自保就越要参与投机活动。第三，日本、中国、韩国及东南亚许多国家和地区官方持有的外汇储备数额巨大，它们是用本国资源和劳动者的血汗换来的，一般都要进行保值性的操作。越是遇到金融危机，官方就越是难以替货币大国背负损失。那些跌幅巨大的储备资产将被率先抛售。一旦发生危机，银行、金融机构和官方经营外汇的机构就会成为远远大于对冲基金的超级金融大鳄。这次受到冲击的可能不再是小国的货币，而是美元、日元这样的大国货币。

另一个值得指出的变化或即将大规模出现的变化，是以美元为盈亏计算货币的传统正在受到挑战。以美元为基础计算盈亏曾经是国际上普遍采取的原则，不论是投机还是投资，美元作为价值标准通行于人们的盈亏计算。聪明的投资者不难明白，当一种货币的汇率持续下跌的时候，如果以下跌的货币为本币计算盈亏，即使是每一次较大的波动都能预测出来，从而在该种货币下跌前卖出，上涨前买回，也不如以上升的货币为本币计算，并考虑最终持有此种强势货币资产更简洁、成本更低。

当前，有大量境外资金进入中国。这些资金进入中国与当年进入东南亚的资金不同，它们不能短期炒作。它们在赌人民币长期升值趋势，赌中国虚拟经济，包括股市和房地产长期上涨趋势。这意味着它们将长期持有人民币资产。与 10 年前相比，这样的情况已经在许多新崛起的国家和地区盛行。当越来越多的投资者这样做的目的不是为了在当地进行直接投资以获取利润，而主要是避免弱势美元资产带来的风险的时候，美元就会大难临头了。

五、世界性货币危机

以美元为核心的世界货币体系不可能是永生的，它因严重的缺陷而最终会成为历史，世界将有一个新的货币体系替代它更好地引导世界经济向着更加平稳、更加公平、更如民主、更少强权和欺压弱小的方向发展。而为此开辟道路的就是世界性的金融危机。

在布雷顿森林体系中，美元汇率的基础就是其金平价，也就是美元承诺兑换黄金的数量。这种汇率制度类似于金汇兑本位制，在这个制度下，货币的价值就是它的含金量。在美元脱离黄金之后，如果说它还有价值，这个价值就是其购买力。需要强调的是，美元汇率的最终支撑是其用国内 GDP 衡量的购买力。它是美元汇率真正的基础。但是，美国国内的 GDP 不过 12 万亿美元，仅境外的美元资产就已经达到了 8 万亿美元以上。同 20 世纪 50～60 年代相比，美国实体经济严重下滑，其 12 万亿美元的 GDP 对虚拟经济的依赖也大大强化了。这样美元世界霸主地位将取决于境外美元资产持有者对美元的信心。这在世界经济虚拟化、投机规模巨大的背景下显然是极其不可靠的。

美国境外的美元资产越来越多，它们一旦被创造出来就不会自己消失。要减少日益膨胀的境外美元资产只有两个途径：一是到期美元债券不再用美元支付而是用其他货币（如欧元）支付，这要求美国必须有足以维持美元汇率的外汇储备，而美国的外汇储备和黄金储备与境外美元资产相比太小了，美国不可能靠外汇储备收回美元并维持美元汇率。二是通过金融危机，使得美元贬值，美元资产价格大幅度下跌。一方面美元资产的大幅度缩水会直接减少境外的美元资产，引起美元持有者的损失，另一方面流回的美元充斥整个经济，会导致虚拟经济的膨胀，对冲流动性和处理呆坏账的技术就成为美国能否安然渡过危机的关键。最近美国次级抵押贷款暴露出的问题，已经向世人预示了这个问题。美国如此庞大的境外美元债务是不可能靠美国自己的GDP来还清的。恐怕任何一个有一定影响的大国都躲不掉，虽然全世界共同为美国人买单已经不止一次了，但总有最后一次。

世界性金融危机之所以不可避免，有三个基本因素：一是短期内无法停下来的流动性扩张。首先是美国无法在短期内出现经常项目逆差的改善，也就不可能停止提供境外美元和美元资产，而欧盟作为后起之秀，大有替代美元霸主之势，欧元增幅大于美元，正是有了欧元这个美元的替代物，才产生了抛售美元资产的可能。单纯要美元资产的持有国来承担美元膨胀的成本根本就是不现实的想法。想要世界停止流动性膨胀，只有发生一次金融危机才可以实现。二是世界经济的虚拟化，充斥的资金导致债券、股票、地产、石油等大宗商品期货、外汇、收藏业等行业空前繁荣，它们之间的关系密切，联系复杂，总体上构成了与实体经济运行方式完全不同的体系，它们成了养育金融大鳄的理想温床；三是投机活动盛行，投机资金规模巨大，在这些金融大鳄尚未形成一致认识的时候，一切似乎都正常，一旦它们同时看到利益或风险，就会同时朝着一个方向行动，世界立即就会掀起一场风暴。世界正处在金融危机的边缘。

危机一旦发生，不但美国会遭受衰退的打击，世界经济的高增长也将会停滞，因为危机不仅是美国的危机，也是整个世界货币体系的危机。唯一的缓解途径就是本着“宽容、克制、合作”的精神进行多国间的谈判，以修正当前不稳定的世界货币体系，重建稳定、和谐、公平的国际货币金融新秩序。

（本文原载于《第一财经日报》2007年8月15日）

从美元支柱虚拟化看国际货币危机

随着全球股市、房地产价格的不断上涨，人们对金融危机的担心加剧了。许多人担心10年前的亚洲金融危机将在更大的范围内重演，因为引起金融危机的那些因素不但没有消除反而加强了。而导致一切危机因素发展的根源都来自30多年前，美元停止兑换黄金的那一刻。那时美元曾经面临崩溃，停止兑换黄金挽救了美元的霸主地位，但问题并没有得到根本解决。经过30多年的演变，美元霸主地位的支撑越来越脆弱，在人们还浑然不觉的时候世界已经阴云密布。

一、美元支柱的虚拟化

当美元不再承诺兑换黄金之后，各国央行持有的美元储备便不能在美国兑换黄金，而能购买美国财政部发行的债券，以及其他金融资产、债券和其他金融资产替代黄金成为支撑美元国际货币的支柱，美元不再需要黄金储备作为支撑，只要有足够的债券股票及其他金融资产就足可以替代黄金以应付来自境外美元回流的压力。境外美元支柱的虚拟化使得美元流往境外不再有约束。失去了约束，美元流往境外的速度加快，规模也越来越大，从1982年的55亿美元到2006年已经达到80多亿美元。24年间增长了大约143倍。任何国家的GDP和实际资产都不会有这样的增长速度。

美元出境在20世纪80年代前后的差别在于通过资本项目逆差输出美元往往意味着对本国以制造业为主的实体经济的需求增加，导致本国实体经济增长，而通过经常项目输出美元在黄金非货币化的条件下意味着对本国实体经济的需求减弱和对本国虚拟经济（包括房地产股票债券及其他可以反复炒作的资产）的需求增大，这将导致本国制造业外移和经济的虚拟化。随着20世纪80年代后美国经济的不断虚拟化，到2005年美国GDP占世界GDP的比重已经下降到20%。

二、全球流动性膨胀的规模和速度

美国向境外提供的美元一般有两个渠道：一是通过资本项目顺差，对外提供资金，其形式往往是对外援助、对外贷款和在美国发行其他国家的债券或股票；二是通过经常项目逆差，对外提供美元。美国人也使用其他货币，但数额很小。这样，美国经常项目和资本项目的国际收支情况就基本上可以反映美元流出和流入美国的情况。

从 1982 年开始，美国通过经常项目的持续逆差总共向外输出了 52 万亿美元，累计形成了 31 万亿美元的官方外汇储备。据统计，欧洲个人和非官方机构手中持有近 3 万亿美元储备资产，日本国内非官方机构和个人就持有近 24 万亿美元储备资产，是日本央行手中 8000 多亿储备资产的 3 倍。中国在相当长的时期内实行强制结汇的制度，非官方外汇头寸显著少于官方储备，大约是官方外汇储备 12 万亿美元的 1/5—1/3，为 2400 亿—4000 亿美元。按照较保守的估计，在美国境外至少有 85 万亿美元资产，而美国 2005 年的名义 GDP 不过 12 万亿美元。世界并非因失去了黄金而变得疯狂，实在是因为被疯狂地注入美元和美元资产而变得风雨飘摇了。

美元和欧元加在一起占世界官方外汇储备的 90%。正是它们的高速增长导致了世界性的流动性膨胀。在世界的外汇储备中，欧元的增长大大快于美元的增长，这一方面加剧了世界流动性的膨胀，另一方面也强烈地显示出欧元有替代美元的趋势，而且这个趋势因美元的衰落正在加速。

官方总储备的增速，以及美元和欧元官方储备的增速大致反映出了流动性膨胀的趋势。官方持有的外汇资产大约只占总外汇资产的 1/5—1/3，其余为民间的个人、企业和各种机构持有的外汇头寸。目前各国官方外汇储备大约有 5 万亿美元，这意味着美国境外有 15 万亿—20 万亿美元的总外汇资产（其中美元资产约占 65%）。但这还远远不足以显示实际过程中被数倍放大的流动性膨胀。当我们理清了流动性膨胀的机制之后，就大致可以对全球流动性膨胀的规模有一个更为清晰的了解。

三、全球流动性膨胀的机制与全球经济虚拟化

认识流动性膨胀的机制是至关重要的，它不但可以显示出流动性膨胀的真实规模，还可以帮助我们认识当代世界经济运行的新规则。经济已经被虚拟化了，而根源就在于美国等世界货币国家日益加速对外提供的流动性。美

国通过经常项目逆差对外提供美元的全过程可以分为三个层面来分析。

第一个层面是对美国经常项目顺差的国家必然要从美国输入流动性膨胀。中国已经充分经历了这个过程。需要强调的是央行的“对冲操作”能否减少流动性的问题。

对于非官方持有的外汇来说，它也不过两种结果：一是通过金融机构贷款给从事进口或对外投资的企业和商人；二是购买外国的股票和债券。我们虽然不能确切知道这二者的比例，但有一点是肯定的，就是它总有一部分从事证券、外汇等交易。如果中国资本市场不开放，民间就不会吸收太多的外汇头寸。因为民间外汇头寸的投机性一般都高于官方外汇储备。

第二个层面是外汇资产增加。当民间结汇之后，美元兑换成人民币，美元现汇便会流到外汇储备局手中。当外汇储备局购买美元债券的时候，美元现汇流回美国，替代现汇的是外汇储备局手中持有的联邦政府债券。于是中国人手中的流动性价值就获得了双重存在。本不习惯从事虚拟经济活动的中国企业就不得不去学习怎样炒股、怎样买卖证券、怎样从事期货交易等。它们的资产需要保值，不但需要发展国内的虚拟经济，也需要参与国际虚拟经济活动。

对于中国，除经常项目顺差带来的外汇增加外，还有资本项目顺差带来的外汇增量。双顺差导致中国的流动性膨胀快于国际的流动性膨胀，资金充斥导致投机盛行，于是所有资产的价格都不断上涨，地产、股票甚至收藏品都在成为资金追逐的目标。越是如此，人民币升值压力越大，人民币升值预期越大，资金就越是要流入中国。任何“堵”的措施都将失效。迟早所有的相关决策机构都会认识到，唯一的出路是“疏导”，而疏导措施中，最有效、最具有长远意义的就是站在人民币国际化的视角全面开放资本市场。

从这个层面得出的重要结论是，在资本市场没有开放条件下，当外汇占款导致人民币增加之后，除非有相反的情况（国际收支逆差），人民币流动性增大是不可以避免的。为了维持较低的通货膨胀率和正常的经济增长，只有靠虚拟经济的增大及其平稳运行来吸收大量增发的货币。要从根本上解决本国的流动性膨胀问题，就必须采取疏导的办法，尽快实现人民币自由兑换，促进人民币成为国际储备货币。用人民币金融资产和外汇储备来调节人民币汇率支撑人民币的国际化。

第三个层面是美国通过出售联邦政府债券，导致美元流回美国之后的机制。当国家外汇管理局购买了美国债券之后，美元是否会消失呢？回答是不会。即使是直接购买联邦储备发行的债券也不意味着美元消失，因为总是债券替代现金。流回美国的美元会有大部分聚集在各类基金和银行中作为投资和贷款，再次前往亚洲、拉丁美洲和美国境外的其他地方。

从这个层面得出的结论是现代黄金非货币化条件下货币缺乏退出的缺口，越是靠发行债券等金融资产来对冲货币，就越是会导致经济的虚拟化。流动性的加速扩张，将导致虚拟经济以更高的速度膨胀。

外汇市场中交易数量和交易方式的巨大变化也反映了世界经济虚拟化的程度。国际金融活动的目的，本来是为国际贸易和国际实际投资服务。但是目前，大量的外汇交易已经不是服务于国际贸易或国际投资的结算，而是为了在货币的流通过程中获取收益、获取价值的增值，是与实际经济没有关系的纯粹的货币交易。这种变化突出表现在外汇交易数量和外汇交易方式两个方面。

外汇交易额已大大超过国际直接投资和商品及劳务国际贸易额，是两者之和的 50 倍、60 倍甚至 70 倍，显然这些交易的绝大多数根本不是为实体经济服务的，它们属于纯粹的炒作。多数重复的外汇交易与任何实际经济活动无关。从外汇交易的方式看，20 世纪 80 年代中期以后远期交易和掉期交易等外汇衍生品交易，已经逐步超过了外汇市场上的现货交易，现在这个比例已超过了 2/3。

这些重要的变化还仅仅是冰山的一角，更严重的问题在于财富创造越来越脱离实体经济。在全球性的经济虚拟化过程中一个重大的变化就是 GDP 的创造，已经不仅仅依靠制造业提供产品和消费性服务来增长了。各种资产炒作创造的 GDP 所占比例在迅速增加。例如，中国股市进入牛市时，一天的交易额就达到 4000 亿人民币，如果按日平均交易额为 2000 亿人民币计算，会有大约 4320 亿人民币的服务性收入计入当年的 GDP。

由于金融、房地产等中介服务业的收入要计入当年的 GDP，当虚拟经济逐渐增大比例的时候我们就要重视其虚拟性了。因为个人可以依赖炒作资产生存，但是一个民族和社会不可能靠任何资产的炒作来维持生存。这也是“虚拟”一词不可以回避的原因之一。因此，这些 GDP 不但不是可以消费的产品，而且作为收入还有能力消费实际的 GDP。从这个意义上说它们是对实际 GDP 的一种扣除。

四、美元汇率的基础

当美元脱离黄金之后，如果说它还有价值，这个价值就是其购买力。从微观上说，购买力就是购买商品和服务的能力，而从宏观上说，就是货币总量与商品服务等国民经济总量之间的相对关系。一般来说，物价上涨就是货币的购买力下降，物价下跌就是货币的购买力上升。当然这只是一个理论关系，它与实际的美元购买力还有两个非常重要的变量需要考虑。

第一，在现实经济中，货币不但被用于购买制造业和一般服务业提供的商品、服务，还要购买股票、债券及炒作房地产、收藏品等。这样货币的实际使用就不仅仅服务于实体经济，虚拟经济中也会滞留大量货币。也就是说，虚拟经济的兴衰影响货币在虚拟经济与实体经济之间的配置，从而影响物价水平及货币的购买力。

第二，当我们分析美元购买力的时候还要考虑的一个重要变量，是国际交易使用的美元数量在美元供应量一定的条件下，国际上对美元的需求量越大，美元购买力越强。当美元的国际信誉受到质疑的时候，美元会被抛售，美元作为国际结算媒介的交易会减少，美元资产价格会下降，美元汇率会下跌。美元汇价不稳会导致国际交易中的计价标准开始脱离美元，美元将被迫流回美国国内。这时，美元的购买力只能靠美国自己的 GDP 来支撑。换言之，美元脱离黄金之后，美元汇率的最终支撑是其用国内 GDP 衡量的购买力。美国实际 GDP 只有 12 万亿美元，美国可供境外购买的产品和非金融服务的价值量，远小于美国境外资产的价值量。美国境外的美元资产有 8 万亿—9 万亿美元，这些资产实际上都需要实体经济与其相对应。这种严重的失衡为金融危机奠定了基础。

美元汇率的基础是美国的实际 GDP，而实际支撑其世界货币地位的是美国的虚拟经济，即美国对境外提供的债券、股票和其他资产在美国实体经济日趋下滑，虚拟经济逐渐替代实体经济支撑美元世界货币地位的时候，风险会越来越大。在实体经济下滑的前提下，美元世界霸主地位将取决于境外美元资产持有者对美元的信心。这在世界经济虚拟化、投机规模巨大的背景下显然是极其不可靠的。

五、国际投机与躲避美元风险

亚洲金融危机距今已经 10 年，人们对投机活动的危害记忆犹新。自那时起，“对冲基金”“金融大鳄”成了家喻户晓的名词。金融危机与投机活动的密切关系已经成为人们的经济学常识。需要强调的是，在东南亚金融危机中，投机活动是在不同货币之间进行的。10 年后的投机活动也正在发生着重大变化。

首先，对冲基金已经达到 1 万亿美元以上，这是一个非常可怕的数字。美元世界霸主地位将取决于境外元资产持有者对美元的信心。这在世界经济虚拟化、投资规模巨大的背景下显然是极不可靠的。但是，这还远远不足以说明投机参与者的能量。其次，投机队伍中加入了从事国际业务的银行和其他金融机构。越是在金融动荡汇率波动加大的时候，这些金融机构为了自保就一定要参与投机活动。第三，日本、中国、韩国、东南亚许多国家和地区官方持有的外汇储备巨大，它们是用本国资源和劳动者的血汗换来的，一般都要进行保值性的操作。越是遇到金融危机，官方就越是难以替货币大国背负损失。那些跌幅巨大的储备资产将被率先抛售。一旦发生危机，银行、金融机构和官方经营外汇的机构，就会成为远远大于对冲基金的超级金融大鳄。这次受到冲击的可能不再是小国的货币，而是美元、日元这样的大国货币。

另一个值得指出的变化或即将大规模出现的变化，是以美元为盈亏计算货币的传统正在受到挑战。当一种货币的汇率持续下跌的时候，如果它以下跌的货币为本币计算盈亏，即使是每一次较大的波动都能预测出来，从而在该种货币下跌前卖出，上涨前买回，也不如以上升的货币为本币计算，并考虑最终持有此种强势货币资产更简洁、成本更低。

当前，有大量境外资金进入中国。其中有大量资金是在预期人民币升值基础上进入的。这些资金进入中国与当年进入东南亚的资金不同，它们不能短期炒作。它们在赌人民币长期升值趋势，赌中国虚拟经济包括股市和房地产长期上涨趋势。这意味着它们将长期持有人民币资产。当越来越多的投资者这样做的目的不是为了在当地进行直接投资以获取利润，而主要是避免弱势美元资产带来风险的时候，美元就会大难临头了。

流动性膨胀导致世界经济虚拟化，虚拟经济是心理支撑的经济系统，这意味着世界金融系统与股市具有基本相同的性质。虚拟化的世界经济一方面导致世界金融体系的基础越来越不稳固，越来越发达的金融杠杆在危机到来时成了风险放大的机制，它们将微小的变化放大，吸引更大的资金进入，正反馈会使得微风成为狂风暴雨，另一方面虚拟经济的扩张又养育了大量以此为生的投机机构，它们迅速成长、壮大，并迫使银行甚至官方金融机构在金融动荡时为自保而加入投机队伍，这个巨大的力量已经不是10年前欺负小国货币的那些私募基金了，它们掀起的风暴有如核爆炸，会使得目前的国际货币体系遭到毁灭性的打击。

六、世界性货币危机

这里要描述的是一种趋势，无法避免的趋势。只有因势利导才能减少危机的损害。以美元为核心的世界货币体系不可能是永生的，它将成为历史。世界将有一个新的货币体系替代它，更好地引导世界经济向着更加平稳、更加公平、民主，更少强权和欺压弱小的方向发展。而为此开辟道路的就是世界性的金融危机。

世界货币体系的危机首先在于货币的虚拟化。当代货币失去了黄金作为基础之后，任何一种货币的发行都失去了客观价值的限制，于是货币数量完全取决于货币当局的操作。货币的虚拟化鼓励了经济的虚拟化。假定利息率为5%，我国国民收入是22万亿元，全部收入被资本化就意味着最大限量的资产价值将达到440万亿元。而对这个近似于爆炸的资本化趋势，唯一的限制就是资金的获得性，一旦货币被加速创造出来，地产股票、期货甚至收藏品等就会以同样的增速成为创造收入、创造财富的机器。流动性越是迅速地创造出来，制造业就越是要被边缘化，因为它创造财富需要一个生产过程，而虚拟经济领域里的炒作则只需要有足够的资金注入就够了。在全球化条件下，一个世界货币大国可以通过信贷和政府财政赤字来增加本国的流动性，并通过虚拟经济的交易来分配货币权力，获得这些权力的消费者和商人再通过经常项目逆差尽情地享受他国的产品和资源。于是这个大国也就输出了流动性。这恐怕是对传统资源配置理论最大的讽刺。

一笔收入流在资本化的过程中会被放大10—20倍，而这些资产在二级市场上的炒作又会产生服务性的收入，计入当年的GDP。这个最初微小的虚拟资产创造的GDP会再次在资本化的过程中被放大10—20倍。整个过程不断反复，持续数十年，经济虚拟化的速度不断加快，直到流动性和虚拟经济超过实际GDP，以分享利润为目的的投资被以差价为目标的投机所替代。

当代国际的美元资产越来越大，它们一旦出现就不会自己消失。要减少日益膨胀的境外美元资产只有两个途径：一是到期美元债券不再用美元支付而是用其他货币（如欧元）支付，这要求美国必须有足以维持美元汇率的外汇储备，而美国的外汇储备和黄金储备与境外美元资产相比太小了，美国不可能靠外汇储备收回美元并维持美元汇率。二是通过金融危机，使得美元贬值，美元资产价格大幅度下跌。一方面美元资产的大幅度缩水会直接减少境外的美元资产，引起美元持有者的损失，另一方面流回的美元充斥整个经济，会导致虚拟经济的膨胀，而美元资产的价格下跌则会导致美国金融机构产生大量呆坏账。2007 年 8 月美国抵押贷款暴露出的问题，已经为世人敲响了警钟。而美国的处理办法是继续直接向金融业注入资金短期缓解危机，却没有根本上解决流动性膨胀问题。美国如此庞大的境外美元债务是不可能靠美国自己的 GDP 来还清的，需要世界各国一定程度地替美国买单。

世界性金融危机之所以不可避免，有三个基本因素：一是短期内无法停下来的流动性扩张，首先是美国无法在短期内出现经常项目逆差的改善，也就不可能停止提供境外美元和美元资产，而欧盟作为后起之秀，大有替代美元霸主之势，欧元增幅大于美元，想要世界停止流动性膨胀，只有发生一次金融危机才可以实现；二是世界经济的虚拟化，充斥的资金导致债券、股票、地产、石油等大宗商品期货、外汇、收藏业等行业空前繁荣，它们之间的关系密切，联系复杂，总体上构成了与实体经济运行方式完全不同的体系，成为养育金融大鳄的理想温床；三是投机活动盛行，投机资金规模巨大，在这些金融大鳄尚未形成一致认识的时候，一切似乎都正常，一旦它们同时看到利益或风险，就会同时朝着一个方向行动，世界立即就会掀起一场风暴。世界的虚拟经济已经聚集了“足以毁灭现有体系的”金融核燃料，只差一个导火索、一点儿火星、一个打入核燃料的中子。而盛行的投机活动随时可以提供这种火种。世界正处在金融危机的边缘。

危机一旦发生，不但美国会遭受衰退的打击，世界经济的高速增长也将会停滞。因为危机不仅仅是美国的，而是整个世界货币体系的危机。唯一的缓解途径就是本着“宽容、克制、合作”的精神进行多国之间的谈判，以修正当前不稳定的世界货币体系，重建稳定、和谐、公平的国际货币新秩序。

（本文原载于《资本市场》2007 第 11 期）

呆坏账的经济学*

摘　要：中国四大国有银行率先剥离呆坏账，使其呆坏账率大幅度降低，避免了紧缩和金融危机。次贷危机以来，美国金融当局多次向金融业大规模注资，插手濒临倒闭金融机构的拯救活动，欧洲一些国家也在做同样的事情。这种被逼出来的用国家信用支持银行信用的手法，似乎有悖传统的市场原则，但它带给人们更多的思考：正在被改变的游戏规则中，是否蕴含着制度的创新？

关键词：呆坏账；剥离；金融危机

中国经济中存在着许多从西方经济学角度来看很不规范的行为，它们长期被看作市场经济不成熟的“暂时现象”，人们似已司空见惯。多数人认为，随着市场经济逐渐走向成熟，这些不规范的现象就会消失。因此，这些与西方发达国家不同的现象没有什么理论意义。高经济增长率与银行业的高呆坏账率曾长期并存，似乎就是这样一个比较典型的例子。然而，对于这样一个特殊的现象，既不能当作“丑事”想方设法地掩盖，也不能一句简单的“不规范”轻轻带过，其背后可能蕴藏着重要的“市场经济新规则”，很可能给理论界和传统宏观经济政策带来巨大的冲击。

一、呆坏账与金融危机

在当今世界，许多国家都经历过金融危机，无论是发达的欧美国家，还是拉丁美洲和东南亚的新兴市场国家都未能幸免。但是，中国至今还没有发生过金融危机。有人说这可能是因为中国运气好，也有人不断地说“快了”，不过，中国的老百姓和金融当局实在是不愿意它真的发生。

---

* 作者的原标题是《呆坏账的经济学》，责任编辑在未征得本人同意的情况下将标题改为《呆坏账处理是否蕴含着制度创新》，作者在此文集中恢复了原来的标题。

现在，被公认为金融业最强大，并通过金融业操纵着全球经济的美国，却正在经历着战后经济最危险的时刻。银行和其他金融机构不断传出坏消息，这令中国的金融家和理论家们十分沮丧，如果美国遭遇不幸，在替其感到悲哀的同时，中国金融业恐怕要考虑自己未来发展的道路问题了。

呆坏账历来被看作是金融危机的导火索，对任何一个银行来说，避免呆坏账的发生是其风险控制的最重要目标。金融当局一方面要敦促金融机构自律并予以监督，另一方面要防止金融机构倒闭引起的连锁反应，也就是防范传染机制导致的系统性风险，这是近年来逐渐被提上日程的问题。在资本主义早期，金融危机通常是有效需求不足引起的经济危机的伴生物。当工商企业出现销售困难和财务危机的时候，便引起大面积银行呆坏账，从而引起信用紧缩并使得经济衰退得以持续。这使得经济呈现出周期性，产生“繁荣、危机、萧条、复苏，然后再繁荣”的循环。从1825年到第二次世界大战之前，这种规律性的周期一直困扰着西方成熟的市场经济。

20世纪60年代，由于凯恩斯主义宏观经济政策产生明显成效，美国经济学家萨缪尔森曾经称“经济危机”的字眼可以从经济学的字典中抠掉了，取而代之的是“经济衰退”，是增长率的下降，而不是生产力大规模类似破坏和经济总量的绝对下降。尽管西方市场经济经历了70年代的滞涨，但是，第二次世界大战以前的传统经济危机的确再没有大规模出现过。西方市场经济发展到80年代以后，经济衰退不再主要是由制造业等实体经济的需求不足引起，金融危机也不再是经济危机的伴生物，它通常率先发生。金融危机和经济泡沫破灭造成资产价格下降，导致大量呆坏账产生，引起经济衰退、收入下降和消费持续萎缩。引起呆坏账的也不再主要是制造业和其他实体经济部门，多是由股市、债市、房地产等虚拟经济领域的泡沫破灭造成的。情况刚好和早期资本主义相反，金融危机不再是经济危机的伴生物，它正在成为经济危机的罪魁祸首。

在西方发达经济体发生金融危机的时候，会产生信用紧缩，失业率大幅度上升，经济增长率下降，甚至经济停滞不前，只有在经历了长期的萧条之后，经济才得以恢复。呆坏账是通过危机、失业和衰退来消除或削减的。整个过程很漫长，往往要数年或十数年，使得整个社会为此付出巨大代价。而中国处理呆坏账是通过剥离的办法，从银行资产负债表中将呆坏账剥离，单独成立处理呆坏账的资产管理公司。同美国等发达国家的传统相比，中国的呆坏账没有引起大规模的银行和金融机构倒闭，没有引起金融危机。不通过危机、失业和大规模企业倒闭来解决呆坏账问题，可能是自凯恩斯主义需求管理的宏观政策之后最重要的宏观措施，而且可能是市场经济真正摆脱危机困扰的一个根本性转折。

在发达经济体中，同样的做法也在20世纪90年代末开始盛行。泡沫经济曾经使日本陷入长期的不景气，直到2002年，日本金融机构的呆坏账还在发作，最终日本政府着手收购了部分呆坏账。最近，我们注意到，自次贷危机以来，美国金融当局多次向金融业大规模注资，同时直接插手濒临倒闭金融机构的拯救活动，包括借款、插手收购、重组等。欧洲也在同时做同样的事情，这是前所未有的，因为它违背“自负盈亏”的市场原则，也有违“公平”的市场原则。这表明美国宏观政策正在发生着变化，显示出美国金融当局的无奈。

学术界也在探讨，当银行和金融机构存在大规模倒闭风险的时候，要不要拯救它们。显然，中国的呆坏账处理不是仅用“不规范”就可以解释的，它背后也许蕴藏着新的规则和新的理论命题。

二、“金融压抑”与“金融自由化”

美国经济学家麦金农和肖创立了金融深化理论，其中一个有关发展中国家的理论命题是：发展中国家普遍存在“金融压抑”，认为解决这个问题的唯一办法就是“金融自由化”，通过“金融自由化”可以有效解决发展中国家的“金融压抑”问题。而当2004年麦金农来华演讲的时候，他意识到中国成功地解决了“金融压抑”问题，但却不是通过“金融自由化”。

让我们来解释在没有“金融自由化”的前提下，“金融压抑”是怎样消除的。假定一个发展中国家申请贷款的有1000人，其中潜在的企业家只有一半，另外500个贷款申请人是潜在的呆坏账制造者。银行只要挑出500个潜在的企业家，并给予贷款，整个经济就可以迅速发展起来。但是，本国银行的水平低，且有很多旧有的人际关系、腐败和官僚主义的牵扯，很难从这1000人里正确地将500个潜在企业家挑出来。

中国是怎么做的呢？是分两步来解决“金融压抑”问题的。如果商业银行不能保证正确地将这500个潜在企业家挑选出来，一个更简单的办法就是挑不出来干脆不挑，1000个申请者全都给予贷款，于是500个潜在企业家一定会获得贷款，但另外500个失败者也一定会造成呆坏账。当然，银行完全不加挑选是不可能的，只要贷款足够宽松，多数潜在企业家都会得到贷款，而同时也会有比西方大得多的呆坏账被创造出来。

在理论上对中国呆坏账处理的办法进行概括，可能更多的人宁可将其看作计划经济做法在向市场经济转型初期的自然延伸和惯性，或者是“歪打正着”，这也被西方学者看作是“滥发贷款”。“挑不出来就干脆不挑”，问题只解决了一半，也就是迈出了第一步：潜在的500企业家得到了贷款，经济肯定会进入高增长路径，但新的问题是呆坏账怎么办？还要走第二步。

三、呆坏账的剥离与银行信用

如果呆坏账不导致银行倒闭，呆坏账不引起信用紧缩，它就可以通过剥离的办法来处理。剥离呆坏账，成立专门的资产管理公司是中国解决金融压抑问题的第二步。四大国有银行率先剥离呆坏账，并成立独立的资产管理公司处理这些呆坏账，这一做法使得商业银行的呆坏账率大幅度降低。在中国，没有因呆坏账引起的紧缩和金融危机也就顺理成章了。这是不得已的办法，并不是鼓励呆坏账。惩罚限于肇事者和相关责任者，无辜的储户和企业以及众多的就业者得以免受牵连。当然，这破坏了“自负盈亏”的市场原则，但是免于危机，免于牵连无辜者不是更公平、更人道一些吗？中国处理呆坏账的办法具有更一般意义上的理论价值。进一步思考高呆坏账率不会引起金融危机的另一个重要因素，那就是公众的信心。呆坏账可以引起银行资不抵债，如果银行的储户不来挤提存款，如果银行能够保证其流动性，呆坏账即使超过银行自有资本数倍也不会影响银行的正常业务。

中国在从计划经济向市场经济转型的过程中，对政府的信任从没有减弱过，而市场经济所需的风险意识却迟迟难以建立。这造成了人们对市场原则的轻视，久而久之，呆坏账除了账面意义以外，既不会引起公众恐慌，也不会引起银行信用紧缩，也就不会引起金融危机。公众认为政府不会不管，而政府也从来没有令储户失望过，“稳定第一”的原则建立了人们对官方机构的信任，也树立了对公共机构的信心。这样的储户是所有西方金融机构所羡慕的，因为中国储户有足够的耐心等待，并给银行足够的时间来恢复。显然，在逐渐确立市场原则的同时，也应保护这种尚未受过打击的公众信心，因为没有经历过金融恐慌的公众可以化解风险。要破坏这种公众的信心也很简单，只要出现困难时，当局任由四大国有银行中的任何一家破产，这种信任就会荡然无存。

呆坏账没有引起银行紧缩信用是它不会自动引起金融危机的重要原因，

其更深刻的原因还在于银行性质没有企业化。在中国，商业银行的流动性在很大程度上是央行控制的，它通过存款准备金率，通过再贷款，通过对银行间市场的干预来控制商业银行的流动性。银行业的紧缩和扩张，基本上是受宏观调控的，呆坏账率对银行业紧缩信贷的影响极其有限，这也是我们与西方的重要区别之一。

四大国有银行的“帽子戏法”，使得它们从一个极高呆坏账率的金融机构一下子变为可以跻身国际业务的大银行，不是靠长期的风险管理经验，而是靠处理呆坏账的方法。这一方面说明中国国有四大银行自身竞争力还有待大幅度提高；另一方面也说明我们处理呆坏账的办法实际上是用国家信用来支持银行信用。西方对呆坏账的干预与中国对呆坏账的干预都是不得已而为之，是被逼出来的。二者虽有区别，处理呆坏账的原则是一样的，用政府信用来支持银行信用，避免危机发生。

四、呆坏账的宏观性质

中国呆坏账的处理是成功的，要理解其成功的原因还要从呆坏账对经济的影响过程开始。我们要了解呆坏账引起危机是一个什么样的过程，而没有引起危机又是一个全都什么样的过程；了解呆坏账产生的过程中，到底谁遭受了损失，整个社会是否有损失，损失大致有多大。

假定银行贷给甲 100 万元，甲拿去投资购买了机器设备，雇用了职工和高级管理人员。但是经营不善，大幅度亏损，资不抵债还不起贷款，形成了银行的坏账。甲无疑是遭到损失了，他也给银行造成了损失，银行的钱还不上了，经营失败的甲把钱挥霍光了。那么，钱真的消失了吗？没有。只是甲手中的钱没有了，但从宏观来看，钱并没有消失。这 100 万元成了机器制造商、工人和企业高管的收入。它成全了机器制造商的生产，也支持了工人和高管的消费。原则是：花掉 100 万的同时将创造 100 万的收入。简单地说，甲的开支成为乙的收入，乙的开支会成为丙的收入等。最终这 100 万将会成为存款存入银行，它可能是这个交易链条中每一个交易环节中多余货币累积而成的存款，也可能是最终得到收入的人不再购买任何商品而存入银行的存款。不管怎么说，在每天的交易过后，大部分资金都会以存款方式回到各交易者的账户上。结果是贷给甲的 100 万贷款被交易过程重新配置，成为新增收入存入银行。货币并没有损失，只是银行多了 100 万呆坏账和由其产生的新增存款。如果持续下去，银行的存款会与呆坏账一起增加，呆坏账率就会逐渐提高。

从实物角度来看，有没有损失呢？有，但不会像账面损失那样大。例如，失败的企业家会购买设备、租用厂房，一旦企业倒闭，这些厂房和设备会在清产核资过程中被拍卖或转让，最后通过重新配置，它们多数会发挥其物理功能，生产出市场需要的产品。这样，呆坏账引起的物质损失仅仅是一些生产设备和厂房会被暂时闲置。这种损失的多寡取决于二手设备市场的成熟程度，以及从确定企业倒闭到清产核资的程序等。工人也会暂时失业，但是，总需求不会因此而减少，总就业就不会下降，职位空缺和消失的职位可能会有变化。如果贷款是在增加的，总需求就会增加，不管其呆坏账率多高，就业都会增加。从宏观角度看，如果呆坏账不引起银行倒闭和信用紧缩，就不会引起金融危机，其造成的物质损失就是微不足道的，对就业就没有负面影响。

既然在呆坏账的创造过程中，资金没有减少，总需求没有减少，就业总量也没有减少，社会基本没有什么损失，那么呆坏账不过是银行账面上的数字罢了。至少宏观上看是如此。如果银行倒闭或因呆坏账大幅度紧缩信贷，情况就完全不同了，这会引起经济衰退。如果没有因呆坏账导致的银行倒闭和全面信用紧缩，呆坏账就仅仅存在于账面上。只不过同发达市场经济的银行相比，它太难看了，如果能从银行账面上划掉就好了，反正它也没什么实质性内容。

五、呆坏账剥离会引起流动性膨胀吗

在发达市场经济中，呆坏账会引起银行自动紧缩信用以避免出现资不抵债的危机，因此，银行的风险管理行为对整个银行系统起着自动抑制信用膨胀的作用。随着银行信用膨胀，呆坏账率会逐渐上升，银行也会逐渐紧缩其贷款增长速度，这就是银行风险管理自动抑制信用过度扩张的功能。如果银行不再关注呆坏账率，或对其关注程度下降，整个银行系统就失去了对信用膨胀的自动抑制机制，或者使得这种抑制机制的功能减弱。整个经济中缺乏信用膨胀的自动抑制机制，央行的货币总量控制就变成了唯一或最主要的抑制流动性膨胀的力量。

例如，某个银行出现大量呆坏账，引起储户挤提，于是央行为处理呆坏账，临时增加对该银行的再贷款，或者支持另外一个银行接管该银行的同时通过再贷款冲销其部分呆坏账，银行的再贷款会增加流通中的货币数量，因为银行的呆坏账并不意味着银行贷出的资金在流通中消失了，它还在流通中媒介着各种交换和投资。这就意味着，如果为处理呆坏账央行增加了货币投放，这笔新增的货币并不是补充呆坏账引起的货币流失，因为呆坏账不会引起资金流失，于是货币供应量增加，引起流动性膨胀。但是其膨胀规模不一定与呆坏账的规模相等。即使全部储户前来挤提，央行需要提供贷款冲销全部呆坏账款，这种流动性的注入也仅仅是暂时的。当最初的恐慌过后，储户会将自己提出的款项转存到其他银行或重组的新银行，只要控制得当，一部分为处理呆坏账增加的央行再贷款大部分会在事件处理完成后，通过央行收回而不至于引起流动性膨胀。这个过程其实就是产生我国货币内生性的"倒逼机制"。

这就是说，呆坏账出现以后，央行向金融业的注资，以及可能的财政性支持，会一定程度地引起流动性扩张。但是，这是完全可以控制的。现在可以说，中国成功地解决了"金融压抑"问题，却没有"金融自由化"，剥离呆坏账的方法富有应付金融危机的意义。

六、次贷危机的启示

次贷危机导致大面积呆坏账涌现，许多银行倒闭在即，美国官方想尽办法也无法短期内拯救它的金融系统。而在中国，单独来看，无论是银行还是监管机构，都不是美国的对手。一直不太规范的操作和监管，让人看着总是不安全的，但是纵然小问题不断，大问题依旧未见。这恐怕不是运气问题，不是经营和管理的问题，也不是监管的问题，唯一可以解释的大概就是制度或体制。简单来说，如果按市场经济的游戏规则，中国应该产生金融危机，如果没有，就是没有遵循原有的游戏规则。问题在于，游戏规则如果不变，中国就一定会出问题，只是早晚的问题；如果游戏规则正在发生着变化，而且是与中国采取措施方向一致的变化，可能就不会有问题。因为，一旦人们普遍不再遵守这个游戏规则，就意味着游戏规则将会被改变，而游戏规则一旦成为人们获利的障碍，或者成为躲避风险的束缚，离抛弃它的日子也就不远了。

中国的呆坏账主要是制造业企业，特别是一些国有企业经营不善所致；而美国则是由房地产及其金融衍生物泛起的泡沫破灭所致，二者区别很大。

在消费和投资没有出现较大波动的前提下，如果大面积出现呆坏账，只有在经济虚拟化程度较高的经济中才可能发生。次贷危机之所以在初期不被重视，其原因也在于直到次贷危机爆发数个月后，其总需求仍然没有下降，CPI 也没有大幅度波动。而当局和公众总是以这些实际经济的指标来判断宏观经济形势的，虚拟经济发达的经济体中，资产价格是经常波动的，而这种波动只有大规模引起债务链断裂，或大规模呆坏账的时候才会影响实体经济的正常运行。也正因为如此，虚拟经济引起的危机通常给人以孕育时间短，具有突发性的印象。

贷款给低收入者带来的风险本身就比给高收入者带来的风险大，加上首付资金比例过低，有不少甚至达到零首付，使得杠杆率过高。当这种风险偏大的债务被大规模证券化以后，风险被分散的同时也被大面积地转移到众多的买主手中，而这些买主多数是金融企业或银行，这一方面使得风险传导路径延长；另一方面，也使得次级房地产的资产被多层虚拟化。其实，次级贷款的抵押物——房地产并不是问题的核心，核心是低收入者的收入，它们才是维持这个虚拟价值增值链条的关键。不是他们购买的房地产被资本化，而是这个收入被资本化，资本化的理论公式是收入除以利息率。这样，这个收入就被放大数倍成为资产，这就是证券化的虚拟性质的来源，一旦这个收入流出现问题，一旦其抵押物房地产价格下降的比率高于贷款的杠杆率，一旦本币汇率和其他资产收益率变化引起人们对该证券的抛售等，都会迅速引起大面积的亏损，导致人们恐慌，导致资产价格进一步下跌。美国次贷危机的基础是发达的虚拟经济。虚拟经济越发达，风险越与整个经济环境有关，个别企业无力单独抵抗风险，在次贷危机的例子中，企业甚至无法逃避这种大环境造成的风险。正是经济的虚拟化，使得个别风险汇集在虚拟经济系统之中，个别企业再大也无法与其抗衡，需要政府干预，也就需要改变以往的游戏规则。

参考文献

[1] 马克思. 资本论（第三卷）[M]. 北京：人民出版社，1975.
[2] 弗朗索瓦·沙奈，等. 金融全球化[M]. 北京：中央编译出版社，2001.
[3] 麦金农. 经济发展中的货币与资本[M]. 上海：三联书店，1988，2001.
[4] 弗朗索瓦·沙奈，等. 金融全球化[M]. 北京：中央编译出版社，
[5] E.S.肖. 经济发展中的金融深化[M]. 上海：上海三联书店，1988.
[6] 格利，E.S.肖. 金融理论中的货币[M]. 上海人民出版社，2006.
[7] 刘骏民，张云. 寻找全球流动性膨胀的根源[J]. 资本市场，2008（6）.

[8] 刘骏民. 理解流动性膨胀：美元与国际货币体系的危与机[J]. 第一财经日报，2007-8-15.

[9] A. J. Field, Asset Exchanges and the Transactions Demand for Money, 1919 - 1929[J]. American Economy Review, 1984 (02).

[10] J. S. Gramer, The Volume of Transactions and theCirculation of Money in the United States, 1950-1979[J]. Journal of Businessand Economic Statistics, 1986 (4).

[11] J. P. Judd, J. L. Scadding. The Search for aStable Money Demand Function : A Survey of the Post-1973 Literature[J]. Journal of Economic Literature, 1982 (20).

[12] Alessandro Vercelli. Structural Financial Instability and Cyclical Fluctuations[J]. Structural Change and Economic Dynamics, 2000 (11).

[13] Minsky. Monetary Systems and Accelerator Models[J]. American Economic Review, 1957 (47).

[14] Minsky. Anatomy of a Financial Crisis[R]. NBER Working Paper, NPL Treatment and Institutional Innovation, 1991, 3934.

（本文原载于《开放导报》2008 年第 5 期 ）

人民币国际化的历史机遇
——趋势、途径、风险与时机

中国正处在向经济大国过渡的关键时期，而真正的经济大国其货币必须是国际货币；中国经济总量已经位居世界第四，进出口贸易总额居世界第三，而在国际计价系统和信用支付系统中却根本没有人民币的影子，这给中国和世界都带来不便，并引发了一系列失衡；中国客观上需要人民币国际化，而世界客观上也需要通过人民币国际化，将中国强大的实体经济带入动荡不安的世界货币体系和风雨飘摇的世界金融系统。

一、小国货币的悲哀

美国经济学家麦金农曾经指出，非国际货币（也可以称为小国货币）具有“原罪”。其经常项目既不可以顺差，也不可以逆差，必须保持经常项目收支平衡，并与主要国际货币汇率保持不变。这就是说，小国货币天生就是附庸。如果小国经常项目持续逆差，就要借外债（因为本币不是国际货币），而逆差会导致本币贬值，使得外债负担加重，在出口短期内不能大幅度增加的情况下就会债台高筑，墨西哥20世纪90年代初的债务危机就是鲜明的例子。对于经常项目顺差国家，其本币将不断升值，这会导致不断膨胀的外汇储备不断缩水（早期的日本、韩国和现在的中国都吃到了这个苦头）。小国不管自己本国的情况如何，都必须适应大国的货币政策，当国际货币发行国调整货币政策或者遇到较大问题的时候，小国就会受到牵连。亚洲金融危机中就更是如此。

二、外汇储备不断增长——中国到底在积累什么

截止到2008年8月，中国的外汇储备已经达到18000多亿美元。外汇储备的增长来源于中国国际收支经常项目和金融项目的双顺差。问题的严重性在于中国是持续的双顺差导致资金不断流入，就像一个人只喝啤酒不上厕所一样，流入的资金没有泄出渠道。少量可以，如此大量的资金持续流入，却没有泄出渠道一定是要出大问题的。地下钱庄和地下境外汇兑渠道的猖獗仅仅是缺乏公开资金出入境渠道的结果之一。

（一）外汇占款引起货币增加的特殊性

流入的外汇多数是要结汇的（以前是强制结汇），这就增大了人民币的供给。这些因外汇增加而增加的人民币供给是没有对应产品的。这是因为经常项目顺差增加的外汇是因为产品出口大于进口，因此增加的本币在本国市场上没有对应产品，产品在国外；因资本项目顺差增加的货币在本国市场上就更没有对应产品了。我国从2002年加入WTO之后，经常项目顺差和资本项目顺差就大幅度增加，长期双顺差在境内积累着流动性膨胀。

外汇占款导致的资金增加不同于财政开支增加导致的现金流增加。1985—1988和1993—1995年财政拨款引起的货币增加，低收入者如普通工人的收入会一同增加。当时富人还很少，没有股市、房地产可投资，货币增加立即就会引起猪肉、粮食等生活必需品价格上涨。但外汇占款引起流动性（现金）增加就不是这样，穷人手里基本上没有外汇，外汇收入都在企业家和富人手里，有钱人结汇之后增加的收入多用于购买股票和房地产，于是流动性增加首先引起股市和房地产膨胀，而后才是物价普遍上涨。从货币累计增加到物价普遍上涨之间的时间要长于财政性流动性膨胀从货币到物价之间的传导时间，当中隔着一个股市暴涨和房地产持续上涨的时期（2003—2007年）。

（二）内部消化的理念不能解决根本问题

流动性膨胀的根本原因是外部的，我们却采取治理财政性流动性扩张的办法设法从内部来消化外部灌入的流动性，这不会改变问题的根本。第一波是外汇占款导致的资金充斥引起房地产和股市暴涨，宏观调控政策的结果是将资金挤出股市和房地产，并没有解决资金过多的问题。这就引起来第二波，被挤出股市和房地产的资金开始导致物价上涨（粮食、猪肉，最后是CPI），收藏业火爆（紫檀木价格直追黄金），以及新股申购的火爆等。2007年，申购中铁股份的冻结资金达到了3.38万亿人民币，此后申购新股的冻结资金持

续数月在 3 万亿以上，表明资金充斥的情况，我国货币供应量中的 M1 当年不过 14 万亿人民币。央行采取了治理通货膨胀的措施，设法减少流动性。其主要办法是由央行发行央行票据对冲现金，于是银行间市场的规模在短短几年中就扩张了数倍，仅质押式回购的日均交易额就由 1999 年的不到 17 亿人民币迅速扩张到 2007 年的 1748 亿人民币。对冲流动性的作用会因银行间市场过快膨胀而递减，于是央行就不得不采取计划经济时期直接控制贷款规模的方法与市场调控方法并用。利息率提高，准备金比例不断提高，与国有银行贷款规模限制的共同作用下，流动性的确在下降。但是这是只治“标”，因为“本”是境外资金流入。

中国只要保持稳定增长，在至少 5 年内就不会改变经常项目顺差的局面，同时，世界越是动荡，中国经济就越被看作是躲避金融危机的避风港，大量资金会设法进入。双顺差短期内不会改变，除非人为地制造中国经济衰退，否则外部大量进入资金的状况不会改变。这就是说，只有从外部关系着手才能从根本上解决问题，外来资金不断增加的情况下，内部消化的解决办法最终只会积累问题。

中国外汇储备的积累意味着外汇占款导致的无产品对应的人民币增加持续不断；“藏汇于民”在缺乏公开进出境资金渠道的情况下会刺激地下进出入境渠道的发展。“堵”的思路似乎已经走到尽头，必须用“疏通”的办法来解决“资金洪水”的问题。要进一步开放，中国不能再以“封闭型经济”的思维来考虑问题。

三、日本的教训与德国的经验

目前中国双顺差导致外汇储备的急剧增加引致的流动性膨胀，与 20 世纪 70—80 年代日本和德国面临的情况类似。由于日本和德国两国政策选择的不同（日本采取的是“推挡”政策，而德国采取的是“疏导”政策），日本走上泡沫经济道路，而德国则平稳增长直到以马克为基础创造出新的国际硬通货——“欧元”。这个经验对当前的中国是十分重要的。

（一）日本的教训

20 世纪 60—70 年代日本经济迅速增长，经常项目持续顺差，日本官方外汇储备增长迅速，而民间则因出口积累着更多的美元。日本政府却因为担心完全放开资本市场会损害日本出口经济，一直没有放开资本账户，直到 1980 年才完全放开资本账户。这样，在 1980 年以前的这段时期内，随着经常项目持续顺差，一方面美元开始不断涌入日本，带来了国内流动性持续上升的压力，并为日后房地产和股市持续增高，从而在80年代形成的泡沫经济积蓄着力量（1990 年后破灭）；另一方面日元也进入了持续升值的时期。但是，日本采取的是鼓励民间走出去购买美国资产的政策，通过到美国购买美国的企业，减少日元升值压力。结果，由于日元在国际上的供应量太少（最多不过30亿美元的日元滞留日本境外），日元升值压力越来越大，减少境内美元存量对此毫无影响，从1972年的308日元对1美元升值到1980年的213日元兑1美元，日元也不是主要国际储备货币。日本是依赖出口的国家，持续存在着贸易顺差，在资本项目逆差没有大幅度增加的情况下，美元持续流入就会导致境内资金充斥。1970—1980年，日本CPI年均增长高达9%，为日后泡沫经济埋下祸根。

1980年，日本终于认识到了日元国际化的重要性，资本账户完全放开，1981—1985年短短5年时间，日本的资本账户持续逆差累计达到了1360亿美元，使得日元在世界外汇储备中比重由近似于0扩张到了世界外汇总储备的 8%，严重威胁到了美元地位。由于日本在政治上对美国的依附，日本同意了由美国主导逼迫日元升值的广场协议。广场协议生效后，日本没有想到的是短短一年时间里日元大幅度升值，从1980年的213日元兑1美元进一步飙升到80日元兑1美元，对日元进一步升值的预期中断，对日元的需求大幅度减少，日元的短期大幅度升值关闭了日元进一步国际化的大门。资本项目开放刚刚点燃的日元扩张浪潮被闷在了国内，资金充斥的情况导致房地产和股市攀升形成泡沫经济。1990年泡沫破灭之后，日元被顶在一个高汇率上，日本经济用美元核算一直排名世界第二，日本整体物价水平维持在用美元衡量的高位上，同1980年相比，日本人民的生活水平并没有多少改善，但由于汇率原因，日本经济总量却非常高。突然增高的汇率不但终止了日元进一步国际化的进程，也终止了日本经济的高速增长。

（二）德国（西德）的经验

西德早在 1956 年就在贸易顺差和经济增长的基础上实现了资本账户开放。在德国经济高速增长的20世纪60—70年代，马克开始成为硬通货，与日元一样进入持续升值通道，从1972年3.22马克兑1美元升值到1980年的1.79马克兑1美元。但是西德采取的不是鼓励企业和公民用美元去购买境外资产的政策，而是鼓励通过资本项目逆差直接输出马克。增加国际货币市场上的马克供给，既可以缓解境内基金充斥的状况，又可以缓解马克升值的压力。这是真正的资金“疏导”政策，同西德的“疏导”政策相比，日本鼓励用美元到境外购买资产的政策不过是“推挡”美元的政策。西德这个时期对外的马克输出累计达 680 多亿美元，同期日本不过输出相当于 30 亿美元的日元。这也大幅度缓解了因持续经常项目顺差导致的国内资金充斥的情况。在美国滞涨、日本国内资金充斥的整个 70 年代，西德的 CPI 维持在 5%的水平。马克也从 1970 年占世界官方外汇总储备 2.1%的比例上升到 1980 年的 10.2%，到 80 年代末这个比例进一步增加到 18%。90 年代中后期下降到 15%左右。马克成为世界第二大储备货币，为后来形成欧元打下坚实的基础。没有欧元，仅靠当年的意大利里拉、法国法郎、西班牙比索等货币是无法形成欧元的。

（三）人民币大幅升值将关闭人民币国际化的大门

今天的中国走到了同样的历史关口，积极地推进人民币国际化就是学习西德的经验，消极地等待结果就是走日本的老路。除非回到过去封闭经济状态，中国必须对人民币国际化的道路做出选择。错过时机，任由人民币在短期内大幅升值，人民币国际化的大门将会关闭。

四、人民币已经具备国币货币的条件

（1）中国 2007 年的 GDP 达到了 249530 万亿人民币，折合成美元为 3.5 万亿，排名世界第四。2007 年，中国进出口总额达到 166964.7 亿美元（国家统计局），世界排名第三。外贸依存度为 66.91%。中国实体经济参与世界经济循环的深度和广度已经为人民币国际化开辟了道路，奠定了基础。

（2）人民币经常项目可兑换已经在实行，人民币在境外的流通已经存在多年。在中国香港、中国台湾、越南、新加坡、俄罗斯等一切与中国贸易和其他经济往来密切的国家和地区，人民币已经是硬通货了。这些现象证明人民币在境外是受欢迎的资产。在当代，金融危机越严重，人民币及人民币资产就越有吸引力。

（3）金融投资者和回避金融风险的金融机构都愿意持有汇率预期会升值的货币资产，预期升值货币发行的国际债券也容易成功。而人民币一直是缓慢升值的，是符合金融投资者理想的货币资产。

（4）中国是以实体经济为主的经济体，人民币国际化也会给动荡不安的世界金融体系注入稳定因素。人民币国际化不但受投资者欢迎，更受遭受金融危机损害国家的政府欢迎。

（5）中国的外汇储备世界第一，达到 18000 亿美元，它是人民币汇率稳定的基本干预力量，也是人民币出境的强有力支持，按照 1 美元兑 6 元人民币的汇率计算，可以支撑 10.8 万亿人民币的境外资产。也就是说，如果人民币在中国境外有 10.8 万亿同时被抛售的话，中国可以用 1.8 万亿美元的外汇储备在市场上购回人民币，以支撑人民币在国际上的信用。

五、人民币国际化的途径

人民币国际化的基本原则是：在可控条件下的局部放开。“可控”的核心是资金进出入境的数量和方向的监控，“局部”是采取我们曾经成功建立“经济特区”的经验，从“建立风险控制实验区”起步，实行部分开放，梯次逐步推进的战略。

（一）在境内选择一两个城市建立“风险控制实验区”

根据我国“深圳经济特区”的经验和“高新技术开发区”的经验，选择上海、天津这样的一两个大城市，建立“金融风险控制实验区”，在可控条件下，梯次放开一切金融项目。

（1）有选择地允许境外银行、金融机构进入；允许其与中国指定银行、证券公司，以及其他相关机构，如会计师事务所、律师事务所等从事所有非人民币的金融业务，并在综合监管部门的监管之下，从事人民币业务。针对从事哪些人民币业务、在何时放开、怎样放开，需制订详细的实施方案。

（2）选择我国主要银行和金融机构进驻“金融风险控制实验区”，经营对外出售人民币资产业务，发行和买卖人民币债券，经营人民币的境外贷款和人民币现货、期货交易。对每类金融机构派驻的分支机构实行业务适时申报制度，监督其每日发生业务的种类、数量、去向。

（3）设立综合监管机构，所有国内资金进出“实验区”要进行分类监督。监管机构有权在发生资金或价格异动时，采取措施干预，以控制风险，如要求参与业务的境内外金融机构说明异动原因，以及暂停风险突然增大的业务等。

（4）外汇管理局和中央银行派驻机构，并被授权在人民币汇率有较大变动的时候实行入市干预。干预的规模授权需在具体方案中明确规定。

（二）在境外建立人民币离岸中心

在境外选择纽约、东京、法兰克福等三四个金融中心城市设立人民币离岸中心，派驻中国有代表性的大银行和金融机构，专门从事境外的人民币业务，其交易对象为该地区所辖各国的商业银行、投资银行及其他金融机构，交易工具为中国境内提供的金融资产和人民币现汇、现钞。人民银行应在人民币离岸中心设立代表机构，从事该金融中心所辐射的周边国家的官方人民币兑换业务。

（三）人民币汇率制度梯次实现“可自由兑换”

人民币资本账户不宜一次开放到位，应根据局部、梯次的原则在风险可控的条件下梯次放开，最后达到完全可兑换。可分三步进行。

1. “人民币官方协议兑换制度”

第一步是与主要国家货币当局签订官方货币兑换协议的“官方协议货币兑换制度”，中国政府只承诺对有协议国家官方的人民币自由兑换。世界任何地方都可以有人民币和人民币资产的交易，但可以与中国对接的“接口”是有选择的大国官方。民间个人和金融机构可以经中国有关部门批准，在中国设立的“金融风险控制实验区”和中国境外设立的“人民币离岸中心”参与人民币及人民币资产的交易（目前美国已经在与欧盟考虑货币互换协议。）

2. 对人民币交易规模的控制

在境外的人民币交易的总“盘子”可以通过与主要国家签订“人民币及资产交易协定”来规定，确定规模、调整原则及办法。其好处是“人民币及其资产交易”是在协议国家双方政府的监管之下进行的，金融风险的可控性大大加强。

3. 人民币完全自由兑换

在“人民币官方协议兑换制度”取得经验后的第二步：逐步扩大参与人民币协议兑换的国家数量，放松协议中的有关监管。第三步是适时实现人民币完全放开的自由兑换。

人民币国际化是一个必须由政府直接推动和管控的系统工程，必须在充分研究的基础上制定战略方针和具体实施方案。

六、人民币国际化的风险

人民币国际化的前提意味着资本市场的开放，而资本市场一旦开放就会使得中国经济完全暴露在动荡的世界金融系统面前，风险是必须考虑的。美国正在经历金融风险发作的恶果，糟糕的是美国并没有提前预见到今天到局面，也没有任何早期的防范措施。美国人相信两点：一是所有金融机构都会自律，因为它们不希望倒闭；二是只要信息公开，人们会自己认识到风险，没有人愿意承担风险的业务不会发展。因此，美国政府不必对整个金融业风险采取其他防范措施，以自律为基础的监管制度是美国唯一的风险防范的防线。事实证明不是如此，所有数学家和金融家创新的金融产品只能将风险转移，却不会使其消失；当人们听取信用评级机构说明某种金融产品风险的时候往往根本看不懂那些“专家”复杂的技术规程和专业术语。资产信用评级下调后，评级单位不会赔付，普通投资者被告知是他们自己没搞懂，而不是信息没有公开。为了避免重蹈美国的覆辙，为了保护无辜者，为了稳定金融秩序和经济秩序，必须建立防范金融系统风险的立体防线。

人民币放开后的金融风险有两个：一是国内的金融风险，二是人民币的汇率风险。国内金融风险是指，境外资金大进大出引起资产价格大幅度波动，引起大规模呆坏账，造成银行和金融机构倒闭风潮的可能性。汇率风险是指人民币汇率因某种境外原因大幅度贬值或升值的可能性。将这两个风险置于中国官方可控范围内人民币就可以开放，否则就不可以开放。

（一）建立我国金融系统风险控制体系

接受美国的教训，一方面加强微观风险管理和自律的基础上的金融机构监管，另一方面着手建立防范系统风险（或宏观风险）的官方金融风险防范体系。

笔者提出以下建议：

（1）继续做好银行和其他金融机构的风险管理体系及监管。

（2）控制好人民币进出境的几个重要“接口”，特别是在人民币国际化初期，资金进出口的监督和控制是第一道防线，包括境外人民币离岸中心和境内“金融风险实验区”的资金进出规模的监控。

（3）发展债券市场与股票市场，完善二级市场的交易机制，使它们的数量足够形成挡在外部资金冲击与我国实体经济之间的缓冲器。也就是说，当境外资金进入时，特别是短期资金进入时，债券市场、股票市场往往会吸收大部分资金，稍长一些时间后，资金会进入房地产市场。至于进入实体经济投资的资金会融入与中国经济共患难的实体经济，不易随时抽逃。因此，完善债市、股市、房地产市场，设立宏观的“虚拟经济”监管机制是防范金融风险的第二道防线。对虚拟经济综合监管的基本功能是在资金大量涌入时鼓励交易、吸收资金，在大量资金抽逃时及时发现并进行适当干预，从而隔绝和缓和大规模外部资金的冲击对我国实体经济和人民生活水平的影响。

（4）呆坏账处理是第三道防线。

在私有制为主的经济体中，呆坏账是一切倒闭事件的根源。资本主义市场经济要通过银行倒闭、经济紧缩和大量失业的痛苦来消除呆坏账。而中国创造了“剥离呆坏账”的方法。这也是中国曾长期存在高呆坏账率，却没有发生金融危机的根本原因。美国现在的救市计划就是在模仿中国处理呆坏账的方法，但二者的区别在于：第一，美国的呆坏账是由于炒房地产失败，或炒股票、债券失败等金融杠杆的经营失败导致的；而中国的呆坏账基本是制造业经营不利造成的，这就使得美国潜在的呆坏账规模远远高于中国，且其呆坏账的连锁作用也远远高于中国；第二，美国能否救市不在于国内；而在于境外对美元的信用；而人民币的呆坏账目前还仅限于国内金融机构。以实体经济为主的中国可以继续采用“剥离呆坏账”的方法作为最后一道防线，如果中国可以及早发现呆坏账，可以及时处理早期的呆坏账，就能继续避免金融危机。中国至今没有金融恐慌和金融危机不是因为资本市场不开放，而是因为中国处理呆坏账的特殊方法使得呆坏账在中国不再引起倒闭。否则，中国曾经持续十数年的两位数的呆坏账率早已引起银行业崩溃了。因此，呆坏账处理机制是我国特有针对金融系统风险的最后一道防线。

（二）保护好中国人民对国家和政府的高度信任

中国公众之所以对国有银行有很高的信任度,不是因为银行业经营得好，管理得好，而是相信国家对银行的支持。与美国不同，中国金融业不是由银行信用来支撑的，而是由国家信用、政府信用来支撑的。人们之所以在国有银行呆坏账率达到30%以上还丝毫不减信心，也没有恐慌，是因为人们相信政府不会不管，而中国政府也从来没有让公众失望过。要破坏对政府的信心也十分容易，只要四大国有银行中有一家倒闭，公众对政府的信心就会荡然无存，国有银行不倒闭，中国人民就永远不会真正体会到什么是金融恐慌，毕竟谁也不愿意体会恐慌的感觉。对于那些一直想逼使中国金融摆脱政府与民众特殊信任关系的专家意见要格外小心。这种信心不容易建立，却很容易遭到破坏。公众对国家和政府的信心是防范金融风险最重要的武器。

（本文原载于2008年10月第四届虚拟经济研讨会论文集）

中国外汇储备的最佳用途是支撑人民币国际化

摘 要：本文首先阐述了外汇储备的性质，分析了我国高额外汇储备的来源与主要构成。其次，我们对利用外汇储备的几种错误观点进行了逐一分析。最后指出人民币国际化是当前使我国使用高额外汇储备的最佳途径，并且分析了其原因与作用。

关键词：外汇储备；人民币国际化

次贷危机爆发以来，中国高额的外汇储备的投资与管理遭遇前所未有的考验。随着次贷危机逐渐演变成国际金融危机，且愈演愈烈，中国近两万亿美元的外汇储备究竟应当如何投资，如何管理，哪种途径是最佳的，已经成为世人瞩目的焦点。

一、正确理解我国外汇储备

首先，我们要理解外汇储备是什么。外汇储备是指一国政府所持有的国际储备资产中的外汇部分，即一国政府保有的以外币表示的债权，是一个国家货币当局持有并可以随时兑换外国货币的资产，是一个国家国际清偿力的重要组成部分，对于平衡国际收支、稳定汇率有重要的影响。

从外汇储备的性质和产生过程来看，它仅仅是因为国与国之间币种的不同而在参与国际贸易和资本流动的过程中结算的产物。外汇储备并不代表可以直接用来分配的财富，只是它所代表的“钱”的双重存在形式之一。

举例而言，如果一家企业通过出口创汇 1000 万美元，这 1000 万美元通过结汇变成了我国外汇储备的一部分，但是在这个过程中国家其实已经通过银行向这个企业支付了等值的人民币。同一笔“钱”获得了双重存在，央行留存了外汇，企业获得了等值的人民币，这些人民币作为中国企业生产的产品的价值代表，进而作为中国的财富代表，在国内流通。外汇储备对外来讲象征着购买力，但是从本质上来说，外汇储备的增加或减少必然伴随着国内等值的人民币的增加或减少。外汇储备不能直接用于国内，它需要通过某种方式置换成人民币才能使用，它自身单独是不能作为财富的。

在我国的国际收支结构中，经常项目及金融与资本项目经常连年出现巨额顺差（二者并称为“双顺差”），这是导致我国外汇储备规模持续高涨的直接原因。

我国经常项目顺差的主要来源是欧美等发达国家。当人们用顺差获得的美元和欧元现汇兑换成人民币之后，这些现汇便流到外汇管理局。当外汇管理局用它们购买美元和欧元债券以后，这些现汇会流回到自己的发行国，替代它们的是我国外汇管理局手中所持有的美欧政府和机构的债券。因此，我国的巨额外汇储备主要是美国和欧洲的债券等金融资产。

因此，虽然中国人民银行掌握了巨额的国家外汇储备，但并不等于中央银行可以把这些外汇储备用于全民分配。概念上讲，把国家的外汇储备视为可供分配的财富是不成立的。

二、走出外汇储备利用的几个误区

由于中国的外汇储备庞大，其中主要是美国和欧洲的债券等金融资产，因此美国和欧洲最希望的就是中国放弃这些债权，冻结这些债权。在这些想法不可能实现的时候，就希望中国高度参与欧元、美元资产的交易，在交易中将不断损失外汇资产价值，直到近似于将它们耗光为止。不管怎样做，只要中国使用外汇储备的方式会导致其价值不断被消耗，就对欧美有利。而无论是购买债券和金融资产，还是购买企业和石油等资源，外汇储备都会遭受庞大损失。因此，我们必须要走出外汇利用的几个误区。

1. 将外汇储备用于全民分配。根据对外汇储备的理解，我们知道在我国的巨额外汇储备中，现金只占很小比例，它不是收入，而是资产。由于我国外汇储备绝大部分是以欧元和美元计价的资产形式存在的，现金很少，因此，如果使用外汇储备必须将资产变现。中国外汇资产不能在国内出售，只能在境外出售。因此，虽然中国人民银行掌握巨额的国家外汇储备，但并不等于中央银行可以把这些外汇储备用于全民分配。概念上讲，把国家的外汇储备视为可供分配的财富是不成立的。

2. 海外抄底。目前全球金融危机还是深不见底，如果政府或者央行直接去海外投资，都不可能准确地找出世界上有哪些国家、哪些公司、哪些金融机构值得去购买。如果贸然行动，即使我们只出售 1/3 的外汇资产，在当前世界动荡的时期也会引起这些资产价格的大幅度下跌，再次引起世界深度恐慌。在大规模出售外汇资产的时候，这些外汇资产将大幅度贬值，令中国一开始就遭受资产价值缩水的直接损失。更大的损失在于加剧金融动荡，损害中国的大国形象。加剧中国与世界其他国家，特别是欧美的冲突。只要大规模使用美元资产、欧元资产变现（欧元现金和美元现金），上述结果就一定会出现。因此，大规模使用外汇储备给动荡的世界金融雪上加霜并导致中国与欧美冲突加剧。

3. 企业境外投资。由财政部发行债券给外汇管理局，然后外汇转到财政部手中，财政部组织机构或委托企业购买美国、欧洲、非洲、拉丁美洲的资源性企业。在正常时期，把巨额外汇储备的一部分投资于境外的能源、矿山和制造业确实可以积极稳妥地进行。然而，在当前这种全球性的金融危机状况下，对此大动手脚，风险是无法预料的。如果向境外投资，其结果无非有两种。一是购买发达国家的企业几乎是不会全身而退的，当年日本曾在美国做过类似的事情，结果全都以亏损、低价出售甚至倒闭，最终退出美国告终。二是适当地购买第三世界国家的资源性企业。然而，当地不稳定的政治和经济会加大成本，除非采取新殖民主义的做法，用武力保护本国利益，甚至控制或参与控制当地政府才可以获利。这是与共产党的核心价值观背道而驰的。购买境外资源性企业和开发权，近期得到的好处小于近期投入，远期来看肯定是得不到好处的。因为除去武力保护下的新殖民主义以外，我们尚未发现有哪个境外资源投资是可以长期维持的。

4. 直接购买战略物资。直接购买战略物资是一个可以适当、适量考虑的措施，但对于解决中国庞大的外汇储备问题没有决定性的帮助。中国外汇储备庞大，少量购买某些资源（如石油）还可以，如果大规模购买石油等战略物资会导致国际价格迅速提高，因为除中国自身增加的购买量外，会有更大规模的投机活动参与。现在，美元现金、欧元现金比金融危机前增加了 3—4 倍。而可供投资的金融产品、石油期货、大宗商品期货却由于危机大幅度缩水。所有虚拟经济活动几乎停顿。原因是没有一样资产是可靠的。如果中国要增加石油储备成为定局的话，石油期货投机会先于中国大规模购买石油而将石油价格抬起来。其他资源也是一样。“中国卖什么什么就跌”会使得中国在出售外汇资产、筹集现金的时候就遭遇第一笔重大损失，同时，相应的资产存量也随之缩水，又会遭受第二笔损失。然后，“中国买什么什么就涨”会使得中国在买任何实际资源性产品时遭受第三笔损失。

美国是虚拟经济领域的游戏规则的制定者，也是驾驭虚拟经济最娴熟、最有活力的一个。然而，自金融危机爆发以来，几乎就没有人在跟他们玩虚拟经济的游戏了，毕竟在他们设定的游戏规则下，除了他们自己没有赢家。以日本为例，野村证券去年收购雷曼兄弟公司，最近便曝出巨亏。在这种情况下，中国拿外汇储备跟美国去玩虚拟经济的游戏，无论购买哪种虚拟资产进行投资或投机收益的活动，最后肯定都不是美国的对手，而这也正是他们所希望的。

5. 利用外汇储备刺激中国经济。外汇储备是已经由中国央行兑换过一次人民币的外汇资产，外汇储备越多意味着因外汇占款发行的人民币越多。在境内支持经济是要用人民币的，将外汇直接交给企业或居民使用只会扰乱金融秩序，且加剧外汇使用时的损失，因为企业和个人直接使用外汇的途径也只有两个：一是参与境外金融活动，结果一定是输光，毕竟在金融市场上没有人能比得了美国人；二是购物或旅游，这无非是增加经常项目的进口，以增加平衡。与鼓励我国贸易逐渐向逆差的方向发展一样，会导致本国更加严重的失业。因为用人民币消费，“本”可以留在国内，而用外汇消费，会减少国内需求。

三、人民币国际化——我国外汇储备使用的最佳途径

中国只要保持稳定增长，至少在5年内就不会改变经常项目顺差的局面，同时，世界越是动荡，中国经济就越被看作躲避金融危机的避风港，大量资金会设法进入。双顺差短期内不会改变，除非人为地制造中国经济衰退，否则外部大量进入资金的状况不会改变。这就是说，只有从外部关系着手才能从根本上解决问题，外来资金不断持续的情况下，内部消化的解决办法最终只会积累越来越大的问题。

在20世纪七八十年代，日本的大量外汇储备使其国内资金充斥，资产价格持续上涨，同时，日本持续顺差导致日元升值压力也不断增强。当时的日本采取的措施不是积极向外疏导日元，而是设法挡住美元入境和向外输出美元，使得日元在国际上的供应量偏少，从而没有压制住日元升值的趋势，导致日本国内实体经济衰退，虚拟经济泡沫化。而面临相同情况的西德则是将其经济黄金增长期累计下来的大量外汇储备当作平准基金，主要用来调节马克的汇率，同时积极通过资本账户持续逆差向外输出马克。这使得马克在国

际货币市场上的供给大幅度增加，迅速成为国际硬通货，也为后来欧元的诞生奠定了坚实的基础。

1995年以来，多边贸易的顺差和外国直接投资的大量流入，导致我国国际收支顺差，积累了大量流动性的美元资产，这便是人民币升值压力的国际基础。任何不能以本币放贷的国际债权国都会面临日益严重的货币错配问题，即“高储蓄两难困境”。今天，人民币也不例外。人民币既无法被用来在国际金融市场上发放贷款进行投资，也不能对储备美元资产的风险进行对冲。随着时间的推移，美元债权进一步增多，国内美元资产所有者越来越担心自己正面临着人民币对美元升值的风险，于是会争相持有人民币，导致人民币更加升值；而外国人则会抱怨我国贸易顺差的持续增加，认为这是人民币币值被低估导致的，要求人民币升值，这使得人民币升值压力更大，从而国内美元资产的持有者就更加担心。一旦将美元资产兑为人民币资产的风潮发生，政府就会左右为难。

今天中国走到了同样的历史关口，德国和日本在应对本币升值压力和推进本币国际化的历史经验和教训值得我们借鉴。然而，我们目前采取的措施多是类似于当年日本的措施，如鼓励用外汇到国外投资，鼓励用美元购买美国的飞机，以及委托国外机构投资者经营我国的外汇资产等。这些措施既不会缓解国内流动性膨胀，也不会对人民币升值压力有根本性的改善。一旦人民币升值到位，就会像当年的日本一样，人民币国际化的大门会被关闭。

因此，中国必须抓住自身经济快速增长和人民币汇率具有较强升值预期的这一黄金时期，顺势开放中国的资本账户，积极推进人民币国际化和向外输出人民币。

人民币国际化以后，输出去的人民币不可能全部成为国际储备，必定有一部分要回流。然而，我国巨额的外汇储备完全可以应付人民币的回流。如果按照6.5元人民币/美元的汇率计算，我国近两万亿美元的外汇储备可以应对13万亿人民币的回流，同时基本可以保证人民币汇价和汇率的波动在我们可控的范围内。因此，目前我国庞大的外汇储备可以作为调控人民币汇率波动的平准基金，可以将人民币汇率的波动控制在一定范围内。但是前提是要建立一个虚拟经济的国际化交易平台，尤其注意其中债券类资产国际化交易平台的建设。

因此，利用高额外汇储备积极推进人民币国际化，使我国在国际货币体系中具有货币发言权，成为真正意义上的经济强国。毕竟，没有货币地位的经济大国是不能持久的。对当前的中国而言，要么人民币国际化，成为真正的经济大国；要么昙花一现，最终受制于外国强势货币和金融。因此，我国高额外汇储备的最佳途径是支撑人民币国际化。

参考文献

[1] 南开大学虚拟经济与管理研究中心课题组. 人民币国际化研究报告[R]. 深圳：第四届中国虚拟经济研讨会，2006（10）.
[2] 刘骏民，张云. 虚拟经济视野的流动性膨胀困境与应对[J]. 改革，2008（1）.

（本文原载于《开放导报》2009 年第 2 期）

利用虚拟经济的功能根治我国流动性膨胀

——区别经济泡沫化与经济虚拟化的政策含义

摘　要：我国经济高度依赖出口的状况短期内不会改变，这就意味着持续双顺差导致的资金大量流入的状态不会在短期内改变。在中国金融资产数量和品种有限的情况下，外部输入的流动性膨胀就必然引起资产价格上升，加上流通中的人民币缺乏退出机制，持续的流动性膨胀将会迫使中国经济走向经济泡沫化的途径，并使得紧缩、扩张、再紧缩、再扩张的循环周期越来越短。吸取日本泡沫经济的教训，借鉴美国经济虚拟化的有益经验，建立以数量和品种扩张为主的虚拟经济系统，充分发挥其流动性储备池的功能，一方面有利于建立人民币的输出渠道，从而有利于人民币的国际化；另一方面也能建立消除流动性膨胀的长效机制。

关键词：虚拟经济；流动性膨胀；泡沫经济

20 世纪 90 年代以来，我国经济经历了两个半周期，第一个周期的上升段是 1992—1996 年期间，由于物价上涨逐渐加剧，到 1996 年开始实行旨在“软着陆”的紧缩性政策，1997 年经济增长率下滑至 7%，1999 年末到 2000 年初宏观经济政策转向扩张，非典后的 2003 年中国经济再次进入高增长路径。第二个周期的上升段是 2003—2007 年间，逐渐加速的经济增长到 2007 年已经显示出明显的通胀迹象。2007 年宏观经济政策开始紧缩，2007—2008 年，一系列从紧政策相继出台，从挤压房地产泡沫到提高利息率、准备金比率，直到直接控制信贷规模。当大力度紧缩政策迅速见效的时候，恰好国际金融危机导致的出口下降也在加剧，二者结合在一起就引起了 2008 年下半年中国经济的急速下滑。这导致了 2008 年末和 2009 年初的宏观经济政策再次转向扩张，一系列刺激经济扩张的经济政策出台。经过几个月的时滞，到 2009

年下半年经济迅速恢复，中国经济进入第三个周期的上升段，接近10月份，已经看到资产价格再次膨胀的明显趋势。进入12月，央行发行了100亿人民币的央票来微调流动性，同时挤压房地产、调整资产泡沫的呼声再次高涨。可以预期，随着经济的进一步膨胀，很快就会逼出紧缩方向的政策调整。从宏观政策急刹车到经济紧缩再到膨胀，仅仅一年左右的时间，周期如此之短，在任何国家都没有见过，我国经济历次的“膨胀—收缩—再膨胀”也从未如此快地交替出现过。经济似乎正在陷入“一紧就死，一松就涨”的怪圈。

一、我国流动性膨胀的严重程度及其治理的困难

我国进入21世纪以来，国际收支一直是双顺差，持续国际收支顺差导致我国货币供应量持续、高速上涨。在这个基本背景下，只要不抑制流动性，经济就会越来越快地进入资产膨胀和物价膨胀的路径。与此同时，那些在西方发达国家十分灵敏的市场调节手段（“利息率”和“准备金比率”等）对我国经济的调节作用却相当有限。行政性手段不是补充，而是几乎最有效的工具，需要调整的情况越严重，就越是要依赖行政手段。有鉴于此，我们需要厘清两个问题：一是流动性膨胀的原因及其性质；二是目前的调整政策是怎样起作用的，也就是其效果如何。

1. 我国流动性膨胀根源于国际收支持续顺差

如表1所示，我国自进入2000年之后，国际收支持续双顺差，持续积累着流动性。2005年以后，我国基本上呈现出从依赖外资到依赖出口的转变，形成了高度外向型的经济，这一方面加速了我国工业化的步伐，另一方面也带来了流动性持续输入的问题。2005 年和 2006 年国际收支顺差分别为2237.81亿美元和2599.3亿美元，2007年和2008年则分别达到4453.42亿美元和4450.72亿美元。这种加速度的国际收支顺差增幅导致我国持续高速的外汇储备增加，从而导致持续的流动性膨胀。从表1我们不难看出，2000年我国外汇储备仅有1655.740亿美元，到2009年11月已经达到了22725.950亿美元，10年间增加了12.7倍。同期 M_1 增加了近3倍，M_2 增加了3.5倍。外汇占款导致流动性增加的问题已经越来越严重。

表 1　1999—2009 年国际收支、外汇储备与我国货币总量（亿美元、亿人民币）

年份	经常项目	资本项目	国际收支	外汇储备	M_1	M_1 增长率（%）	M_2	M_2 增长率（%）
1999	211.14	51.8	262.94	1546.75	45837.3		117638.1	
2000	205.19	19.22	224.41	1655.74	53147.15	0.1595	132487.5	0.1262
2001	174.05	347.75	521.8	2121.65	59871.59	0.1265	152888.5	0.154
2002	354.22	322.91	677.13	2864.07	70882.19	0.1839	183246.9	0.1986
2003	458.75	527.26	986.01	4032.51	84118.81	0.1867	219226.8	0.1963
2004	686.59	1106.6	1793.19	6099.32	95971.01	0.1409	250802.8	0.144
2005	1608.18	629.64	2237.81	8188.72	107279.9	0.1178	296040.1	0.1804
2006	2532.68	66.62	2599.3	10663.44	126035.1	0.1748	345603.6	0.1674
2007	3718.33	735.09	4453.42	15282.49	152560.1	0.2105	403442.2	0.1674
2008	4261.07	189.65	4450.72	19460.3	166217.1	0.0895	475166.6	0.1778
2009	1344.6	609.95	1954.55	22725.95	212493.2	0.2784	594605.4	0.2514

数据来源：中国人民银行网站（www.pbc.gov.cn）。

外汇占款对流动性影响的最大问题就在于：由外汇占款引起的货币增发在国内是无任何产品和服务相对应的。例如，中国企业出口 100 亿美元产品之后，会收到 100 亿美元外汇，如果按 1 美元兑 7 元人民币的比例兑换人民币，境内就增发了 700 亿元人民币，产品在境外，境内增发的人民币没有对应的产品和服务。资本项目顺差的影响也大致如此，其中除以机器设备方式投入的外资以外，多数资本项目顺差也是无对应产品的资金流入。需要注意的是，我国自 2005 年以后经常项目国际收支顺差逐渐大于资本项目顺差。持续扩大的国际收支顺差（经常项目和金融项目的双顺差）是导致流动性膨胀的根本原因。

2005 年以后，这种外汇占款型流动性膨胀的严重程度可以从外汇储备在 4 年内增加了近 3 倍这一点看出来。按 1∶7 的汇率计算，我国目前 22725.950 亿美元的外汇储备意味着曾经增发过近 16 万亿人民币（M_1），而我国 2009 年末 M_1 总量为 21.25 万亿人民币，由外汇占款导致人民币增发占 M_1 的 75%，可见外汇占款对境内人民币流动性膨胀的决定性影响。

2. 现代货币缺乏自动退出机制

原则上，自黄金彻底退出货币体系之后，信用货币也就随之退出历史舞台，无论是人民币还是美元或欧元都是法偿币，它们与金或银本位下的信用货币不同，没有自动退出机制，一旦过多就只有贬值一途。早期商业银行根据自己窖藏的贵金属发行的信用货币，一旦过多就会引起挤兑及银行倒闭发生，这时该银行的信用货币消失，货币总量减少，也就是货币数量与经济运行需求量之间的关系不用中央银行调节，而是靠商业银行扩张和倒闭来实现货币自动进入和退出流通领域。现在的商业银行不再发行自己的信用货币，它们只是使用中央政府或中央银行凭法律地位发行的法偿币，吸收存款和放出贷款。大批商业银行倒闭虽然会导致信贷活动减少，但是谁也不会毁掉现金，特别是存款保险制度的存在，使得大部分货币（M_1 和 M_2）不会因银行倒闭而消失。

在法偿币制度下，金融创新使得货币具有一定的内生性。但在中国，由于金融创新程度低，货币节约程度小，且 M_1 与 M_2 之间并没有完全打通（定期存款不能直接变为可开支票的 M_1），因此，在中国，货币的内生性远远小于发达国家。这意味着人民币自动退出机制比西方更差。危机和紧缩时期的流动性短缺，并不是货币数量减少所致，而是经济活跃程度降低、货币流通速度降低和流动性陷阱导致的流动性偏好无限大所致。在中国，至今尚未出现大批银行倒闭现象，因此人民币更缺乏自动退出流通领域的机制。

3. 央行对冲流动性的措施

除行政性手段以外，对冲流动性是人民银行用来控制流动性膨胀的经常性手段。所谓对冲流动性是指由央行发行票据，由商业银行购买，由于现金滞留在央行，流通中的货币量就会减少。但是，我国流动性膨胀是外部输入的，对冲流动性只是一种被动的应对方法，并不解决根本问题。第一，利用票据对冲流动性对双顺差和大规模流动性输入的状态本身无调节作用；第二，如果央行票据可流通，过剩的流动性既可以滞留在央行账户上，也可以滞留在银行间市场，随着输入性的流动性膨胀，银行间市场滞留的资金量会越来越大，对冲流动性的效果就会越来越小，因为滞留在银行间的流动性会随时进入经济循环；第三，如果央行票据不流动，对冲流动性就与规定贷款规模的传统方式无异。无论是央票不流通还是规定贷款规模，都不过是暂时将一部分货币“冻结”起来，而不是将货币从经济循环系统中排斥出去。这既不能改变被动应对外部输入流动性的状态，也不能从根本上对这些流动性构成对冲。其根源在于，规定贷款盘子的“冻结”货币措施，并不改变总储蓄的存量，也不等于为过多的储蓄找到了正常的使用途径或可以长期滞留的场所，而是将其“憋”在金融系统的“肚子”里。

4. 为什么利息率在中国对宏观经济的调节作用有限

每次紧缩或者扩张，利息率都是首先使用的调节手段，它是发达国家经常使用，且效果显著的宏观政策工具。但在中国的效果非常不理想。其次，调节手段是准备金比率，它在发达国家被看作“猛药”而不轻易使用，但在我国的作用多是一种紧缩信号，作用也十分有限。很多人解释称，这是由于我国利息率没有市场化、利息率没有放开的结果。其实，利息率的宏观调节作用与其是否放开基本无关，而是与企业和个人对利息率变动的反应直接相关。企业和个人对利息率的反应强烈与否则取决于利息率变动对其利益产生的影响。

利息率无非是从成本和收益两个方面来影响人们的利益，但是影响的力度在中国和发达国家之间却有重大区别。其中最重要的区别在于发达国家对金融杠杆的广泛使用放大了利息率对企业和个人利益的影响。无论是付出的利息率成本还是得到的利息率收益都被金融杠杆放大了十几倍甚至数十倍，它迫使人们不得不对利息率的微小变动做出强烈的反应；与此同时，金融衍生物的发展也将风险回避者与愿意冒险者聚集在一起，让其各得其所，对冲了非系统性风险。当许多金融投资是依靠金融杠杆进行的时候，人们对利息率当然就十分敏感了。显然，金融杠杆是否被广泛应用是利息率调节作用大小的关键。

此外，中国债券市场不发达的根源也在于缺乏金融杠杆。无论是企业债、地方政府债还是其他债券，其收益如果仅仅是利息率，对投资者就缺乏吸引力。如果适当地利用金融杠杆，债市对投资者的吸引力就比股市还要大，因为债市从无风险收入到高风险收入都可以获得。显然，中国债市不发达的关键原因就在于没有适当地利用金融杠杆。没有金融杠杆，收益就只有靠资产价格大幅度上涨来赚钱，其逻辑必然就是，所有投资者只关注价格可以短期内大幅度上涨的资产交易——股市和房地产。他们不是期盼这些资产价格稳定，而是期盼价格上涨。这就是经济泡沫的内在动力，也是产生泡沫经济的温床。

5. 被迫的“急刹车”

我们可以大致将正在发生和即将发生的趋势描述如下：2009 年的后半年中国经济开始迅速恢复，到 2009 年底，流动性再度膨胀的迹象已经十分明显。房地产价格暴涨，股市上升，这会引起对房价的抱怨和对物价上涨的担心，作为政策回应，挤压房地产投机的政策措施会相继出台。所谓挤压政策，不是减少流动性，而是挤压房价。这会将大量资金从房地产中挤出来，它们不会消失，只是转移到其他地方，如期货市场、收藏业市场等，甚至重演大蒜、硬木家具被爆炒的现象。最终，这种挤压措施会将流动性挤到实体经济中去，大宗商品，特别是原材料价格逐渐上涨，消费品价格上涨也会加速。当人们明显感觉到物价上涨的时候，控制流动性的措施就会出台。最初是利息率提高，而后是准备金比率上调。这些措施若是有效的，2008 年的紧缩就不必控制贷款规模了，2008 年无效的手段现在仍然作用有限。最后，严重的通货膨胀前景会逼出“急刹车”，通过对贷款规模的控制冻结部分流动性。如果一辆汽车的所有刹车都是摆设，当驾驶员摆弄它们的时候无非就是告诉乘客，车太快我要刹车了，有经验的乘客可以抓紧扶手或者跳车，最终如果只有驾驶员用脚搓地才能停住的话，他的选择就只有是牺牲自己的脚还是售票员的脚。

问题是这种急刹车的效果不是抑制投机，而是抑制了投资和正常的经济活动。限制了贷款规模，刚刚恢复的制造业和正在进行的产业结构调整会受到抑制，这会使得企业再次面临困境，待业下岗人数会增加，收入减少，需求减少，而投机者不过是暂时蛰伏起来罢了。在流动性膨胀的基本背景下，如果我们不能有效地疏导投机资金，将投机引离实体经济，甚至引离房地产市场中的住宅市场，就不会建立实际有效的流动性疏导机制，这种紧缩、扩张的循环就一定会不断重复，它的危害是显而易见的，我们必须摆脱这个怪圈。

要改变被动应对流动性输入的状态，只有两个方向：一是建立向境外输出流动性的途径和可持续输出流动性的方式；二是要充分利用“虚拟经济”的流动性储备池功能，疏导投机资金，改变它们靠价格泡沫赚钱的方式，以便大幅度减少资产价格波动，减少 CPI 和 PPI 的波动，形成持续稳定增长的环境。

二、比较美国的经济虚拟化和日本的经济泡沫化

下面我们比较一下美国经济虚拟化与日本经济泡沫化的区别，这将使我们更清楚虚拟经济与流动性膨胀之间的复杂关系，了解这个关系是利用虚拟经济的功能的基本前提。让我们先从理论上区别经济虚拟化与经济泡沫化。

1. 经济虚拟化与泡沫化的区别

泡沫经济通常被定义为由于资产价格大幅度、持续上升造成的“虚假经济繁荣”的过程。资产价格往往是在流动性膨胀的推动下不断上升的，价格越高，担心其下降的投资者就越多，价格膨胀的速度终究会减缓，一旦有利

息率提高或人们对资产收益率的预期改变，以及其他诱使投资者离场的事件发生，资产的价格泡沫就会破灭，引起银行呆坏账率上升，银根紧缩，直到经济衰退甚至长期萧条，这就是典型的“泡沫经济”。在泡沫经济发育的整个过程中，资产价格一直是核心。它的涨落决定着泡沫经济的产生、发育、破灭的全过程。人们往往将虚拟经济与泡沫经济等同起来，实际上二者是有明显区别的。

首先，在经济虚拟化的过程中价格膨胀居于次要地位，居于主要地位的是资产数量的不断膨胀，包括资产品种的数量和每一种资产数量的膨胀，这是二者最核心的区别。其次，经济虚拟化的时间要比泡沫经济的过程长，因为如果资产数量不变，资产价格上升是不可能持续很长时间的，而资产价格稳定资产品种和数量的膨胀却是可以持续较长时间的。最后，在泡沫经济中，人们赚钱主要源自资产价格的膨胀，赔钱则源于资产价格的暴跌。而在经济虚拟化过程中，利润则是来自金融创新和金融杠杆的广泛利用。因此，泡沫经济的打击主要来自资产价格的暴跌，而经济虚拟化的风险则主要来自（具有放大作用的）金融杠杆的断裂，以及金融创新形成的传染链条和金融杠杆交叉形成的系统性风险。

2. 美国与日本的比较

我们先来看日本的泡沫经济。日本从 80 年代起已经进入了高度繁荣的时期。日本是靠出口立国的，因此其经常项目从 60 年代到 80 年代都是顺差。日本不断积累着大量的外汇储备，也就是外部大量输入流动性。日本经济繁荣，出口不断增长，引起日元升值预期，导致日本国际收支的金融项目不断出现顺差，双顺差不断向日本灌入流动性，这些进入日本的非日元流动性一部分转化为日元流动性充斥于日本国内，另一部分以外汇形式充斥于银行间，以及与境外有密切联系的其他机构与个人。充斥的流动性自然会引起日本国内股市和房地产市场的持续价格暴涨。1983—1990 年泡沫破灭期间，日本六大城市的土地价格平均上升了 3.5 倍，股市也从 6 千多点上涨到了 4 万点。1990 年以后，股市暴跌，房地产价格暴跌，3 年内的跌幅都在 70%以上，这个典型的泡沫经济使得日本经济从此一蹶不振。（见图 1）

美国则完全是另外一番景象。从 80 年代的证券化开始，美国开始了资产膨胀，而非资产价格膨胀的时代。金融自由化是最基本的政策环境，它造就了金融创新。金融创新的利益目标很明确，就是高额货币利润。它的手段和方式也极其明确，就是通过收入流的资本化和资产的证券化创造出金融资产，从而创造出巨额的利润。金融创新和收入流资本化的核心机制就是使用金融杠杆，不是用它炒作，而是用金融杠杆将流量变为资产存量，也就是创造金融财富。其利润创造能力是制造业和炒作资产价格泡沫所无法比拟的。因为资产价格平均上升三四倍就可能引起普遍看跌的预期和逃离的行为。金融创新则是将一个收入流除以利息率，从而创造出20倍（利息率为5%）甚至以上的财富。美国从80年代到金融危机之前，经济虚拟化的脚步就没有停止过（持续近30年不衰），其创造出的可以反复交易的金融资产种类繁多，包括企业债、政府债、房地产抵押贷款债券、ABS、CDO、CDS、各种期权、指数期货等。一切可以转让的东西都被证券化了，导致金融危机前美国各类可交易金融资产的总额达到了400万亿—500万亿美元。而美国的GDP仅有12万亿—15万亿美元。靠资产的数量和品种扩张显然是美国经济虚拟化的基本特征。

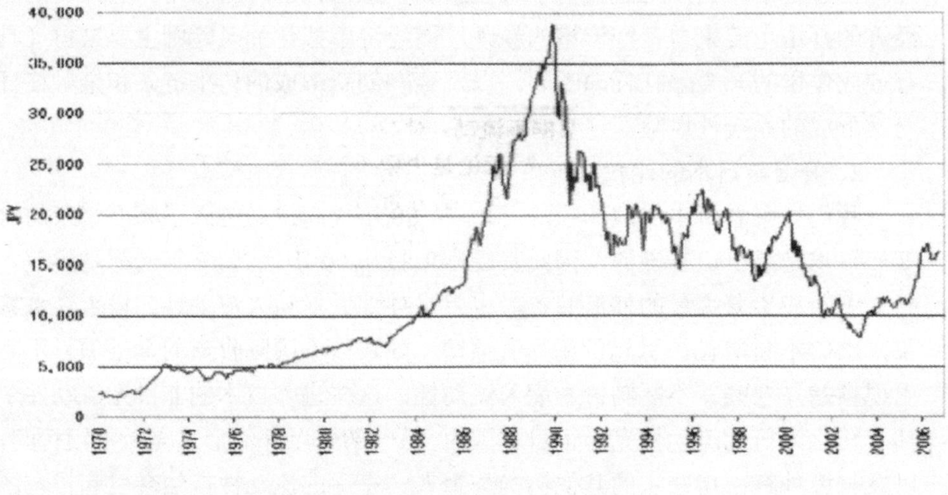

图1　日经225指数走势（1970—2006）

资料来源：雅虎财经网 finance.yahoo.com

金融杠杆在经济虚拟化过程中有两种使用方法。首先是用来将收入流资本化，将资产证券化，以便创造出大量可交易的金融资产，它是美国使用金融杠杆的最核心方式。其次是利用金融杠杆来交易各种金融资产，这也是美国金融资产交易的最主要方式。这个方式泛化到一切大宗商品期货交易过程中，几乎替代传统供求决定的方式，是由商品供求与投机共同决定大宗商品价格。石油就是一个典型的例子。也就是说，美国如此之大的资产是靠金融杠杆创造的，也是靠金融杠杆来推动其运行的。如果将美国全部未到期资产市值与其 GDP 相比，就得到美国整体经济的“虚拟化度”（也是其杠杆化度），它已经达到了 30—40 倍的水平。

3. 经济虚拟化的优势与风险

比较美国和日本，我们可以总结出美国经济虚拟化较日本经济泡沫化的优势。

（1）美国资产价格波动小于日本。美国房地产泡沫远远小于日本当年泡沫经济时期，甚至比不上中国最近房地产泡沫的泛起的速度与力度，其以债券为主的金融市场也注定了资产价格泡沫不是主要的收入来源。美国赚钱的方式是设计、创造金融产品，以及利用金融杠杆进行各种资产的交易。客观上，以债券市场为主的金融市场也需要将资产价格维持在一个不太大的波动范围内，以利于它的推销和发行。这同依靠价格泡沫赚钱的方式相比，既更有效益，也更有利于经济稳定。

（2）美国物价（CPI 和 PPI）更稳定一些。由于资产品种丰富，数量巨大，每天的交易额达上万亿美元，因此滞留虚拟经济领域中的流动性比例相当大，这有利于稳定实体经济的物价水平，也有利于对冲外部流动性冲击。例如，1997 年亚洲金融危机之后的 1 年里，有大约 18000 亿美元流入美国，但美国的 CPI 和 PPI 均未上涨，只是股市暴涨，债市交易活跃，新发行债券增加。这些对冲了外来流动性的冲击，有利于稳定美国经济。

（3）经济虚拟化有利于美元汇率的稳定，有利于巩固美元国际本位货币地位。首先，资产价格稳定，有利于美国实际利息率的稳定。根据利息率评价理论，这将有利于美元汇率的稳定。其次，由于经济虚拟化有利于物价稳定，根据购买力平价理论，通货膨胀率稳定在较低水平也将对美元汇率起稳定作用。

（4）大量可供炒作的资产有利于引导投机者离开实体经济。在美国，由于存在大量可供投资、投机的各类金融资产，住宅几乎不再是炒作对象，其空置率并不高。像中国这样炒大蒜、炒硬木家具、炒住宅楼的情况并不多。这也是为什么在高度虚拟化的美国再也看不到炒作“郁金香”这类实际产品的基本原因。

美国经济虚拟化过程中，物价稳定、资产价格稳定，也就导致其汇率稳定，这意味着经济虚拟化比经济泡沫化更具有持续性，更能形成一个稳定经济增长的环境。

从弊端看，无论是泡沫经济还是高度虚拟化的经济都有引起金融危机的风险，都有导致经济从此一蹶不振的可能。相比之下，日本泡沫经济的持续时间要短一些，美国虚拟化和杠杆化的过程要长得多。杠杆断裂导致的金融危机比泡沫破灭导致的金融危机的传染性要更强一些，即危害要更大一些。因为日本是以制造业为主的经济体，其制造业占 GDP 的比例一直在 25%以上，而美国的制造业占 GDP 的比例却只有 11.7%。因此，美国对虚拟经济的依赖性要更强一些，受到金融危机的打击也更大一些。

三、治理流动性膨胀的两个基本方向

我国流动性膨胀的基本原因来自外部，来自国际收支的双顺差。因此，治理的方向首先要考虑到外部冲击，其次在治理流动性膨胀的同时必须要有利于中国经济保持持续增长，而不能通过牺牲经济增长来换取国际收支的平衡。

1. 哪些路是走不通的

在一系列政策主张中，最能体现欧美利益的莫过于主张人民币汇率升值了。中国已经是对外依存度超过 70%的国家，出口约占总需求的 36%。人民币升值如果旨在抑制中国出口，就意味着牺牲中国的经济增长来换取境外的赞扬，这显然是走不通的。

其次是主张利用外汇储备对外投资，通过资本项目的国际收支的持续逆差来平衡国际收支。这个主张的好处是可以通过对非洲等国家的援助和低息贷款刺激境外对中国经济的境外需求，拉动出口。但是这个主张并不直接缓解国内的流动性膨胀，只是不再加压罢了。此外，这个主张不能建立起有效疏通境内外流动性的可持续机制，也就不能将解决流动性膨胀与中国走向大国的可持续发展道路有机地联系在一起。日本 80 年代在欧美的大规模投资既无益于日元的进一步国际化，也没有真正从境外投资中捞到多大好处，这是我们的前车之鉴。西德在同一时期则利用大量积累外汇储备的态势，鼓励马克流出境外，这使得两德统一后的马克迅速成为国际主要储备货币。正是因为马克已经占各国官方外汇总储备的 16%，才能在此基础上形成欧元，否则里拉、法郎、比索加在一起也不足各国官方外汇总储备的 1%，无论如何也形成不了与美元相匹敌的欧元。同西德输出本币马克相比，日本输出外汇来缓解双顺差的方式效果要差得多，越是从长期利益来看越是如此。

2. 中国正在被迫走上经济泡沫化的道路

中国目前正在被外部输入的流动性膨胀逼入一条“资产泡沫化”的道路。其标志性的现象就是，只要流动性一放松，资产价格（包括房地产和股市）就会高企。其基本原因是流动性膨胀意味着投机性资金膨胀，而能够吸收投机性资金的资产交易匮乏，造成流动性与虚拟经济的严重不对称。中国较大量的可炒作资产只有股票和房地产，而且其获得收入的基本方式是股票价格上涨；新股上市受到限制使得股市本身对投机性资金的吸收能力受到限制，于是资金就与股价之间几乎存在一一对应的关系。股市难以稳定，且各类基金又没有其他金融资产可买，这就是泡沫化的原因。

由于股市对金融投资的承载力过低，资金直接或间接地进入房地产市场就是必然的结果。这使得房地产市场承载的投机者过多，这是因为一方面房地产市场尚有杠杆可用（虽然有各种限制），炒作收入有一定放大效应可期；另一方面，中国房地产起步仅十余年，许多二线城市尚有上涨空间，因此吸引大量投机者进入。而在美国，房地产抵押贷款的证券化有一个被忽视的功能，就是它有利于将投机者与买房子的行为自动分开。住宅的保养维护需要投入，炒作房地产的收入未必比得了炒作各种金融资产的收入，至少后者简单方便，可选择的余地大，因此，美国将住宅作为投机对象的并不多。商业地产才是房地产投机活动的主要对象。中国房地产尚处在主要是住宅房地产的阶段，炒作住宅显然是缺乏投机场所所致。投机者也可以定义为风险偏好高的投资者，如果有越来越多的各类金融资产可以选择，他们选择住宅、大蒜、郁金香等实际有用产品进行炒作的兴趣就会越来越小。实际上资产数量越多，实体经济与虚拟经济的界限就越明显，“买来实用”与频繁买卖的炒作就会自然而然地分开来。

由于害怕经济泡沫化就抑制各种资产品种和数量扩张，结果一定是同最初的目标相反，迫使中国经济走上泡沫化之路。

3. 我国流动性膨胀的总根源

西方学者总是告诉我们，我们之所以对外依存度高是因为内需不足，内需不足是因为储蓄率高。我们有些学者大致相信这个说法，认为中国历史上就具有节俭和储蓄的好传统，因此需要改变观念，鼓励人们借钱消费。

实际上，高储蓄率与传统无关，却与收入分配有直接关系。因为人们的收入越高，消费的比例越低，储蓄率越高。两极分化的程度越大，储蓄率就越高，消费也就越发不足。旧中国，同时期的埃及、印度等当时都是超低收入国家，内需极端不足，经济稍一发展，产品就遇到内需不足的情况。因此，战后多数低收入国家只有靠计划经济或经济计划来度过最初的经济增长阶段。但是，战后的日本、西德的经济起飞，以及后来的“亚洲四小龙”的崛起，开辟了利用市场经济靠出口拉动经济高增长的道路。

中国在 1992 年以后开始利用市场经济来解决经济增长乏力的问题，到1997年，中国遇到了有史以来第一次“内需不足”的情况，它标志着中国进入了市场经济的运行轨道,此后需求将成为中国经济的引领力量和基本动力。加入 WTO 加速了中国经济进入“靠外需拉动”实现经济高增长的阶段，到现在，中国基本上完成了初期工业化，必须回过头来解决内需不足问题。解决内需问题的头一条就是收入分配的调整，关注低收入群体，提高他们的收入，从而从根本上解决内需不足；其次是社保体系的建立。需要强调的是，迄今为止这一切的发生都是规律使然，而我国经济、政策，以及相关法律的发展大致都是顺势而为的。社会各界及政策当局对内需不足十分关注，当然这需要在一个不太短的时期内解决。

4. 直接缓解我国流动性膨胀的两个治理方向

现在让我们来阐述在现阶段如何解决流动性膨胀。既然流动性膨胀最直接的原因是双顺差，是外部输入的外汇导致的流动性膨胀，那么，第一个治理的方向就是建立对外的流动性输出渠道。其次，只要大部分输入的流动性可以被虚拟经济吸收，且资产价格上涨幅不大，就不会构成对实体经济和物价的冲击，也就不会对人民生活和生产成本造成较大的影响，这意味着虚拟经济将充当我国实体经济与外部冲击之间的缓冲器。因此，以债券市场为核心，以金融创新和适当的金融杠杆为交易机制，以“流动性储备池”为目标功能，构建对流动性收放自如的虚拟经济系统就是决流动性膨胀的第二个方向。

发展虚拟经济的基本方向是要使其数量和品种的扩张与流动性增加的速度大致平衡，这也意味着须在我国建立长期的控制流动性的有效机制。

5. 输出人民币与人民币资产

建立人民币对外的输出渠道其实就是人民币的国际化。目前人民币国际化还仅限于经常项目，限于国际贸易的人民币结算。在经常项目持续顺差，我国对出口依赖短期内不可能缩小的情况下，仅靠贸易结算使用人民币不会使人民币大规模输往国外。只有通过金融项目的国际收支逆差，通过对外人民币贷款和援助，才可以有效地输出人民币流动性，缓解流动性膨胀的压力，同时推动人民币的国际化。人民币成为国际储备货币也是中国成为经济大国的一个必要条件。

应改变通过输出美元等外汇来逆转国际收支顺差的思路，因为输出美元流动性既能不解决现有人民币流动性过多的问题，也不会因此建立起疏通流动性境内外流动性的渠道。只有建立起通过资本项目逆差（对外人民币援助和贷款）输出人民币现金和人民币资产的长期机制，才能有效地缓解人民币流动性膨胀并建立起长期调节的渠道。这样做的好处有三：一是建立起对外输出人民币流动性的长效机制，从根本上改变被动应对国际货币冲击的状态；二是可以使人民币尽快国际化，成为国际储备货币；三是通过资本项目逆差对外输出人民币流动性，特别是对非洲、亚洲和拉丁美洲发展中国家的“人民币援助”可以有力地带动我国出口。

但是，这意味着金融项目对外放开，也意味着中国必须具备处理外来金融冲击的能力。因此我们需要第二个方向的努力。

6. 充分利用虚拟经济的流动储备池功能

中国经济的发展过程也是一个虚拟经济不断发展和深化的过程。随着经济市场化程度不断加深，在股票市场、债券市场、外汇市场、房地产市场及石油等大宗商品期货市场中，越来越多地滞留了旨在赚取货币利润的巨额资金，这些货币根据资产收益率的大小在这些市场之间迅速转移。在虚拟经济领域的资金增减会对实体经济构成重大影响。虚拟经济吸收大量资金的功能称为虚拟经济的“流动性储备池”功能。在流动性膨胀的前提下，不是充分利用其流动性储备池的功能，而是挤压其中的流动性只会使流动性离开虚拟经济，进入实体经济，从而影响大宗商品价格，影响消费品价格导致通货膨胀。而充分利用流动性储备池的功能反而能有效化解外部输入的流动性膨胀。

在我国以债券市场为核心，以金融创新和金融杠杆为基本机制大规模增加金融资产的品种和数量，包括房地产抵押贷款的证券化，完善虚拟经济的内部结构，使其规模的扩张与流动性膨胀大致同步，就可以建立境内的流动性储备池。它的好处可以概括如下：

（1）以品种和数量为主发展虚拟经济，将使得资产价格的投机性上涨压力大幅度减少。房地产的炒作将被房地产抵押债券和其他金融资产的炒作替代，还原住宅以居住功能为主的状态。房地产投机会大幅度减少。

（2）以债市为主发展虚拟经济，将使得我国金融市场从以存贷款为主，向以证券市场为主转变。这将有利于我国金融市场的高级化。

（3）金融杠杆的使用将使我国经济对利息率等金融调节手段的反应更加灵敏，使得宏观调节手段更丰富、更有效，政策制定者会有更多选择余地。

（4）在人民币国际化的进程中，一是要考虑境外人民币持有者对人民币资产的需求；二是要考虑资金大进大出的风险控制。虚拟经济的发展将为此奠定基础。

（5）以数量和品种为基础发展虚拟经济，将有利于资产价格的稳定和物价的稳定，从而有利于经济的稳定，有利于人民币汇率的稳定。

参考文献

[1] 成思危. 虚拟经济与货币市场[J]. 管理评论，2003（02）.

[2] 刘骏民，张云. 当前流动性膨胀与人民币升值压力的根本解决途径[J]. 理论前沿，2008（13）.

[3] 刘骏民，段彦飞. 虚拟经济的流动性储备池功能及其估测[J]. 开放导报，2008.

（本文原载于《开放导报》2010 年第 1 期）

中国走向世界工厂的关键一步

——发展债券市场从根本上缓解流动性膨胀

中国的13亿人口要过好日子，就必须工业化，如此多人口国家的工业化必然要使自己成为世界工厂。无论是20世纪70年代前的美国、19世纪的英国，还是现在的德国、日本，都充当过或正在充当着世界工厂的角色。它们的经济增长早已突破了本国资源的限制，依靠世界的资源、市场和人才来支撑。世界工厂的经济发展战略目标是单纯追求“产业升级”的战略高度不可比拟的。成为世界工厂不但意味着发展高技术产业，而且意味着经济增长方式的全面升级：不但要完善中国自己的科技发展体系，而且要建立起中国经济增长与世界资源、市场、人才之间的持久性连接渠道。这个渠道的中心就是人民币国际化，中国距离真正的世界工厂所差的就是这关键一步。

在世界经济活动中，任何技术标准的制定都不如世界价值标准制定权重要。国际本位货币的“国际价值标准职能”是所有国际交易中商品和服务定价的基础，其影响直达任何非国际本位货币国家内部的生产和就业。而国际流通手段和国际价值储藏手段的职能使得国际本位货币和主要国际储备货币可以直接引导世界的资源配置。同“国际价值标准”和“资源配置”功能相比，“铸币税”只是微不足道的“蝇头小利”。人民币国际化不是谋求霸权而是保护中国已有的经济发展成果不至于被“霸权货币”最终化为泡影。人民币成为国际储备货币是中国巩固工业化成果的必备条件。

一、以国债为核心建立中国债券市场

在美国金融危机和欧洲债务危机的影响下，人们对债券市场规模、结构、交易方式及监管等正在重新进行评估。尽管尚无定论，但欧美债务过大，中国债券市场过小是可以肯定的。

美国的未到期债券总额截至 2010 年末为 35 万亿美元，是其当年 GDP 的约 24 倍，美国国债占 GDP 的比例已达 110%以上。在全部债券存量中国债占比 25.15%，联邦机构债占比 7.21%，抵押支持债券占比 24.11%，公司债占比 21.37%，地方政府债券占比 8.31%，货币市场工具和资产支持债券占比分别为 8.14%和 5.17%。美国总债务和政府债务占 GDP 比例过大是其金融危机的基本背景。欧洲的国债比美国还大，欧盟正在设法避免由债务危机引发欧洲乃至世界范围内的金融危机。无论是美国的金融危机还是欧洲的债务危机，如果政府不干预，就只好通过大批金融机构倒闭来大幅削减欧美过多的债务，大量无辜者会在危机中受到损害。即使救市，也仅仅是人为延长这些本该由一次金融危机来大幅度削减的债务，救市政策所依赖的是市场经济的自我恢复能力。决策者们多认为，只要金融系统正常运转就可以等待实体经济自动恢复重新走上经济增长之路，只要有长期经济增长就可以消化过多债务。但是，如果欧美经济持续三四年不能恢复如初，这些过多债务还会发作，不良资产会越来越多，并迫使经济进入长期萧条。因此，债务经济是不可取的。但中国却处在另一极端，截至 2010 年末，中国全部债券余额占 GDP 比例仅为 49.26%，国债占 GDP 比例不到 15%。中国债券市场过小对人民币成为主要储备货币的支持力度远远不够，因此，以国债为核心建立中国的债券市场并使其在可控条件下尽快国际化是人民币国际化的必要前提。

二、利用国债清理债务问题与银行呆坏账

国债规模必须增大是建立和稳定人民币债券市场的基本条件，增发国债也是中国解决当前呆坏账问题的有效解决途径。这牵涉到中国经济运行的一个基本特征：中国不存在发生金融危机的机制，因此就不存在自动的经济紧缩机制，也不能靠金融危机来清理呆坏账和问题银行及金融机构。必须由政府根据经济过热与否来实行紧缩，并替代金融危机清理呆坏账和对问题金融机构进行整改或重组。

金融危机的原因主要有两个：一是“呆坏账”引起资不抵债导致银行倒闭；二是“挤兑”引起流动性短缺导致银行倒闭。在中国，四大国有银行的呆坏账即使达到 30%，甚至更多也不会倒闭，可以通过剥离呆坏账来解决，这就割断了呆坏账与金融危机之间的必然联系。因“挤兑”而倒闭的情况有三类。第一类是金或银本位时期，承兑黄金或白银的银行信用货币发行过多引起“挤兑”。第二类是在多数国家实行不兑换金或银的法币之后，由于对某

一两个银行不信任取出存款另存其他银行，这就会造成对个别失信银行的挤兑。第三类是在个别银行被“挤兑”的条件下，人们因金融恐慌希望兑现自己所持有的各种票据、债务凭证等信用工具导致现金极度短缺引起的挤兑。如今，全世界都不再存在第一类“挤兑”，美国等发达国家存在后两类“挤兑”。但中国四大银行体系不存在因不信任某一银行而取出存款另存其他银行的行为，只要四大国有银行中有一家不倒，金融恐慌就只能停留在报刊和学者的论坛上，而不会深入普通储户的心头，进而引起金融危机。

因此，在发达国家引起金融危机的呆坏账和银行挤兑在中国都不会产生引起大批银行和金融机构倒闭的情况，于是中国经济就不存在周期性爆发金融危机的机制。这就产生了中国经济运行的两个重要特征：一是没有自动的经济收缩机制，中国经济会一往直前地高增长，直到经济过热，然后由政府来实行紧缩；二是没有金融危机，也就失去了自动清理呆坏账和问题金融机构的机制。在资本主义国家，金融危机是呆坏账和问题金融机构的清道夫。中国没有“引进金融危机机制”，政府的金融监管当局就要承担起清理呆坏账和处理问题金融机构的责任。

当前有必要通过发行国债解决三个基本问题：第一，解决银行和金融机构因紧缩政策出现的呆坏账；第二，解决地方政府的“问题债务”并以此为契机完善地方政府的债务管理和监督制度；第三，解决当前教育界遗留的债务问题，不让教育经费因为高校的债务而打折扣。对国债在整体经济中的功能需要突破融资的理念来全面认识。目前，增发国债的用途可以考虑三个方面：一是为社会福利和社保体系的完善注资，二是为建立完善的教育和科研体系注资，三是为发展文化事业注资。

三、债券市场可疏导投机资金

我国经济的正常运行需要贷款来支撑，但中国的投机活动却是靠存款支撑的。货币是由不同形式的存款（M1 和 M2）构成的，存款是储户自己做主的资金，央行不能直接控制存款，只能控制贷款，从而减少派生存款。央行控制的存款准备金比例、通过发行央票减少银行可贷资金等都是直接控制贷款规模的措施。储户是否取出存款以及怎样使用是央行无法控制的，而私募基金、小额贷款机构、地下融资及其他基金大都是存款的直接变种，是央行信贷控制以外的资金。在西方发达国家，这些属于存款性质的资金流向和流量主要通过利息率来调节，但在中国，利息率基本不具备如此调节效率。以私募基金为例，其资金来源是有钱人凑钱，按一定程序组成的基金，不受央行准备金和其他控制贷款措施的控制。当它将资金投入一个成长性企业前期时，企业尚未成熟，不能大量提供产出，形成有效供给。但投入的资金很快会变成市场购买力，用于购买设备、形成工薪、形成增加的消费和资源购买力，从而形成物价上涨压力。

随着输入型流动性膨胀加剧，投机性资金越多，银行控制贷款来压抑物价的作用就越小，在利息率调节作用低下的情况下，银行就会不断加大抑制信贷规模的力度，直到中小企业开始经营困难，企业倒闭和裁员大规模出现。这时，由于投资机会大幅减少，投机资金开始从实体经济撤出，蛰伏起来，待经济复苏后，投机资金会立即卷土重来。在中国，炒大蒜、普洱茶、古董、硬木家具等现象层出不穷，这在金融资产交易方便的国家是看不到的现象。资金多而资产过少是投机活动猖獗的基本原因。发展债市、增加可炒作资产就可以吸收大部分投机基金，这也是疏导性政策的功能之一。

四、发展债市的“灵丹妙药”——金融杠杆

许多人都认识到发展债券市场是好事，但广大投资者对购买债券缺乏兴趣，因此中国债券市场发展不起来。同炒房地产相比，买债券的收入过于微薄，越是流动性膨胀和物价上涨加剧，购买债券就越不划算。收益率过低且没有投机性是债市发展不起来的重要原因。发达国家的债市之所以有很大吸引力，是因为可以吸引各种风险偏好的投资者和投机者。使用金融杠杆是债市活跃的基本原因，通过“315 国债事件”可以看到首付 20%的金融杠杆如何活跃了中国的房地产。

美国金融危机也被归为金融杠杆使用过度。美国人所说的金融杠杆主要是交易用的杠杆和收入流资本化的金融杠杆，从宏观看，是美国现金量与美国全部交易量之比。美国 2011 年末时 M_1 存量大约是 18 万亿美元，但美国的债券存量达 35 万亿美元，日均交易额在 1 万亿美元左右，还有年均 14 万亿美元的 GDP 生产和消费，加上房地产交易和股市期货交易、信贷与其他支付等，美国每天的交易量应该超过 18 万亿美元很多倍。显然，18 万亿美元现金支持美国如此庞大的经济活动，没有金融杠杆是不可想象的。这也是一旦金融危机到来，美联储无论如何也不能缓解流动性短缺的根本原因，因为这时人们都需要兑现现金，18 万亿美元即使增加 10 倍也依然是流动性短缺。

但中国处在另一极端，M1 存量为 26 万亿元，GDP 为 40 万亿元，中国债券总额截至 2011 年 8 月底为 22 万亿元，债券在证券交易所的日均交易额不过 20 亿—30 亿元（上证与深证合计），银行间市场日均交易额约 3000 亿元，股市日均交易约 3000 亿元。这样小的金融交易量与如此大的现金存量是我国宏观政策一放开就会引发膨胀的基本原因。这为适当使用金融杠杆来发展债券市场留下了充分的余地。

（本文原载于《资本市场》2012 年第 2 期）

经济增长、货币中性与资源配置理论的困惑

——虚拟经济研究的基础理论框架

摘　要：一般均衡理论、货币中性理论与内生经济增长理论构成了当代主流经济学的基本理论框架，这个框架的论证依赖于经济学的数学化发展。经济学的数学化被等同于经济学的科学化，将纯粹的数学逻辑与纯粹的自由主义价值观和政治取向结合在一起，使得主流经济理论越来越远离现实经济。美国经济的虚拟化清晰地显示出虚拟经济直接创造GDP，并导致美国经济中的就业岗位创造与GDP创造严重脱节的二元化经济模式，这使得假定GDP创造与就业创造一致的经济增长理论完全脱离了美国现实经济。马克思关于资本均衡配置先于价格决定，从而先于资源配置的理论为我们考虑更符合实际的资源配置理论提供了重要启示。建立包括描述货币变量直接创造GDP的经济增长理论，有条件地承认"货币非中性"，在客观描述虚拟经济资金配置功能和风险积聚与配置功能的基础上，重建资源配置的一般均衡理论，就是正在形成的虚拟经济研究的基础理论框架。

关键词：经济增长；货币中性；一般均衡；虚拟经济

现代主流经济学的基础理论从来不承认经济危机是经济系统内生的，这个理论认为，在私有化经济中，只要充分自由化就会存在自动均衡的市场机制，这个机制会导致最优经济状态。无论是经济危机还是金融危机，都只是外生变量引起的偶然（小概率）事件，即使偏离均衡，市场机制也会自动纠正任何偏差，使得经济恢复到均衡状态。这个理论有着迄今为止被认为可以与物理学相媲美的严谨数学论证。根据这个理论，经济自由化程度（特别是金融自由化程度）最高的美国，其经济恢复能力理应最强。当2008年金融危机突然爆发的时候，相信这个理论的人认为，多则半年，少则3个月，美国

经济会迅速恢复。但是3年过去了，美国和欧洲仍然笼罩在金融危机的阴影之下。克鲁格曼曾说，现代的宏观经济学往好处说是百无一用，往坏处说就是贻害无穷。对经典理论的质疑不仅仅是它与事实不符，更重要的是我们可以寻求新的视角和理论构架。

一、当代主流经济学的理论框架与数学化发展

所谓“主流经济学”特指西方经济学界多数人认同的经济理论体系。当代主流经济学就是西方通行的微观经济学教材中所描述的理论体系及其逻辑延伸（包括高级宏观经济学和贸易、金融理论）。凡是与其一致的理论都可以称为主流经济学，凡是与这个基础理论冲突的都是非主流（包括凯恩斯主义）经济学。发展到现在，这个主流经济学的理论框架仍然是由新古典或新自由主义的基础理论所构成的，其基本思想并无本质变化，最为显著的进步就是它的数学化发展。

1. 主流经济学的基础理论框架

构成现代主流经济学的基础理论有三个：微观经济学的相对价格理论、新古典的货币中性理论和在上述基础上的内生经济增长理论，它们支撑着全部新、老自由主义的经济理论大厦。

在经典理论的这三大支柱中，最基础的理论就是“一般均衡理论”。它是用来解释相对价格决定的理论，也是解释资源配置机制的理论。从瓦尔拉斯到阿罗-德布鲁，其论证的基本思想没有改变，他们都对亚当·斯密“看不见的手”的思想有极大兴趣，他们的理论是要论证：私有制下的分散决策必然会使经济达到一种最优的均衡状态。亚当·斯密用语言来描述这个思想，瓦尔拉斯用线性代数和微积分来表述这个思想，德布鲁则使用集合论来表述同样的思想。

这个理论从理性人的假定出发，论证了相对价格决定机制如何使经济达到一般均衡状态。在一般均衡状态下，资源配置是最有效的，收入分配也是最公平的，因为所有要素收入都与其边际产品价值相等，也就是要素收入与要素各自“贡献”的价值相等，在这个理论中公平与效率毫无矛盾。而要达到这个状态就需要完全竞争的假定（瓦尔拉斯、帕累托）或分散决策的私有制假定（德布鲁等），这就是新、老自由主义经济学最基础的理论。均衡的含义是稳定，达到均衡就不会有任何危机。与马克思、凯恩斯（还有马尔萨斯）将经济危机看作是“资本主义制度内在痼疾”的观点不同，主流经济学理论

认为经济危机是外生的，不是市场经济所固有的，因此是偶然的小概率事件，不可预测，也无规律可循。他们用市场失灵、信息不对称等来解释历史上不断出现的经济危机。

谈论一般均衡理论缺陷的经济学家很多，但在绝大多数经济学家眼里，一般均衡理论是不可替代的。它是唯一可以将自由主义理念与资本主义制度，以及（收入分配的）公平与（资源配置的）效率完美连接为一个整体的理论。要维护资本主义制度，就要坚持自由主义，坚持自由主义就不可以放弃一般均衡理论。在一些经济学家眼里，这实际上是一种价值观，是政治取向，它决定着整个经济理论体系的"科学性"。将基础价值观和政治取向贯穿理论体系的始终，是经济学与物理学等自然科学的根本区别。当社会科学的研究被信仰所左右的时候，就很容易被极端化，就像坚持极端平均化的价值取向会断送社会主义一样，坚持彻底自由化的价值取向也很可能会断送资本主义。

在一般均衡理论中，货币是多余的，它仅仅是交换媒介，可以忽略不计。这就是"货币中性"理论，用以解释货币数量与物价总水平之间的关系。货币数量仅与名义经济变量有关，与物价总水平有关，丝毫不会影响实际经济活动。这个基本信条成了迄今为止以通货膨胀为目标的货币政策的理论基础。货币既然是中性的，经济增长就只能是"真实（real）"财富的增长，将这个理念落实在统计指标上也就是实际（人均）GDP 的增长。实际 GDP 在宏观经济学中称为总产出，它是由技术水平和资源投入量决定的。真实财富是由这些真实变量决定的，与名义变量和货币变量无关。描述这个真实财富创造过程的是反映"投入-产出"关系的生产函数。这样，以生产函数为基础的"内生经济增长理论"就成为新自由主义宏观经济学的核心理论，也就是现代高级宏观经济学的基础理论。

"一般均衡""货币中性"和"经济增长"这三个理论逻辑一致，横贯微观和宏观经济学，从而构成了西方主流经济学迄今为止的经典理论框架，经济自由化则是这个理论框架的精髓①，均衡和最优状态的存在性是这个理论论证的核心，也就是论证自由化的优越性和合理性。但是无论是在帕累托还是在德布鲁的理论中，这都是一个"理想状态"，这个状态依赖于他们的纯粹自由化假定，纯粹"自由化"的资本主义与完全"平均化"的社会主义一样，

① 这里，所谓精髓就是统帅其全部理论的灵魂、需要维护的基本价值观，没有它全部理论就无法存在。

也是一种“空想”。只不过平均化的社会主义是穷人的空想，完全自由化的资本主义是富人的空想罢了。

2. 经济学的数学化发展

在主流经济学的理论框架中，一般均衡理论是其全部经济学的基础，以瓦尔拉斯的一般均衡理论为标志，数学化成为一百多年来经济学发展的主流，数学化被等同于科学化。而德布鲁之后的一般均衡理论是最具数学公理化形式的经济学理论，仅就其完美的数学逻辑，它就可以在《高级微观经济学》中一直占据着经济学的最高殿堂。将经济学发展为像“物理学”那样的学科是多少代经济学人的梦想。这个梦想从未实现，也从未被打破，这也是经济学的尴尬所在。

德布鲁等人极力推崇经济学的“公理化”发展，结果使得经济学不是更像“物理学”而是更像“数学”。他们对数学逻辑的兴趣远远大于对现实经济的兴趣，他们实际上是在数学逻辑中寻求经济事实，这与从历史事实中去寻求事件背后的逻辑完全是两回事。完全相信逻辑的正确性是主流经济学家们的学术准则，严密的逻辑推理是他们从数学学科获得的优良素质。问题是假定与事实之间的差距往往很大，“假定”不但要站在逻辑过程的起点，也要在逻辑过程中不断增补以保持逻辑的严谨性。例如，先假定企业是追求利润最大化的（假定完全竞争），然后再假定利润最大化是可以实现的（连续性和凸性假定），于是就可以有严格的利润最大化均衡逻辑。这几乎不是在发现问题，而是在维护数学逻辑本身不至于被真实情况的不典型或不纯粹而打断或无法展开，于是书本上严谨的逻辑往往与真实经济中的逻辑大相径庭。从瓦尔拉斯到德布鲁，其实都是先假定可以达到均衡的各类条件，然后再论证均衡的实现机制，论证过程中还要增补一些假定条件。这与物理学发现真实事物背后的逻辑相去甚远，却离数学发展逻辑本身的目标更近一些。这样的数学化虽不是毫无意义，但它却不是帮助发现经济规律，而是帮助叙述思想中的逻辑。从瓦尔拉斯到德布鲁，都还是在叙述斯密的思想，叙述私有制自动达到均衡，达到最优状态的逻辑，数学在理论经济学中的功能主要还是一种叙述因果关系的逻辑语言。与历史方法相比，逻辑清楚了，事实却模糊了。这相比用语言叙述时的“逻辑模糊”“事实清楚”，似乎是走到了另一个极端。

理论经济学中的数学应用水平已经不逊于物理学，但可以严格描述经济数量关系的经济学公式一个也没有。数学化和公理化发展使得经济学不是活在历史和现实经济中，而是寄生于数学逻辑之上。截止到现在，经济学的数学化与其说是要解决经济学中的数量关系，倒不如说是从经济学现象中抽象出数学关系，在经济现象的启发下发展一个特殊的数学分支——经济数学，它正在逐渐远离真实经济。计量经济学的发展有较好的效果，但是在原则上它属于历史方法。

3. 私有制的假定与真实私有制的结果

在主流经济学中，私有制是市场效率的根本保证，因此，华盛顿共识告诉苏联要彻底市场化就要彻底私有化。苏联已经有相当深厚的工业基础，根据这个经典理论，私有化以后不久就会出现一个新的现代工业化大国。但是，一夜之间私有化了的苏联却一直没有等到这个曾被严谨数学逻辑证明过的结果。私有化使得苏联本来就缺乏效率的企业失去了必要的保护，面对西方企业的竞争，绝大部分制造业企业都在竞争中垮掉了，只有资源型行业发展起来。俄罗斯没有成为高度工业化的资本主义经济大国，而是成为与阿拉伯国家类似的资源型经济大国。现在，高利润的资源型经济已经成为俄罗斯经济的支柱。财富迅速集中在富人手里，他们决定投资，从而决定俄罗斯经济的走向。富人不会投资于微利的低端制造业，甚至不会投资于高端制造业，因为从事制造业对于从事资源型行业和金融业的老板来说，不是利润率低，就是发展高技术的机会成本过高。俄罗斯政府已经不再建立国营企业了，加上中国等发展中国家制造业的竞争力日益强大，俄罗斯在相当长的时期内不再有成为世界工厂的机会。私有化没有促进工业化，反倒堵死了俄罗斯工业化的道路。俄罗斯失去了成为世界工厂的机会，便不会有成为世界金融中心的机会。既不是世界工厂，又不是世界金融中心，俄罗斯恢复其超级大国地位的前景被自由化的梦想断送了。

理论上的私有化逻辑与现实中私有化的逻辑完全不同，不是理论上的假定太宽泛，而是将私有制假设为资本主义工业化的唯一前提本身就有问题，西方资本主义的发育不是简单的私有制或自由化就可以概括的。私有化假定在德布鲁的逻辑中会出现一个最优状态的市场经济，在苏联的现实中却毁掉了其原有的工业化经济并迫使其转向资源型经济。其实，私有化在不同国家的不同时期及不同条件下会呈现出不同的结果，其中的真实逻辑与私有制假定下的逻辑是有巨大差距的。即使在美国，一贯坚持彻底自由化的经济学家也不得不容忍政府大规模向银行业注资和大力度进行经济干预的情况，当美国三大投资银行倒闭，花旗银行也需要政府大规模注资的时候，几乎所有人都能意识到政府再不出手美国金融系统就会完全崩溃的危险。自由化价值观和政治取向下的理论逻辑与现实逻辑的差距并不比空想社会主义理论逻辑与现实逻辑的差距更小。

苏联是被“自由化”断送的第一个超级大国，它现在正在断送第二个超级大国的经济繁荣。不是什么阴谋，真正的推手是资本，特别是货币资本，它摧毁了苏联，成就了中国，现在正在尽情地摧残着美国和欧洲。

二、美国虚拟经济的 GDP 创造与经济二元化

从 20 世纪 50 年代至今，引领美国经济增长的核心经济已经发生了根本性的转变。美国的 GDP 不再主要是由制造业为代表的实体经济创造，而主要是由金融和房地产服务业为代表的虚拟经济创造。这不但使经典的经济增长理论遇到了挑战，也使得货币中性与资源配置理论遇到了麻烦。

1. 美国经济增长方式和运行方式的全面转型

美国经济增长方式和对外交流方式自 70 年代以后发生了全面转型：一是用高度依赖虚拟经济创造 GDP 的经济增长方式替代了依赖工业化经济创造 GDP 的经济增长方式和经济运行方式；二是对外经济交流方式发生了全面逆转，经常项目国际收支从 70 年代以前的持续顺差转化为 70 年代后的持续逆差，金融项目国际收支从 70 年代以前的持续逆差转化为 70 年代以后的持续顺差。

20 世纪 50—60 年代，美国是世界工厂。美国传统实体经济（制造业、交通运输业、建筑业、农业、采矿业、公用事业、信息业）创造的 GDP 占其总 GDP 的比例为 40%—50%（见表 1），其中制造业创造的 GDP 占美国 GDP 的比例为 25%—27%，金融与房地产服务业创造的 GDP 只占美国 GDP 的 11%—14%。虚拟经济（金融、保险与房地产服务业，职业服务业）创造的 GDP 占比仅有 14%—19%。70 年代以后，以制造业为代表的传统实体经济份额逐步下降，虚拟经济的份额逐步上升，美国开始了经济虚拟化和去工业化（麦金农）的过程。到 2009 年，美国传统实体经济创造的 GDP 占美国 GDP 的比例已经下降到 28.87%，其中制造业 GDP 占比一路下降到 11.22%。金融与房地产服务业的 GDP 占比则上升到 21.53%。美国虚拟经济在 2009 年创造的 GDP 已经超过美国 GDP 的 1/3（33.58%）。美国经济不再依靠以制造业为核心的实体经济来支撑，而是靠金融、房地产为核心的虚拟经济来支撑。70 年代以前，美国的三大支柱产业，即汽车、钢铁、建筑已经让位于新的三

大支柱产业：金融（和保险）、房地产和职业服务业（高端服务业）。它们与制造业不同，它们不是由自然资源和技术进步来支撑的行业，而是靠流入的货币资金量、靠创造金融资产的过程及“金融创新”技术支撑的行业。这就是美国经济运行方式和GDP增长方式的根本性变化。

表1 美国各产业GDP占比（1948—2009年）

单位：%

年份	传统实体经济						虚拟经济			传统服务					政府部门
	农业采矿公共	建筑	制造	运输仓储	信息产业	总计	金融房地产	职业服务	总计	教育医疗救助	娱乐休闲餐饮	其他服务	批发零售	总计	
1950	11.05	4.35	27.02	5.71	2.96	51.09	11.45	3.51	14.96	2.01	3.03	2.92	15.23	23.02	10.75
1960	7.98	4.40	25.35	4.41	3.25	45.39	14.18	4.29	18.47	2.70	2.80	2.96	14.51	22.97	13.17
1970	6.17	4.77	22.69	3.88	3.60	41.1	14.71	5.00	19.72	3.88	2.87	2.68	14.51	23.95	15.24
1980	7.67	4.72	20.02	3.68	3.89	39.98	16.03	6.21	22.23	4.81	2.98	2.46	13.79	24.03	13.75
1990	5.68	4.20	16.70	2.98	4.06	33.62	18.09	8.90	26.99	6.49	3.44	2.65	12.90	25.49	13.90
2000	3.80	4.70	14.23	3.03	4.20	29.95	20.07	11.22	31.30	6.81	3.83	2.79	13.10	26.54	12.21
2005	4.15	4.84	12.41	2.92	4.69	29.01	20.62	11.57	32.19	7.54	3.81	2.52	12.38	26.25	12.55
2006	4.39	4.86	12.33	2.95	4.43	28.96	20.73	11.73	32.46	7.58	3.82	2.48	12.27	26.14	12.45
2007	4.61	4.67	12.08	2.88	4.50	28.75	20.56	12.09	32.65	7.67	3.88	2.45	12.09	26.09	12.52
2008	5.15	4.34	11.47	2.91	4.54	28.41	20.70	12.31	33.01	8.00	3.73	2.37	11.57	26.47	12.91
2009	4.55	3.81	11.22	2.76	4.53	26.87	21.53	12.05	33.58	8.59	3.63	2.38	11.34	25.94	13.62

数据来源：美国国家经济分析局网站（http://www.bea.gov/industry/gdpbyind_data.htm）相关数据整理。

随着美国经济的虚拟化和去工业化，美国经济对外交流方式也随之发生了根本变化。20世纪70年代以前，美国经常项目的国际收支一直是顺差，金融项目的国际收支一直是逆差（见表2），美国对外的经济交流方式是以美元贷款和援助形式通过金融项目的国际收支逆差输出美元，境外美元除少量用作储备资产外，多以购买美国制造业的产品和技术的形式流回美国。这样就促进了美国以制造业为核心的实体经济的发展和世界工厂地位的稳固。1971年美元停止兑换黄金改变了美国对外经济交流方式。由于美国对外发行美元失去了黄金储备的约束，美元流向境外的速度和规模开始加大。经过70年代的调整之后，从1982年开始，美国经济对外交流方式就完全与70年代以前相反，转变为经常项目的国际收支持续逆差，金融项目的国际收支持续顺差，这种状况一直持续近 30 年（仅 1991 年除外）。与 1970 年以前的 25 年完全相反，现在的美国不再是为世界提供大量产品和技术装备的净出口国，而是向世界大量输出各种债券和金融资产的净出口国；凭借美元国际本位货币的地位，美国成为国际经济生活中靠购买产品和各种能源参与世界经济的"净消费者"。从"世界工厂"的"产品净生产者"到"世界净消费者"的转变是美国经济对外交流方式的根本变化。

表 2　美国国际收支平衡表（1960—2009 年）

单位：百万美元

年份	经常项目	金融项目	年份	经常项目	金融项目
1960	2824	-1805	1985	-118155	99479
1961	3822	-2833	1986	-147176	116607
1962	3387	-2263	1987	-160655	167804
1963	4414	-4053	1988	-121153	138260
1964	6823	-5917	1989	-99486	47187
1965	5431	-4974	1990	-78969	50903
1966	3031	-3660	1991	2898	38703
1967	2583	-2378	1992	-51614	95388
1968	611	-1049	1993	-84806	78492
1969	399	1117	1994	-121612	123126
1970	2330	-2111	1995	-113567	82616
1971	-1432	11212	1996	-124764	134469
1972	-5795	7674	1997	-140726	218721
1973	7140	-4486	1998	-215062	66957
1974	1961	482	1999	-300778	233972
1975	18116	-22833	2000	-416371	477700
1976	4295	-13430	2001	-397158	413452
1977	-14335	17985	2002	-458074	500374
1978	-15142	5145	2003	-520668	531058
1979	-285	-25361	2004	-630488	535380
1980	2317	-24930	2005	-747591	713832
1981	5030	-28463	2006	-802636	807362
1982	-5536	-32826	2007	-718094	638542
1983	-38692	21026	2008	-668854	583862
1984	-94345	75672	2009	-378432	215935

资料来源：美国经济分析局网站（2011-02-13），http://www.bea.gov/international/bp_web/simple.cfm?anon=71&table_id=1&area_id=3

美国经济的虚拟化与其对外交流方式的转变是相互促进的。美国经济越是虚拟化，本国创造的货币收入越多、可交易和可供“出口”的金融资产越多，本国制造业的劳动成本和机会成本就越高，低端制造业就越是要转移到境外，形成去工业化；经济越是去工业化，本国生产的生活必需品和其他低价商品就越少，消费品就越是要依靠进口供给，经常项目国际收支也就越是朝逆差方向发展；经常项目国际收支越是逆差，境外美元就越多，购买美国金融资产的境外需求也就越大，这反过来就会不断刺激美国金融资产的扩张和虚拟经济的膨胀。经济虚拟化、去工业化与国际贸易失衡及境外美元资产膨胀其实是一个统一的美国经济增长方式和运行方式全面转型的过程，与其他国家无关，是资本追求货币利润的行为所导致的美国经济内部结构演变的结果。

3. 美国经济的二元化——就业恢复乏力的根源

根据美国经济分析局的数据计算，2009 年美国就业者人均创造的 GDP 为 10.31 万美元。传统实体经济人均创造的 GDP 为 13.73 万美元，接近全国的均值。虚拟经济人均创造的 GDP 为 19.29 万美元，高于全国的均值。低端服务业人均创造的 GDP 为 6.11 万美元，远低于全国的均值（见表 3）。人均 GDP 也标志着不同行业增加一个就业岗位所需 GDP 的增加额。例如，在虚拟经济中，GDP 每增加 19.29 万美元才增加一个就业岗位，而低端服务业中，GDP 只需要增加 6.11 万美元就增加一个就业岗位。从 GDP 创造的效率看，虚拟经济排在第一，实体经济排在第二，低端服务业排在第三。从创造就业的效率来看则完全相反，低端服务业排在第一，传统实体经济排在第二，虚拟经济排在最后。其实，人均 GDP 越低的行业，其单位 GDP 就业人数就越高，对就业的贡献率也就越大。

表 3 美国各产业就业者人均 GDP（1948—2009 年）

单位：万美元/人

年份	全国均值	传统实体经济						虚拟经济			传统服务					政府部门
		农业采矿公用	建筑	制造	运输仓储	信息产业	均值	金融房地产业	职业服务	均值	教育医疗救助	娱乐休闲餐饮	其他服务业	批发零售	均值	
1950	0.56	0.84	0.52	0.55	0.58	0.63	0.60	1.78	0.59	1.21	0.37	0.35	0.24	0.62	0.46	0.36

续表

年份	全国均值	传统实体经济						虚拟经济			传统服务					政府部门
		农业采矿公用	建筑	制造	运输仓储	信息产业	均值	金融房地产业	职业服务	均值	教育医疗救助	娱乐休闲餐饮	其他服务业	批发零售	均值	
1960	0.84	1.29	0.77	0.84	0.87	1.11	0.91	2.81	0.88	1.86	0.55	0.47	0.35	0.86	0.64	0.56
1970	1.30	2.44	1.34	1.28	1.44	1.89	1.45	4.12	1.26	2.61	0.92	0.69	0.57	1.28	0.98	0.93
1980	2.83	6.42	2.90	2.90	3.38	4.56	3.43	8.34	2.53	5.08	1.76	1.29	1.41	2.49	1.95	1.99
1990	4.91	11.66	4.51	5.50	5.03	8.64	6.09	14.96	4.34	8.27	3.25	2.18	2.68	3.95	3.26	3.70
2000	7.23	15.42	6.79	8.19	6.75	11.54	8.59	25.40	6.68	12.67	4.38	3.23	4.12	6.13	4.78	5.26
2008	10.03	29.37	8.38	12.27	9.17	21.76	13.19	36.21	9.85	18.13	6.03	3.94	4.80	7.71	6.02	7.46
2009	10.31	26.45	8.61	13.37	9.13	22.67	13.74	38.78	10.16	19.29	6.25	3.89	4.87	7.84	6.11	7.71

数据来源：依据美国国家经济分析局网站（http：//www.bea.gov/industry/gdpbyind_data.htm）相关数据整理。

注：（1）某产业人均 GDP＝ 该产业 GDP / 该产业就业人数；（2）就业人数是指该行业全职工作人员（full-time equivalent employees）与兼职人员（part-time equivalent employees）的总和。

各行业 GDP 占美国 GDP 的比例也就是该行业对美国 GDP 创造的贡献率（见表 1），各行业就业量占总就业量的比例也就是该行业对就业的贡献率（见表 4）。根据美国经济分析局（BEA）的统计数据计算，美国 2009 年传统实体经济对 GDP 创造的贡献率为 26.87%，对美国就业的贡献率为 20.15%。而在 20 世纪 50 年代，传统实体经济对就业的贡献率为 47.78%，对 GDP 的贡献率为 51.1%。实体经济对就业和 GDP 的贡献率一直是大致平衡的，当实体经济正在走向边缘化的时候，GDP 增长与就业增长之间的正相关关系就会越来越弱，“奥肯定律”自然就会失效。2009 年，虚拟经济对 GDP 创造的贡献率为 33.58%，远远大于其对就业的贡献率（17.94%）。传统服务业对就业的贡献率为 43.72%，远远大于其对 GDP 创造的贡献率（25.94%）。政府服务业对美国就业的贡献率为 18.19%，将它们与传统服务业对美国就业的贡献率加在一起，美国一般服务业对美国就业的贡献率达到了 61.91%。

表 4 美国各产业就业占比（1948—2009 年）

单位：%

年份	传统实体经济						虚拟经济			传统服务					政府部门
	农业采矿公共	建筑	制造	运输仓储	信息产业	总计	金融房地产业	职业服务	总计	教育医疗救助	娱乐休闲餐饮	其他服务业	批发零售	总计	
1950	7.35	4.68	27.61	5.49	2.65	47.78	3.61	3.31	6.92	3.04	4.89	6.82	13.77	28.52	16.79
1960	5.17	4.76	25.26	4.25	2.45	41.89	4.23	4.10	8.33	4.11	4.96	7.07	14.10	30.25	19.54
1970	3.29	4.65	23.04	3.50	2.48	36.95	4.64	5.18	9.82	5.50	5.42	6.13	14.78	31.83	21.40
1980	3.39	4.60	19.53	3.09	2.41	33.33	5.44	6.96	12.40	7.76	6.55	4.95	15.73	34.99	19.59
1990	2.39	4.57	14.92	2.91	2.31	27.09	5.94	10.08	16.02	9.80	7.74	4.86	16.02	38.48	18.46
2000	1.78	5.00	12.56	3.24	2.63	25.21	5.71	12.15	17.86	11.24	8.59	4.89	15.44	40.16	16.77
2005	1.65	5.44	10.18	3.16	2.19	22.62	5.91	12.22	18.13	12.54	9.25	4.95	15.22	41.97	17.27
2006	1.73	5.59	9.96	3.17	2.15	22.60	5.93	12.39	18.31	12.67	9.30	4.90	15.15	42.01	17.08
2007	1.72	5.49	9.66	3.19	2.12	22.18	5.83	12.56	18.39	12.89	9.41	4.92	15.17	42.39	17.05
2008	1.76	5.19	9.37	3.19	2.09	21.60	5.73	12.53	18.26	13.29	9.48	4.95	15.06	42.78	17.35
2009	1.77	4.56	8.65	3.11	2.06	20.15	5.72	12.22	17.94	14.16	9.62	5.03	14.91	43.72	18.19

数据来源：依据美国国家经济分析局网站（http：//www.bea.gov/industry/gdpbyind_data.htm）相关数据整理。

注：就业人数是指该行业全职工作人员（full-time equivalent employees）与兼职人员（part-time equivalent employees）的总和。

美国的去工业化对就业产生了重要影响，低端制造业可以转移到国外，劳动者却不可以随低端制造业一起转移出去。于是低端制造业的就业者大部分转移到了传统服务业。这个过程中，能够进入虚拟经济的就业者终究是少数。在去工业化的过程中，美国一般服务业的低收入者越来越集中，就连教育、医疗业的相对地位也在下降，与虚拟经济相比，这些行业已经沦为劳动密集型了。其人均创造的 GDP 仅为 6.25 万美元（见表 3），不但低于虚拟经济，而且低于制造业、交通运输业等，在美国行业人均 GDP 创造排名中排在倒数第二，仅高于餐饮业的人均 GDP。这些低端服务业对 GDP 创造的重要性越来越小，对就业岗位创造的重要性却越来越大。由于美国制造业逐渐淡出美国经济，传统实体经济可以保持 GDP 增长与就业增长基本同步的经济增长模式就逐渐让位于一种二元化的经济增长模式。美国经济形成了

"GDP 创造主要依赖虚拟经济，就业岗位创造主要依赖一般服务业（低端服务业）的经济增长模式"。这就是美国经济的二元化，虽然不是农村与城市经济的二元化，却是虚拟经济与实体经济的二元化，也是"就业经济（低端服务业）与 GDP 创造经济（虚拟经济）"的二元化。

制造业淡出美国经济使其经济形成了虚拟经济与低端服务业分别支撑 GDP 创造和就业岗位创造的二元化经济结构。美国虚拟经济是全球化的，而其低端服务业却是本土化的，美国虚拟经济是高收入、低就业的经济，美国低端服务业是高就业、低收入的经济，二者之间缺乏密切的联系，这就是美国出现"失业型经济复苏"现象的根本原因。在金融危机中，这种二元经济之间缺乏密切联系的状态就更加清晰，危机中获得美国政府大量注资的金融业恢复之后，不是帮助低端服务业恢复，而是将大量资金投向亚洲和新兴市场国家。这样，我们就不难理解为什么假定 GDP 创造与就业创造一致的经济增长理论不能解释美国 GDP 已经开始增长而就业却毫无起色，内生经济增长理论已经基本上不适用于美国了。

马克思将资本主义生产过程描述为"物质生产过程与价值增殖过程的统一"，美国经济的二元化使得价值增值过程与物质生产过程脱离，也造成了就业岗位创造过程与物质生产过程和价值增殖过程脱离，形成了就业岗位创造、价值（GDP）创造、物质创造三者之间各自相对独立进行的状况，这种二元化的现实经济与一元化的经济增长理论之间根本就不是一回事。

二、虚拟经济如何创造 GDP

虚拟经济可以直接创造 GDP 是统计的结果，问题在于虚拟经济创造的 GDP 是不是真实财富。如果不承认虚拟经济创造的 GDP 是财富，这就意味着美国有 1/3 的 GDP 完全是虚构的。如果按照国际通行的统计原则，承认虚拟经济可以直接创造 GDP，就要搞清楚虚拟经济创造的 GDP 与制造业和传统服务业的 GDP 有什么不同。因为我们必须面对的现实是：与 20 世纪 50—60 年代由钢铁、汽车、建筑三大实体经济的产业支撑美国经济不同，现在是虚拟经济支撑着整个美国经济，虚拟经济并不直接创造物质财富，而是创造巨大的货币财富，其中的纯收入也被计入 GDP。但它们要变成实体经济的财富，必须通过国际购买，这就是美国的财富创造的方式和经济增长方式发生的质变。金融可以直接创造 GDP，是可以直接创造货币收入形式的 GDP，这些收入在美国根本没有产品对应。这样，货币也就不再是中性的，这就是需要改写经济增长理论的初衷。

1. 虚拟经济的第一定律

货币增加可以直接导致虚拟经济创造的GDP增加。例如，当进入股市的资金大量增加的时候，股票市值会大幅度上升，交易额也会不断上升，按交易额收取的各种佣金、服务费就会增加，与之有关的利润和工资也会增加，这些利润和工资会直接计入GDP，这就是货币变量直接创造GDP的一种具体方式。

如果美国的虚拟经济是为美国的实体经济服务的，在实体经济创造的GDP不断下降的同时，虚拟经济创造的GDP也应是下降的。但在现实中，实体经济GDP下降的同时虚拟经济的GDP却在上升，这就意味着在美国，虚拟经济不仅仅是为实体经济服务的。虚拟经济可以自我服务，直接创造GDP。第一，虚拟经济创造的工资与利润中，至少有相当一部分属于虚拟经济内部的相互服务，如证券公司与银行间的相互服务、房地产服务业与证券公司的相互服务等，这些活动与实体经济活动并不直接相关，其纯收入却被直接计入GDP。但是这些活动还与虚拟经济从业者的劳动增加有关。第二，还有一部分类似金融机构自营收入的活动甚至连金融机构的相互服务都不是，这些活动的利润来自炒作资产的差价，与赌博赢钱的性质相同，其中的纯收入也被计入GDP。正像赌博活动本身与为赌博者服务不是一回事一样，自营收入的增加也并非金融服务的增加。它不增加任何产品，也不增加虚拟经济从业者的劳动，却大幅度地创造收入和增加利润。第三，各行各业参与的金融活动中有越来越多的部分与本行业的生产活动无关。“以钱生钱”要比制造业靠生产产品赚钱快得多，也多得多，这刺激了美国几乎所有行业都参与金融投资（和投机）活动。这些活动与制造业和其他实体经济活动基本无关，其运营资金也不会直接支持实体经济活动。虚拟经济虽然创造GDP，却是货币财富性质的GDP，其多寡与货币变量直接相关。于是，我们有虚拟经济的第一个定律：流入虚拟经济的货币量越增加，交易越活跃，虚拟经济活动创造的货币收入就越多，其中被计入GDP的工资和利润数额就越大。

2. 虚拟经济的第二定律——金融创新与GDP创造

虚拟经济与实体经济的一个重要区别是金融杠杆的广泛使用，这使得靠虚拟经济获得收入比靠一般制造业获得收入要更容易，其利润率也往往更高。硅谷和其他高科技行业依靠科技创新来增加利润，华尔街则依靠“金融创新”来增加利润。所谓金融创新不过就是创造使用金融杠杆的新技术、新方法，以便创造更多的金融资产和相应的货币收入。金融杠杆的应用有两种主要形式，一种是用借款去炒资产，如房地产按揭、股票的融资融券，以及金融衍生物交易的保证金与交易额相差的倍数等。这种金融杠杆的风险十分明显，往往被金融监管机构和金融机构自身的风险管理者严格限制（如自有资金比率、保证金比率等）。另一种是将收入流证券化，也就是将定期稳定获得的收入流资本化为可以销售的金融资产。对于出售（或抵押）收入流的卖方（或融资者）来说，它的收入流可以转化为数倍到数十倍的资产，其比率就是收入流资本化的杠杆率。买方不但可以接替卖方享受原来的收入流，资金募集者还会得到销售部分股权的大量现金（包括经纪人的佣金收入和企业上市的创业利润）。在这个过程中，原来的收入流并没有变化，却增加了新的资产和相应的现金购买力。无论是以收入流为抵押发行债券，还是企业凭借稳定的收入流在证券交易所上市，资产和现金收入都会成倍增加。其宏观条件仅仅是有没有增加的货币或延长的金融杠杆来支撑新增资产的发行。

这种收入流的资本化不但可以将实体经济的收入流变成资产，也可以将各种虚拟经济活动的收入流资本化为资产，如住宅抵押贷款（包括次级贷款）的证券化，金融资产再打包的 ABS、CDO、CDS 等。金融创新创造出大量金融资产，于是金融资产的膨胀带来了金融业表外业务膨胀，场外交易膨胀，投机活动猖獗。金融创新也设计出大量人们无法确切了解的金融资产。金融杠杆跨银行、跨金融机构、跨行业、跨期叠加和延长，风险被分散到各个角落，且不断积累。这一方面使得证券化的金融杠杆几乎无法监控，另一方面使得风险的分布变得繁杂而诡异。这就是为什么从巴塞尔协议到各国央行（甚至银行自身）早就在不断严格限制金融杠杆率使用的情况下，却还是要爆发金融危机的原因。

金融创新对于虚拟经济如同科技创新对于实体经济一样，可以直接为 GDP 的创造提供动力，而不必通过“储蓄转化为投资的效率提高”[①]。由于虚拟经济不再是简单地分享实体经济的收入，而是放大它形成巨额资产和新的收入流，再加上虚拟经济自身的收入流也可以被金融杠杆的叠加应用来资本化，这就注定了虚拟经济创造财富的能力要比实体经济大。

这样，虚拟经济的第二个定律可以概括为：

---

① 注：“储蓄转化为投资的效率提高”是主流经济学唯一可以接收的金融活动对 GDP 创造产生影响的机制。

即使流入虚拟经济的货币量不变，金融杠杆率（主要是资本化的金融杠杆率）越高，或被叠加应用的金融杠杆链条越长，虚拟经济创造的利润和薪金也就越多，虚拟经济创造的 GDP 也越多。这意味着金融创新与科技创新一样也是经济增长的一个直接动力。

3. 虚拟经济的第三定律——“成氏定理”

货币变量通过虚拟经济可以直接创造 GDP，如果这是无条件的，像津巴布韦那样“奔腾式的通货膨胀”岂不很快就可以使这个国家变成世界第一经济强国了吗？这意味着货币中性与非中性之间必须要有转换的条件。在美国，随着实体经济的萎缩和虚拟经济的扩张，附着在物质形态上的 GDP 越来越少（去工业化），附着在债券等金融资产和其他资产上的 GDP 越来越多（经济虚拟化），直到本国生产的物质产品越来越不能满足国内需要，而本国虚拟经济生产各类金融资产越来越超出本国的需要。于是，美国经常项目的国际收支就越来越朝着逆差的方向发展，金融项目的国际收支就越来越朝着顺差的方向发展。当经常项目逆差和金融项目顺差在长期维持大致均衡的时候（见表 2），美元汇率可以保持基本稳定，从而使得其国内虚拟经济得以持续膨胀 26 年之久（1982—2008）。于是我们可以得到虚拟经济的第三个定律：

随着本国虚拟经济在经济总量中份额的增长，将促进本国经常项目国际收支向逆差方向发展，促使本国金融项目的国际收支向顺差方向发展，只有二者可以长期保持均衡的时候，本国的虚拟经济才可以正常运行。这个定理也可以称之为“虚拟经济的介稳性”或“成氏定理”（因成思危最早提出而得名）。

成氏定理解释了为什么在美国（英国和中国香港特区也是如此）货币变量可以直接创造 GDP，而在津巴布韦货币变量只能引起通货膨胀。虚拟经济理论并不是一味地否认货币中性，货币中性存在与否，取决于本国虚拟经济是否具有“介稳性”。如果本国虚拟经济创造的纯收入可以转化为境外的购买力，本国货币变量创造的 GDP 就可以通过消费其他国家产品和资源与本国虚拟经济创造出的纯收入（GDP）相平衡，而输出境外的购买力又会以购买本国金融资产的形式回流，这会使得国际收支的经常项目逆差与资本项目顺差取得平衡，保持国内物价稳定，保持本币汇率稳定。

成氏定理实际上解释了货币中性存在的真实条件。新凯恩斯主义与卢卡斯等当代新古典学派的经济学家都认为：货币在长期是中性的，短期内不是。其实，在现实中我们根本不会有绕过短期处于长期的办法，因为我们时时都处在短期，用长短期来解释货币中性与否，倒不如更明确地标识货币非中性的条件。

成氏定理也可以将货币非中性的条件解释为：本国虚拟经济创造的财富必须转化为境外购买力才可以使得虚拟经济创造的 GDP 最终实现。实现本国虚拟经济境外购买力的条件包括：第一，如果本币是国际货币；第二，如果本国有大量外汇储备可以支撑本国虚拟经济的境外购买力；第三，如果可以持续借入外汇。无论依赖上述三种方式中的哪一种，本国虚拟经济的介稳性都可以实现，而一旦失去或部分失去这些依靠，介稳性就被破坏，虚拟经济创造的纯收入就会贬值，那些依靠虚拟经济形成的购买力就会全部或部分转化为通货膨胀。这种情况下，虚拟经济的纯收入（GDP）将全部或部分化为乌有（蒸发），这就是一定要对这类经济活动冠以“虚拟”二字的原因之一。美国面临的风险不是监管缺失，而是其经济支柱的虚拟化。美元在 20 世纪 70 年代以前是靠美国制造业支撑的，境外美元多用来购买美国的产品和技术，于是美国经常项目总是顺差，现在则是境外美元主要购买美国的债券和金融资产，美国是金融项目国际收支顺差。美国经济的支柱虚拟化了，美元的支柱虚拟化了，美元必然会在新的货币、金融危机中大幅度缩减其在世界货币体系中的份额。这就是美元危机（和国际货币体系危机）的根本原因，也是美国经济将陷入持续衰退的根本原因。时间会检验这个观点的正确性。

成氏定理还有一个重要意义是指出了贸易失衡的原因不是外部的，是内部的，是国内虚拟经济与实体经济失衡的结果。这意味着汇率调整不会改变美国虚拟经济与实体经济失衡的状态，而这个状态不消失，美国贸易失衡就会持续。这也是对传统汇率理论的一个挑战，“浮动汇率会自动使贸易均衡”的理论显然无法解释美国和英国自 80 年代以来的持续逆差，以及德国和日本同期的持续顺差，成氏定理却可以解释。特别是日元升值两倍以上仍不能改变日本长期贸易顺差的事实就已经表明，内部因素对贸易状态起决定性作用，汇率对此的调节作用有限，外部因素的调整不能使内部因素决定的失衡状态得到根本性的改善。

四、资源配置的过程与一般均衡理论

在美国和英国，虚拟经济已经成为引领整个经济走向的核心。虚拟经济中滞留着大量资金，这使得虚拟经济具有了流动性储备池的功能。这个流动性储备池在相当程度上决定着资金的流向和流量，也就是配置着市场经济中的血液——流动性。随着经济虚拟化程度加深，货币资本的流动越来越多地参与相对价格的决定过程，从而在相当程度上决定着资源配置，这就从根本上改变了传统的资源定价方式和资源配置的方式。

1. 现实中资源价格决定与资源流向的决定

在现实中，随着虚拟经济的发展，一方面金融和房地产的收入已经居于整个经济的顶端，另一方面以它们为核心的虚拟经济也成了流动性与货币资本的配置中心。

第一，资源的定价和配置早已突破了任何国家的国界，实现了全球化。例如，阿拉伯国家自身对石油的需求量是很有限的，发达国家和高经济增长国家对石油的需求和交易（包括期货市场的投机）就成了石油价格及其全球性配置的决定性因素。

第二，资源定价越是国际化，获得国际购买力就越是重要，这也是“货币先行”理论的基本观点。而国际购买力的强弱与金融业的国际地位和国际货币发行权有绝对的依赖关系，这就使得资源的真实供求中渗入了货币与金融权利的影响。

第三，绝大多数自然资源的交易不但是国际性的，而且都有期货市场。在期货市场上，我们越来越明显地看到大量投机基金的作用。例如，在铜的期货市场上，大约有70%以上的交易参与者与铜的使用和生产毫无关系。毫无疑问，大量投机基金参与了大宗商品的定价过程和该资源的配置过程。这种现象不再是偶然发生的，而是一种常态。参与资源交易的投机资金越大，资源价格的波动性越大，而在瓦尔拉斯的一般均衡理论中资源价格是资源配置的决定因素。大量货币加入导致的购买增加会对不同需求价格弹性的产品价格产生不同影响，导致相对价格系统的改变，从而改变原有的资源配置状态。

第四，在实体经济与虚拟经济共同创造GDP的时代，大量资金涌入一个国家、地区甚至行业，会带动技术、人才和其他资源涌入。无论是流入还是流出，货币资金的流动对于任何经济体获得资源的能力都是至关重要的。而货币资金的获得已经不是靠制造业等实体经济的收入，它可以由虚拟经济活动大规模创造出来。因此，虚拟经济就不能被简单地看作再分配机制，它既对价格系统产生决定性影响，又以货币资金配置的方式决定着谁有权利获得资源，因此虚拟经济已经成为第一位的资源配置机制。

2. 一般均衡理论与货币经济

一般均衡理论所描述的资源配置机制既不涉及货币，又不涉及资本流动。这不是因为一般均衡理论的模型中容不下货币和信贷关系，而是其自由化的基本理念不能或不允许这样做。自希克斯将一般均衡理论与局部均衡理论打通以后，这个资源配置理论就成了主流经济学的根本。它在德布鲁以后的最新发展也不过是要在一般均衡框架下来论证货币存在的正当性，他们的努力目标是如何将货币塞进一般均衡理论的框架，同时使它具有正值，也就是使它不至于成为多余的东西。实际上，要不使货币在一般均衡理论中成为多余的东西，货币和货币资本流动就要参与价格决定过程和资源配置过程，这就要否定货币中性；而要坚持货币中性，货币在一般均衡理论中就一定是多余的。这是一个无解的两难困境。

3. 实际变量与名义变量决定之争的启示

在主流经济学中，实际利息率、工资率及其他资源的价格都是由其边际产量（边际生产力）表示的“实际变量”决定的，货币变量只影响它们的名义值。以利息率为例，主流经济学认为利息率与租金一样是由资本的边际生产力决定的货币量的增减并不影响其实际值，只影响其名义值。例如，“实际利息率＝名义利息率－通货膨胀率”的公式就来源于这个理念。凯恩斯则认为，利息率是由货币的供求决定的。凯恩斯假定，只有一种永久性债券与货币现金可供人们选择，这样，货币的供求决定利息率也就等于永久性债券的供求决定利息率。在凯恩斯的理论中，是金融资产的供求，而不是资本的边际生产力决定着利息率。这意味着凯恩斯认为货币变量决定利息率，决定投资决定实际 GDP。这当然是与新自由主义的要素价格决定理论相悖的观点，也许凯恩斯并不真的相信这个无法计量的“资本的边际生产力”。今天我们也很难想象，无论是格林斯潘还是其他金融活动的深度参与者们会真的相信：美国如此庞大、繁杂的金融资产交易与利息率的决定无关，庞大的资本市场和金融系统与资源配置无关。其实，美国的金融系统时时刻刻在配置着经济的支配权——货币资金，它涵盖着自然资源、人力资源等的一切资源的配置权利，也决定着任何地区或行业的兴衰。华尔街不仅是在美国而且是在全世界行使这个资源配置的权利。这么重要的资源配置机制在经典经济学中却怎么也塞不进去，这在其他学科看来是一件过于不靠谱的事情。

五、马克思的资源配置理论及其启示

马克思在《资本论》中阐述了他的价值论，也阐述了他的价格理论。它的生产价格理论既有资本的一般均衡条件，又有所有商品供求均衡的理念。在他的再生产图示中，既有所有资源达到供求均衡的资源配置含义，又有所有资本的利润率达到一般均衡的理念。值得强调的是，他的资源配置理论中，货币不是多余的，而是资本运动的先导、目标和利润的最终表现形式。

1. 马克思的价格决定与资本配置理论

虽然马克思及其后来者们并没有明确提出过资源配置原理的命题，却不等于马克思没有完整地论述过资源配置的原理。马克思最具资源配置意义的理论有两个：第一个是生产价格理论，以资本在部门间的流动为核心来阐述相对价格决定，实际上也可称为资本配置理论；第二个是其再生产理论中显示出的供求均衡条件。

在《资本论》第三卷，马克思提出了“社会必要劳动时间”的第二重含义，提出了总劳动配置的问题，它看似是一个价值问题，实际上是马克思的资源配置理论中不可缺少的一环。总劳动配置在马克思的商品价值决定理论中起着决定性的作用，因为马克思将供求因素通过总劳动配置引入了商品价值形成过程。在这个问题上，南开大学的魏埙教授和古书堂教授在 20 世纪 60 年代和 80 年代先后做出过详细的论述。总劳动配置是马克思资源配置理论的一个重要组成部分。

马克思认为，在“资本主义生产的总过程”（《资本论》第三卷的名称）中资本统治着收入分配，统治着商品的生产价格决定，也就是真实的商品相对价格决定。在完全竞争的假定之下，资本流动会导致利润率平均化，每一种商品的成本加上平均利润就是其生产价格。当平均利润率形成的时候，意味着资本在部门间（也就是不同商品生产之间）的配置达到均衡状态，这时才形成生产价格，这个生产价格就是处于均衡状态的相对价格。相对价格的形成是资本均衡配置的结果，而不是原因。资本达到均衡配置的时候，资源配置也就达到均衡配置的状态。因为在资本达到均衡配置时，根据现有生产力水平下资本与劳动的比例关系（西方经济学称之为要素密集度 K/L，马克思称之为资本有机构成），总劳动的配置就确定了，由于生产力既定，物质生产过程的投入产出关系既定，这个过程就决定了其他资源的投入量。马克思的逻辑是：完全竞争会导致资本的均衡配置，而资本的均衡配置决定了所有商品的均衡价格，也决定了劳动和其他资源在所有商品生产之间的均衡配置。

在《资本论》第二卷，马克思指出在资本的循环过程中货币资本是资本的第一形式，资本必须依次采取货币资本、生产资本（相当于西方经济学的“资本物”概念）和商品资本的形式并最后回到货币资本形式上。所以马克思的资本流动和资本配置是一个以货币资本运动为先导的综合性概念。马克思认为真正的财富是商品的物质内容（使用价值），但是在资本主义经济中，体现价值独立性的货币却被当作财富的一般形式成为资本追求的目标。所以，马克思说资本主义的经济关系是“头脚倒置”的。

值得强调的是，马克思关于资本循环过程会游离出货币的理论。他指出大规模工业资本的循环过程中会游离出大量暂时闲置的货币，这些货币（也就是企业储蓄）才是资本主义信贷关系的基础。并非自古以来就有“居民”储蓄，更不是封建时期的“居民储蓄”造就了资本主义信贷资本。在封建社会中，贵族并没有储蓄供商人或资本家借贷之用，穷人更没有储蓄，只有商人有储蓄。但商人的储蓄是高利贷资本的源泉，不是资本主义信贷资金的源泉。马克思解释了为什么现代信用制度不是建立在高利贷资本的基础上，也不是建立在居民储蓄的基础上，而是建立在产业资本游离出来的“闲置货币”的基础上。这一点的重要意义是他解释了资本与货币之间天生就有的密切关系。马克思在《资本论》第一卷中将“劳动力转化为商品”同“货币转化为资本”一起解释为资本主义生产关系的逻辑起点，凸显了货币与资本的天然关系。

当我们回过头来看主流经济学的时候，实在是难于理解：维护自由资本主义制度的瓦尔拉斯在他的一般均衡理论中竟然将货币看作是资本主义经济活动中多余的东西，既不参与价格决定，又不参与资源配置。而自由主义理念的继承者们，即使面对美国这种比任何经济更加依赖货币、金融的经济体却仍然坚持货币中性的观点，大有“宁可掉头，也不脱帽”的中国古学人的“气节”。究其原因，还是自由主义政治主张在作祟。现在，货币被看作是多余的东西而在主流经济学中毫无地位的状况已经变成了障碍主流经济学发展的桎梏。

2. 马克思的一般均衡意识

马克思的再生产理论论证了两大部类和两个副类之间的比例关系对资本运动的重要性。在这些部类之间必须保持供求均衡：首先是物质内容的供求均衡，其次是价值上的供求均衡。马克思虽然只列出了四个部类，却表达了一个重要观点，即所有产品的供求关系都需要在物质内容上和价值关系上达到均衡。这就是马克思的"一般均衡意识"。这个意识后来被列昂捷夫扩展为投入-产出表。这个表格将马克思的产业间供求关系必须均衡的思想一般化到所有商品，并将其推向实际应用。马克思对再生产均衡的论证与希克斯一样是通过利润最大化，在所有产品供求均衡的微观层面进行的。

马克思的再生产理论、列昂捷夫的投入产出表，以及斯拉法的《用商品生产商品》都有一般均衡意识，但却与瓦尔拉斯的一般均衡有重要区别。瓦尔拉斯的一般均衡是消费者与生产者之间的均衡，效用和偏好在瓦尔拉斯体系中至关重要。假定既定偏好和存在"原始收入"是瓦尔拉斯一般均衡理论的起点之一。而马克思等人的一般均衡理念中，消费是收入支撑的，而收入必须是生产的结果，他们都继承了斯密的"生产决定消费"的传统理念。上一期生产决定下一期消费，这个本期消费又决定本期生产。这是一个值得继续讨论的问题。

3. 资源配置理论与理论经济学的新框架

如果我们不能回避货币对经济的巨大作用，也就不能忽视虚拟经济中滞留大量货币的事实。在虚拟经济满足成氏定理要求的情况下，货币的功能就不止于交换媒介（经典理论），也不止于一种金融资产（凯恩斯），货币会蜕变为一种巨大的经济能量。它创造财富，推动经济增长，参与一切经济过程，也制造风险和灾难。在虚拟经济高度发达的今天，不但虚拟经济已经居于GDP 创造的顶端，而且货币资本的配置也正在成为资源配置顶端的市场机制。虚拟经济的功能就是对货币能量的配置，当然，虚拟经济也配置风险，其功能还包括系统性风险的积聚、积累和分布。直面虚拟经济，直面虚拟经济中价值化的财富积累和风险积累的"复杂"系统，重建符合现实世界的货币能量配置、资源配置和风险分布的理论，已经是理论经济学不可以回避的课题了。

建立描述虚拟经济创造 GDP 的经济增长模型，并将此模型与实体经济的经济增长模型结合在一起来描述当代发达市场经济的经济增长；有条件地承认"货币非中性"，论证"货币非中性的条件"，论证货币功能转换，并在此基础上重建货币理论；以货币资本的配置为先导，在充分考虑虚拟经济资金配置功能和风险积累功能的基础上，重建资源配置的一般均衡理论。这就是虚拟经济学说的理论框架。虚拟经济的研究不是要建立一个经济学的分支，它是从虚拟经济角度研究经济，概括经济理论，从而与传统经济学有着鲜明区别的一个理论经济学的学派。

经济学不是“自娱自乐的高雅游戏”，它负有不可逃避的社会责任，必须对经济现实提供解释，帮助人们理解和驾驭现实存在的经济。中国需要真正能与现实相符的经济学，世界也需要。理论经济学需要创新，经济理论创新的命题和方向来自实践，特别是来自主流理论与实践的矛盾，而不是旧有理论中的缝隙和“空白”。金融危机之后，那些不再因循守旧的青年学者们迎来了施展才华的机会。本文如有幸为他们垫脚，当数万分荣幸。

参考文献

[1] 杰拉德·德布鲁. 价值理论——对经济均衡的公理分析[M]. 刘勇，等译. 北京：北京经济学院出版社，1988：45-47.
[2] 成思危. 虚拟经济探微[J]. 南开大学学报（哲学社会科学版），2003（2）.
[3] 马克思. 资本论（第三卷）[M]. 北京：人民出版社，1975：173-176.
[4] 马克思. 资本论（第二卷）[M]. 北京：人民出版社，1975：58.

（本文原载于《政治经济学评论》2011 年第 4 期）

双本位国际货币体系的形成及其历史趋势

——世界经济三大趋势如何冲破固化的世界经济格局

世界货币体系的形成并不取决于货币体系的设计，而是取决于以经济实力为基础形成的世界经济格局。当国际货币体系形成之后，最初由经济实力格局支撑的经济利益格局就被固化在这个体系之中，因此，国际货币体系可以被看作是固化了的世界经济利益格局及维护这种利益格局的系列游戏规则。无论经过多少年，如果最初的世界经济实力格局大致不变，国际货币体系就会安然无事。如果世界经济实力格局发生了巨变，变化了的经济实力格局不再继续支撑旧有的利益关系，就会不断出现金融危机和货币危机，并引起国家间的利益冲突，旧体系运转会越来越不顺畅并向崩溃的方向发展，而新的经济实力格局会在这个过程中趋于稳定。当这个“衰与兴”的趋势逐渐变得明显的时候，那些有影响力的政府及其智囊们才会认识到本国可能的最大利益与不可以放弃的最低利益之间的真实谈判空间，决策人物会放弃那些不切实际的利益要求，逐渐变得现实起来，各国达成共识的谈判方向会越来越清晰，新的国际货币体系谈判才会真正开始。

在当代世界，正在持续发生着三个导致世界经济格局发生根本变化的趋势：一是美国经济的转型及其相对经济实力的长期下降趋势，这导致美国经济不再有足够的实力单独支撑国际货币体系，“美元本位制”的经济支柱正在坍塌。二是欧洲经济的整合，它虽然问题多，但欧元解体已经不再可能了。由多个发达经济体整合在一起的经济力量支撑着一个新的“本位货币”——欧元，它正在撕裂美元一统天下的国际货币体制，并使国际货币体系进入类似“金银复本位”的“双本位国际货币体系”，开启了更加不稳定的国际经济时期。三是中国经济的崛起。中国正在成为世界工厂，且有巨额外汇储备，其功效与战后初期美国的黄金储备大致相同。虽然国际上对中国经济崛起存在众多误解，但这个明显的趋势得到了越来越多的认同。这三个趋势都是不可阻挡的，它们由来已久，长期默默地积蓄着改变世界的力量。本文要论证的是：是什么力量造成了这三个似乎毫不相干的趋势相继产生和发展，它们会怎样影响未来世界的经济生活。

一、美国经济转型、二元化与经济衰落

第二次世界大战以后，美国是唯一一个没有受到战争直接损害的工业化国家，其他所有的工业化国家无一不受到战争的彻底破坏。在所有工业化国家都一片废墟的时候，美国的GDP占据世界GDP的一半以上，美国黄金储备占据世界黄金总储备的4/5。这就是布雷顿森林体系背后的经济实力格局，也是美国可以用美元作为世界货币的决定性条件。当这个格局改变，并再也不能支撑美元独霸的国际货币体系的时候，危机就开始了。

1. 美国经济实力相对衰落的趋势及其外部原因

理解布雷顿森林体系最重要的一点就是：美国以一国经济之力支撑着这个国际货币体系，这个体系的最大受益者也是美国。随着美国经济占世界经济份额的下降，随着欧洲经济的整合以及亚洲、拉丁美洲新兴市场国家的兴起，美国经济独大的世界经济格局正在发生着根本性的变化。

美国经济在世界经济中的比重可以用美国GDP占世界GDP比重的情况来大致刻画。美国GDP在20世纪50年代占世界GDP的比例大致在40%以上，60年代则下降到35%—38%（根据世界银行数据），70年代以后进一步下降，徘徊在30%左右，进入21世纪后再次下跌，到2008年，这个比例已经下降到23%。

第一个导致美国经济影响力下降的外部因素是欧洲经济的整合。美国以一国之力支撑国际货币体系的重要条件之一是世界经济体系中不存在与其经济实力相当的经济体。从单个国家角度来看，欧洲实力最强的德国，其GDP也不过占世界GDP的5.9%（世界银行 2007），根本无力与美国相匹敌。但是，欧洲整合起来就完全不同了，如果欧洲的整合程度足可以支撑欧元的持续存在，欧元就可以超过英镑和日元成为另一个与美元比肩的国际本位货币。第二个导致美国经济占世界经济份额下降的外部因素是转型国家加入世界市场经济及新兴市场国家的兴起。进入21世纪，中国、俄罗斯、东欧和越南等传统计划经济国家成功加入世界市场并占据了一定的经济份额，其他亚洲和拉丁美洲发展中国家的经济增长也普遍优于20世纪90年代，它们的经济份

额增加也是美国经济份额相对减小的重要因素。

2. 美国经济的全面转型

布雷顿森林体系时期，美元持续流往境外意味着美国黄金储备的外流，黄金储备的多寡就成了美元境外发行的自然约束。1971 年美元停止兑换黄金使得美国对外发行美元摆脱了黄金储备的约束，理论上，美元的对外发行再无约束。但这仍然需要：第一，美国必须从微观上找到获得美元收入的合理方式；第二，对境外输出的美元必须有顺畅的回流渠道，并能够找到均衡美元流出、流入的方式，以长期稳定美元汇率，维持美元唯一国际本位货币的地位。这两点美国做到了，美国经济也因此发生了全面转型：一是用高度依赖虚拟经济创造 GDP 的经济增长方式和经济运行方式替代了依赖工业化经济创造 GDP 的增长方式和经济运行方式；二是美国经济对外交流方式与 70 年代前相比也发生了完全相反的改变。

首先，美国从 20 世纪 70 年代以后，其经济逐渐走上了经济虚拟化和去工业化的道路，并逐渐改变了美国靠制造业实现经济增长的经济运行模式。70 年代以前的 50—60 年代，美国是世界工厂，其传统实体经济的制造业、交通运输业、建筑业创造的 GDP 占其 GDP 的 35%—37%（见表 1），其中制造业创造的 GDP 占美国 GDP 的比例为 25%—27%，金融与房地产服务业创造的 GDP 只占美国 GDP 的 11%—14%。70 年代以后，以制造业为代表的传统实体经济份额逐步下降，金融、房地产业份额逐步上升，美国开始了经济虚拟化和去工业化的过程。到 2008 年，美国传统实体经济创造的 GDP 仅占美国 GDP 的 18.5%，其中制造业 GDP 占比已经一路下降到 11.48%，金融与房地产服务业的 GDP 占比已经上升到 20%。将金融服务业、房地产服务业和职业服务业这三大行业称为“虚拟经济”，美国虚拟经济在 2008 年创造的 GDP 已经接近美国 GDP 的 1/3（32.63%）。美国经济不再依靠以制造业为核心的实体经济来支撑，而是依靠金融、房地产为核心的虚拟经济来支撑。往日凭借世界工厂维持霸主地位的美国经济转变为依靠其世界金融中心地位来维持霸主地位。70 年代以前美国的三大支柱产业——汽车、钢铁、建筑已经让位于新的三大支柱产业——金融、房地产和职业服务业（高端服务业）。它们与制造业不同，它们不是由资源和技术进步来支撑的行业，而是靠流入的货币资金量、创造金融资产的过程及其技术（金融创新）支撑的行业。这就是美国经济运行方式和 GDP 增长方式的根本性变化，它导致了美国的“经济虚拟化”和“去工业化”。

表 1 美国各行业 GDP 占美国 GDP 的比例，亦即其对美国 GDP 的贡献率

单位：%

年份	农业采矿公共	传统实体经济				批发零售	信息产业	虚拟经济			低端服务				政府部门
		建筑业	制造业	运输仓储业	总计			金融房地产业	职业服务业	总计	教育医疗救助	娱乐休闲餐饮	其他服务业	总计	
1950	10.96	4.39	27.25	5.89	37.3	15.1	2.72	11.4	3.91	15.32	2.04	2.96	2.83	7.83	10.76
1960	7.86	4.45	25.34	4.45	34.2	14.5	3.04	14.1	4.69	18.83	2.74	2.75	2.87	8.36	13.18
1970	6.09	4.83	22.68	3.86	31.4	14.5	3.37	14.6	5.41	20.05	3.94	2.83	2.60	9.37	15.25
1980	07.65	4.67	19.95	3.67	28.3	14.0	3.55	15.9	6.68	22.54	5.01	2.99	2.24	10.25	13.76
1990	5.59	4.28	16.33	2.92	23.5	12.9	3.88	18.0	9.82	27.77	6.66	3.36	2.46	12.48	13.88
2000	4.16	4.440	14.53	3.07	22.0	12.8	4.67	19.7	11.62	31.29	6.91	3.57	2.33	12.81	12.25
2005	4.80	4.87	11.92	2.94	19.7	12.5	4.49	20.4	11.78	32.14	7.81	3.64	2.31	13.76	12.63
2006	5.0	4.90	11.97	2.94	19.8	12.4	4.25	20.4	11.89	32.27	7.78	3.68	2.27	13.74	12.51
2007	5.25	4.42	11.71	2.95	19.1	12.3	4.25	20.4	12.27	32.63	7.87	3.72	2.29	13.88	12.63
2008	5.53	4.08	11.48	2.91	18.5	11.9	4.36	20.0	12.66	32.63	8.12	3.76	2.29	14.17	12.90

数据来源：根据美国经济分析局（BEA）数据计算。

其次，70 年代以后美国经济对外交流方式也随之发生了根本变化（见表 2）。70 年代以前，美国经常项目的国际收支一直是顺差，金融项目的国际收支一直是逆差，美国对外的经济交流方式是以贷款和援助形式通过金融项目的国际收支逆差输出美元，境外美元除少量用作储备资产外，多以购买美国制造业的产品和技术的形式流回美国。1971 年美元停止兑换黄金改变了美国对外经济交流方式。由于美国对外发行美元失去了黄金储备的约束，美元流向境外的速度和规模开始加大。70 年代美国对外交流方式处于转型期，其经常项目国际收支出现了 5 年逆差和 5 年顺差；其金融项目的国际收支也是 5 年顺差 5 年逆差。从 1982 年开始，美国经济对外交流方式就完全与 70 年代以前相反，转变为经常项目的国际收支持续逆差，金融项目的国际收支持续顺差，这种状况一直持续至今（2010 年），大约 28 年。同战后到 1970 年的 25 年完全相反，现在的美国经济不是通过国内实体经济创造大量产品以便出口，而是通过国内虚拟经济创造出大量货币收入，这些货币收入通过经常项目逆差进口其他国家的产品和能源，而境外美元持有者则用这些美元储备购买美国的金融资产。美国从经常项目国际收支持续顺差改为持续逆差，金融项目国际收支持续顺差改为持续逆差；从以出口产品和技术为主，改为以出口债券和其他金融资产为主。这就是美国经济对外交流方式的根本转变。

美国经济的虚拟化与其对外交流方式的转变是相互促进的。美国经济越是虚拟化，本国创造的货币收入越多，可交易和可供“出口”的金融资产越多，本国制造业的劳动成本和机会成本就越高，低端制造业就越是要转移到境外，形成去工业化；经济越是去工业化，本国生产的生活必需品和其他低价商品就越少，消费就越是要依靠进口，经常项目国际收支也就越是朝逆差方向发展；经常项目国际收支越是逆差，境外美元就越多，购买美国金融资产的境外需求也就越大，这反过来就会不断刺激美国金融资产的扩张和虚拟经济的膨胀。经济虚拟化、去工业化与国际贸易失衡及境外美元资产膨胀其实是一个统一的经济过程。

表 2　美国国际收支平衡表（1960—2008 年）

单位：百万美元

年份	经常项目	金融项目	年份	经常项目	金融项目
1960	2824	−1805	1976	4295	−13251
1961	3822	−2833	1977	−14335	18434
1962	3387	−2263	1978	−15143	5906
1963	4414	−4053	1979	−285	−24063
1964	6823	−5917	1980	2317	−23203
1965	5431	−4974	1981	5030	−26822
1966	3031	−3660	1982	−5536	−31293
1967	2583	−2378	1983	−38691	22321
1968	611	−1049	1984	−94344	77376
1969	399	1117	1985	−118155	101363
1970	2331	−2111	1986	−147177	118286
1971	−1433	11212	1987	−160655	169338
1972	−5795	7674	1988	−121153	139949
1973	7140	−4486	1989	−99486	49545
1974	1962	596	1990	−78968	60337
1975	18116	−22533	1991	2897	46420

续表

年份	经常项目	金融项目	年份	经常项目	金融项目
1992	−50078	96253	2001	−388959	400243
1993	−84805	81490	2002	−472446	503167
1994	−121612	127052	2003	−527514	538345
1995	−113567	86298	2004	−665286	582419
1996	−124764	137687	2005	−791508	785449
1997	−140402	221334	2006	−811477	833183
1998	−213528	69740	2007	−731214	767849
1999	−299826	236148	2008	−673000	—
2000	−415150	486373			

资料来源：根据 IMF 历年公布数据整理。

3. 美国经济的二元化

根据美国经济分析局的数据计算，2007 年，美国就业者人均创造的 GDP 为 9.52 万美元（见表 3）。传统的实体经济（建筑、制造、交通运输）就业者人均创造的 GDP 为 9.98 万美元，接近全国的均值。虚拟经济（金融、房地产、职业服务业）创造的 GDP 均值为 16.83 万元，高于全国的均值。一般服务业创造的人均 GDP 为 4.48 万美元，低于全国的均值。人均 GDP 也标志着不同行业增加一个就业岗位所需 GDP 的增加额。例如，在虚拟经济中，GDP 每增加 16.83 万美元才增加一个就业岗位，而一般服务业中，GDP 只需要增加 4.48 万美元就增加一个就业岗位。从 GDP 创造的效率看，虚拟经济排在第一，实体经济排位第二，一般服务业排在第三。从创造就业的效率来看则完全相反，一般服务业排在第一，传统实体经济排在第二，虚拟经济排在最后。

我们也可以将各行业 GDP 占美国 GDP 的比例称为该行业对美国 GDP 创造的贡献率（见表 1）。将各行业就业量占总就业量的比例看作该行业对就业的贡献率（见表 4）。不难看出，美国传统实体经济对 GDP 创造的贡献率（为 18.5%）与其对美国就业的贡献率（18.19%，见表 4）大致平衡。虚拟经济对 GDP 创造的贡献率为 32.63%（见表 1），远远大于其对就业的贡献率（18.46%，见表 4）。一般服务业对就业的贡献率（27.28%）则远远大于其对 GDP 创造的贡献率（14.17%）。如果将批发零售这个传统商业对美国就业的贡献率（15.2%）和政府服务业对美国就业的贡献率（16.9%）与一般服务业对美国就业的贡献率加在一起，传统服务业对美国就业的贡献率就可以达到 60%。

表 3　美国各行业就业者的人均创造的 GDP

单位：万美元/人

年份	人均创造GDP	农业采矿公共	传统实体经济				批发零售	信息产业	虚拟经济			一般服务				政府部门
			建筑业	制造业	运输仓储业	均值			金融保险房地产业	职业服务业	均值	教育医疗与救助业	娱乐休闲餐饮	其他服务业	均值	
1950	0.56	0.84	0.53	0.55	0.60	0.55	0.62	0.58	1.77	0.66	1.24	0.38	0.34	0.23	0.30	0.36
1960	084	1.28	0.78	0.84	0.88	0.84	0.86	1.04	2.80	0.96	1.89	0.56	0.47	0.34	0.43	0.57
1970	1.30	2.41	1.35	1.28	1.44	1.31	1.28	1.77	4.10	1.36	2.66	0.93	0.68	0.55	0.72	0.93
1980	2.83	6.40	2.88	2.90	3.37	2.95	2.52	4.17	8.26	2.72	5.15	1.83	1.30	1.28	1.51	1.99
1990	4.91	11.48	4.61	5.37	4.93	5.16	3.94	8.25	14.86	4.78	8.52	3.34	2.13	2.48	2.74	3.69
2000	7.06	15.66	6.24	8.17	6.75	7.48	5.84	12.59	24.26	6.56	12.11	4.35	2.94	3.52	3.70	5.21
2005	8.80	23.03	7.99	10.34	8.30	9.32	7.16	18.17	30.41	8.43	15.55	5.41	3.47	4.16	4.52	6.50
2006	9.18	25.15	8.18	11.07	8.63	9.80	7.50	18.29	31.70	8.72	16.09	5.57	3.65	4.29	4.68	6.79
2007	9.52	27.30	7.78	11.58	8.91	9.98	7.68	19.24	33.36	9.24	16.83	5.75	3.78	4.48	4.84	7.11

数据来源：根据美国经济分析局（BEA）数据计算。

表 4　美国各行业就业占总就业之比，亦即各行业对就业的贡献率

单位：%

年份	农业采矿公共	传统实体经济				批发零售	信息产业	虚拟经济			一般服务				政府部门
		建筑业	制造业	运输仓储业	总计			金融保险房地产业	职业服务业	总计	教育医疗与救助业	娱乐休闲餐饮	其他服务业	总计	
1950	7.35	4.68	27.61	5.49	37.8	13.78	2.65	3.60	3.31	6.92	3.04	4.89	6.82	14.75	16.79
1960	5.17	4.76	25.26	4.25	34.27	14.1	2.45	4.23	4.10	8.33	4.11	4.96	7.07	16.15	19.54
1970	3.29	4.65	23.04	3.50	31.18	14.78	2.48	4.64	5.18	9.82	5.50	5.42	6.13	17.05	21.40
1980	3.39	4.60	19.53	3.09	27.23	15.73	2.41	5.44	6.96	12.40	7.76	6.55	4.95	19.26	19.59
1990	2.39	4.57	14.92	2.91	22.39	16.02	2.31	5.94	10.08	16.02	9.80	7.74	4.86	22.41	18.46
2000	1.88	5.03	12.55	3.21	20.79	15.43	2.62	5.72	12.50	18.23	11.22	8.57	4.67	24.46	16.6
2005	1.83	5.37	10.14	3.11	18.62	15.30	2.17	5.87	12.29	18.18	12.7	9.22	4.89	26.80	17.08
2007	1.83	5.41	9.63	3.15	18.2	15.24	2.10	5.81	12.65	18.46	13.05	9.37	4.86	27.28	16.9

数据来源：美国经济分析局（BEA）。

随着美国经济的经济虚拟化不断抬高美国制造业的机会成本，迫使大量低端、低价的制造业转移到境外，形成了美国经济的去工业化。去工业化对就业产生了重要影响，低端制造业可以转到国外，劳动者却不可以随之转出去。于是低端制造业的就业者的多数不是被消灭，而是从低端制造业转移到了一般服务业。这个过程中，能够进入虚拟经济的新贵终究是少数。在去工业化的过程中，美国一般服务业的低收入者越来越集中，就连教育、医疗的相对地位也在下降，与虚拟经济中的从业者相比，这些行业已经沦为劳动密集型了。由于美国制造业逐渐淡出美国经济，传统实体经济大幅度萎缩，于是，传统实体经济可以保持 GDP 增长与就业增长同步的经济增长模式就逐渐让位于一种二元化的经济增长模式。美国经济形成了“GDP 创造主要依赖虚拟经济，就业主要依赖一般服务业（低端服务业）的经济增长模式”。这就是美国经济的二元化，虽然不是农村与城市经济的二元化，却是富人经济与穷人经济的二元化，是虚拟经济与实体经济的二元化，也是“就业经济与 GDP 创造经济”的二元化。美国虚拟经济是全球化的，而其低端服务业却是本土化的，美国虚拟经济是高收入、低就业的经济，美国低端服务业是高就业、低收入的经济，二者之间缺乏密切的联系，这就是美国出现“失业型经济增长”现象的根本原因。

4. 美国经济削弱的趋势为什么难以逆转

美国经济走向衰落的根本原因在内部，在于其去工业化和经济虚拟化的长期发展趋势。这个趋势改变了美国经济的运行方式和经济增长方式，也使其以货币财富为主的 GDP 创造中有很大部分是虚拟的，它们的存在靠美元的境外购买力来维持，可以在瞬间蒸发。当这些财富的虚拟性质最终显现的时候，美国经济的衰落就被做实了，它将不再有逆转的可能。

第一，美国经济自我恢复能力已经被大幅度削弱。美国经济的二元化导致其 GDP 创造与就业岗位创造基本脱节，GDP 恢复依赖虚拟经济，依赖境外；而就业恢复依赖低端服务业，依赖境内。美国的金融业复苏不必等待美国实体经济的恢复，而美国金融业即使已经复苏，也不会立即对不赚钱的本国低端服务业进行投资，而是大量流往境外，流向新兴市场国家。这就注定了美国就业的恢复无法依靠华尔街，美国政府拯救金融机构的注资也就不会像当年凯恩斯主义的刺激需求政策那样可以惠及普通大众。这种 GDP 经济与就业经济脱钩的状态使得美国经济不再有 70 年代以前那样的经济恢复能力。

第二，美国的房地产业已经不可能恢复到危机之前的繁荣状态。美国房地产业是其 GDP 创造的三大支柱产业之一，它的恢复牵涉到金融业和高端服务业的恢复。因为美国金融资产品种繁多且数量巨大，投机者没必要炒房地产，所以在美国，住宅的主要功能是居住，其次是为住宅贷款提供抵押品。在美国次级贷款出现之前，住宅主要是由中产阶级购买。美国的次级贷款的出现将购买住宅的人扩大到了许多低收入者，不但带动了房地产销售的繁荣，也创造出大量次级抵押贷款证券和相应的货币收入，将美国虚拟经济的繁荣推向顶峰。金融危机之后，次级贷款不再可能恢复，穷人又被排除出购房者队伍，加上失业率提高将部分中产阶级拉进了穷人队伍，住宅的销售就再也不可能恢复到往日的繁荣了。住宅销售依赖于多数人的收入提高和购房者增加。美国经济二元化使得就业人口的60%集中在一般服务业中，一般服务业的收入不改善，就业不增加，住宅销售就不可能恢复繁荣。

第三，美国财政赤字短期内不会消除，持续贸易逆差和政府债务扩张趋势短期内也就不会改善。美国从 1970 年至今，除去 1998—2001 年出现过 4 年财政盈余外，其余年份都是财政赤字，已经持续了近 40 年。在当前经济不景气时期更不会实行紧缩政策，财政赤字还将持续多年。美国地方政府的财政更加困难，这对美国就业恢复形成了更大的阻力。持续财政赤字一方面会使贸易逆差继续，另一方面也会使得政府债务继续扩张，这对美元国际地位和美国经济复苏而言都是负面的影响因素。

第四，美国贸易失衡短期内不可能靠调节汇率得到改善，造成美国经济正常运行与否高度依赖境外美元资产不被抛售。美国贸易失衡的内部原因有两个：经济虚拟化和财政赤字。就像日元汇率曾经升值两倍，日本始终还是“贸易顺差型经济”一样，这种内部结构决定的外部失衡是不可以从外部进行调节的。美国国内二元化经济模式不变，其贸易逆差型经济的形式也就不会改变，无论是美元汇率调整还是人民币汇率调整都不可能改变这个状况。贸易持续逆差就必须用金融项目国际收支的持续顺差来对冲，这就使得金融资产的对外销售成为其经济正常运转的必要条件，美国经济的恢复不再仅仅取决于本国的企业和政府，在很大程度上还要看其他国家和国际资本的脸色行事，这是美国从来不曾有过的状态。

第五，美元资产被抛售的风险不断增加。一方面，美国就业情况短期内不会好转，美国房地产业恢复乏力；另一方面，美国金融当局和政府还在不断扩大货币供应量和政府债务。世界流动性膨胀越严重，投机资金越多，投机者对美元资产的影响也就越具有决定性。国际投机者是不会舍弃自己利益来维护美国利益的，在这一点上华尔街的金融家们与国际炒家们的行动会完全一致。一旦形成抛售风潮，大银行和金融机构（甚至一些国家的政府）也会卷入，美国已经没有能力单独对抗这样的国际风暴了。随着世界流动性膨胀加剧，美元资产被大规模抛售的风险正在不断升级。

第六，由于制造业的萎缩，刺激需求的政策不再有往日的效果。美国的这次金融危机不是有效需求不足引起的，而是在人们过度消费的情况下爆发的，由于美国经济的虚拟化，产能过剩已经不再是美国经济面临的经济问题了。因此，政府刺激需求的政策也远不如70年代以前有效，美国低端制造业多数已经移往境外，生活必需品多数需要进口，刺激需求的资金往往会有相当一部分流往境外那些对美国出口必需品的国家。政府刺激需求的政策多半是刺激了别国的制造业增长。此外，美国制造业出口的产品有60%以上是汽车和其他交通运输工具及其零配件，它在美国是长期走下坡路的产业，想靠汽车业振兴美国经济显然是不现实的。长期凋敝的制造业使得需求刺激政策不再有往日的功效。

由于美国经济的二元化，经济自我恢复能力大大削弱，美国就业复苏乏力，房地产业 GDP 创造能力的恢复困难，财政赤字、贸易逆差和债务扩张短期内都不会改善，这些使得美国经济从未像今天这样高度依赖于境外美元资产交易状态和持有者的心态。在世界的流动性膨胀与投机盛行的状态下，美元资产被抛售的风险不断增大，而美国刺激经济的政策功效低下，“再工业化”前途渺茫，美国经济的颓势几乎是不可阻挡的。

二、欧元区的经济整合与“双本位国际货币体系”的形成

欧洲一体化进程持续了多半个世纪，在这个过程中，金融危机和货币危机不断袭扰着欧洲各国，但每一次危机过后，欧洲经济一体化总是有所前进，欧洲经济的整体影响也越来越大。当欧元形成的时候，欧洲经济一体化进入了一个以货币、金融统一为中心的欧洲经济整合的新时期，国际货币体系也因此进入了一个“双本位国际货币体系”的新时代。欧元的诞生为欧洲经济注入了新的活力，也带来了一系列新问题，它们集中反映在金融危机和债务危机中，这些危机正在逼迫欧盟朝着统一经济监管和政策的“中央集权”方向发展，欧元的地位会在危机中不断巩固，而双本位国际货币体系却将世界带入了一个更加动荡的时期。

1. 欧洲统一货币历程背后的利益冲突与凝聚力

欧洲经济一体化的过程是十分令人着迷的，它折射着欧洲几个主要工业国家追求共同利益，消除各自隔阂朝着经济一体化方向的执着努力。欧洲的经济一体化是从欧洲经济共同体开始的，而欧洲经济共同体是在维护欧洲共同利益的基础上建立起来的。如果没有布雷顿森林体系对美国利益的偏袒，没有欧洲战后迅速恢复的经济增长，没有美国经济利益与欧洲经济利益的冲突，就不会有欧洲的经济一体化，也就不会有欧洲的统一货币——欧元。

第二次世界大战以后，作为一种固化了的世界经济利益格局，布雷顿森林体系将美国利益置于其他国家利益之上。由于布雷顿森林体系的建立，美国对世界经济的控制力空前强大，这使得第二次世界大战中付出巨大代价的英、法等欧洲国家国深感自己的经济权利受到了削弱，不但其第二次世界大战前的海外控制力大大削弱，而且美国的控制力将深入它们的权利范围以内，威胁它们的经济利益。1957 年的《罗马条约》标志着欧洲整体利益的存在及其与美国利益的冲突，如果从维护基本利益的角度来看，欧洲经济共同体从一开始就是针对布雷顿森林体系的。这两个体系虽然有重叠，但维护的核心利益却完全不同。布雷顿森林体系的核心利益是维护美国对世界经济的控制力和影响力，而欧洲共同体则是在对抗布雷顿森林体系可能给欧洲利益造成的损害，维护欧洲自己的经济利益。

20 世纪 60 年代到 70 年代，欧洲为维护自身利益要摆脱美国控制力的趋势日益明显。1971 年美元停止兑换黄金之后，世界被迫进入浮动汇率制度。美元波动加剧，引起欧洲货币危机不断，欧洲各国为此痛苦不堪。作为对美元浮动的回应，欧共体成员国的货币实行了“蛇形浮动”，内部实行固定汇率（1989 年欧共体通过《德洛尔》报告），联合对抗美元，以稳定欧洲内部的贸易条件，减少美元波动带来的损失。这个蛇形浮动之所以不可能成功，源于欧共体成员国之间的经济差异不断带来的麻烦。而最大的麻烦就是其成员国之间的所有经济差异都会集中反映在它们各自的货币汇率上。显然，不同国家的不同货币使欧洲不可能统一行动来对抗美元波动。于是创立欧元以统一货币的问题被提到日程上来了，1991 年的《马斯特里赫特条约》规定了欧洲统一货币的时间表，欧元区也就随之诞生。

欧元的形成是十分独特的现象。蒙代尔曾为欧元的实施开出了一系列条件，如各成员国之间的经济增长率、通货膨胀率、财政赤字等方面的差距不能过大等。他担心，在货币统一过程中这些差异可能造成利益得失的重新配置，从而阻碍欧元最终出台。其实这些条件并没有在欧元形成过程中带来多大困难，却在欧元实行之后，特别是这次金融危机中显示出了它们的重要性。蒙代尔列出的一系列条件中，唯独缺乏强调欧元的形成过程中，德国马克的"核心货币"的作用。这一点对于认识欧元在今天遭遇的困境有极其重要的意义。在欧元实行以前，马克是国际储备货币中仅次于美元的货币，其占各国官方外汇储备总额的比例最高时曾达到15%以上。而当时，英镑、日元加在一起占各国外汇总储备的比例不过 8%。设想，如果仅仅是里拉、法郎、比索等货币无论如何是不能形成欧元的。由于在区域货币一体化进程中缺乏对核心货币条件的认识，使得不少人认为在拉丁美洲、东南亚等区域都可以建立自己的区域货币。其实，在没有类似前马克这样主要储备货币作为核心来凝聚各国货币篮子的情况下，是不可能形成区域货币的。因为一个强势的主要国际储备货币会将其背后强大的经济实体一同拉过来为新货币垫底。欧元的形成是一种以马克为基础，"凝聚"法郎、比索、里拉等货币的"结晶"过程，而不是众多小货币聚在一起的"拼凑"过程。

从欧洲货币的蛇形浮动到以马克为核心形成欧元，我们已经看到，分散的货币不管怎样联合也敌不过美元这个主权货币。现在的欧元依然不是一个主权货币，欧元与主权货币的差别导致欧元不断遭受打击，已经有人在预见欧元走向崩溃的时间表了。需要明确的是，欧元受到的打击来自何处，这些打击是会导致欧元解体，还是会逼迫欧元区完善"统一货币"正常运行的所有必要条件。

2. 欧元与欧元区的困境

第一，所有欧元区国家改用欧元以后，其金融业务迅速"泛欧洲化"和国际化。原先一些小货币国家的银行业可以经营欧元金融业务，这使得欧元区中小货币经济体的虚拟经济迅速发展起来并获得巨大的利益。如果这些国家可以找到一些合理而简单的获得欧元收入的方式，即可不必用自己的资源或辛劳来生产所需的产品，使用欧元在国际上购买就可以了。创造欧元货币收入最简单的方法之一是通过房地产和金融业务的扩张来实现。我们看到，整个欧元区多数国家虚拟经济创造的 GDP 份额都在增长（见表 5），制造业的 GDP 占其 GDP 的比例却在下降。欧元的诞生促进了欧洲经济的虚拟化。

表 5　欧元区 12 国金融房地产、制造业 GDP 占 GDP 比率（1999 年、2009 年）

单位：%

国别	1999 年		2009 年	
	金融房地产 GDP 占比	制造业 GDP 占比	金融房地产 GDP 占比	制造业 GDP 占比
德国	28.01	22.39	31.14	19.1
法国	29.51	16.09	33.72	10.63
意大利	24.1	21.1	28.8	16.13
西班牙	18.75	18.19	23.58	12.67
葡萄牙	20.48	17.98	23.51	12.97
爱尔兰	19.97	34.35	27.21	24.19
荷兰	27.36	15.64	28.15	12.58
比利时	27.13	19.22	30.55	14.01
卢森堡	41.64	11.44	48.44	6.46
希腊	20.6（2000）	11.12（2000）	20.15	10.27
芬兰	20. 08	25. 58	24. 99	18. 16
奥地利	21. 12	20. 02	23. 68	18. 61

资料来源：根据 IMF 数据计算。

注：此表没有列出 2001 年以后加入欧元区的国家。

第二，欧元诞生后，许多欧盟国家以欧元发行的国债要比发行原货币的国债更容易被接受，特别是被境外接受，这在一定程度上也刺激了这些国家财政赤字的增长，以及国债和外债的增长。除德国和法国以外，其他早期(2001年及以前)加入欧元区国家的财政赤字都超过欧盟规定的占 GDP 比例的 3%，爱尔兰和希腊的财政在 1999 年仍有盈余，到 2009 年其财政赤字占 GDP 的比例分别达到了 14.38%和 15.4%，西班牙则从原来的 1.44%猛增加到了 11.14%（见表 6）。欧元诞生促进了欧洲国家债务的增长。债务经济也是经济虚拟化的一种表现。

使用欧元之后，欧元区外债的增长也十分突出。现在，所有欧元区国家的外债都超过其 GDP。除德国、意大利稍好一些之外，其他欧元区国家的外债占 GDP 的比例都在 150%以上，爱尔兰达到了 1072%，葡萄牙为 234.7%（见表 6）。欧元区债务的膨胀导致欧元国际债券存量快速增长。根据 IMF 公布的数据（见表 7），2000 年，在未到期国际债券存量的货币构成中，美元债券的占比为 50.02%，欧元债券占比仅为 29.74%，到 2010 年，欧元国际债券的占比已经达到 44.73%，美元国际债券的占比则下降到了 37.35%。欧元债券在欧元诞生之后几乎是在疯狂地扩张。

表 6　欧元区 12 国财政盈余、债务和经常项目差额占 GDP 比率（1999 年、2009 年）

单位：%

国别	1999 年				2009 年			
	财政盈余占 GDP 之比	政府债务占 GDP 之比	外债占 GDP 之比	经常项目差额占 GDP 之比	财政盈余占 GDP 之比	政府债务占 GDP 之比	对外债务占 GDP 之比	经常项目差额占 GDP 之比
德国	−1.46	61.05	133.1（2001）	−1.26	−3.3	73.2	153.5	6.68
法国	−1.78	58.85	127.2（2001）	3.15	−3.3（2008）	67.5（2008）	195.92	−2.25
意大利	−1.78	114	55.3	0.68	−5.32	116	115.98	−3.39
西班牙	−1.44	62.34	59.38	−2.93	−11.14	53.24	173.38	−9.61
葡萄牙	−2.72	49.55	90.29	−8.45	−9.36	76.08	234.7	−12.16
爱尔兰	2.61	47.76	699.6（2006）	0.25	−14.38	64.5	1072.46	−5.32
荷兰	0.41	61.13	291.8（2006）	3.81	−5.29	60.88	301.34	4.89
比利时	−0.65	119.64	249.64（2003）	5.55	−6.08	100.97	277.66	−2.4
卢森堡	3.49	5.6	3064.93（2003）	7.79	−0.7	14.6	3852.95	5.91
希腊	−3.24	101.1	39.5	−5.43	−15.4	126.8	168.3	−14.42
芬兰	1.65	45.7	74.76	6.15	−2.59	43.8	170.07	2.92
奥地利	−2.39	67.2	162.01（2003）		−3.5	67.5	218.09	

资料来源：根据 IMF 公布数据计算。

第三，欧元区成员国的虚拟经济发展和财政赤字的扩大，也导致了欧元成员国的经常项目朝着逆差的方向发展（见表 6），除德国和荷兰以外，其他国家的经常项目国际收支逆差都有所扩大。其中爱尔兰、希腊、葡萄牙最为明显。这些逆差的扩大更加鲜明地告诉人们汇率与贸易失衡的关系远远小于内部虚拟经济与实体经济失衡对贸易失衡的影响。无论欧元汇率怎样波动，德国和荷兰仍朝着顺差方向发展，而其他国家则朝着逆差方向发展。欧元汇率已经失去了调节欧元区内贸易失衡的作用，欧元区各国的贸易失衡需要非汇率措施来调整。

第四，欧元诞生后，区内各成员国金融业统一经营欧元业务，却缺乏金融业的统一监管和统一的货币政策，这也是招致金融危机和债务危机的重要原因。欧元诞生后，如果各成员国的金融监管不统一，发行债券的权利不集中管理，就会导致利息率的差异加大，资金会在成员国之间大规模流动。所有成员国的金融问题最终都会体现在欧元汇率上，这会影响其他成员国。如果不加干预，这些国家的债务就会造成欧元区的严重金融紊乱，欧元受到的打击会是致命的。如果救助这些国家，其他经济尚可的国家就会背负增发货币造成的负担，特别是德国和法国这些经济中心国家的负担会更大。这就逼使欧元区在金融方面逐渐向统一政令、统一监管、统一债务审批权利等中央银行集权的方向迈进。2010 年 2 月，欧盟成员国在布鲁塞尔达成协议，建立了泛欧金融监管体系，分别成立 3 个分别监管银行业、保险业及监管金融交易的欧洲监管局，并成立欧洲系统性风险委员会对整个欧洲的金融风险进行微观监管和控管监控。中央集权的管理和调节机制正在形成过程中。

表 7　美元、欧元、日元和英镑国际债券占国际债券总额之比

单位：%

时间	美元占比	欧元占比	日元占比	英镑占比
2000-12	50.02	29.74	7.81	7.55
2002-12	46.05	37.34	4.93	7.28
2004-12	36.57	46.82	3.91	7.75
2006-12	36.26	46.98	2.72	8.66
2008-12	35.47	47.37	3.01	7.45
2010-9	37.35	44.73	2.59	8.01

数据来源：IMF。

注：该比例是所标识货币的各类国际债券和票据除以国际债券总额所得。

第五，欧盟已经发现，欧元与美元的重大区别之一就是美国金融危机的救助及时、有效。因为美国有统一的中央财政，欧洲没有。此外，税率的差别也会造成个别国家由于低税率而吸引境外投资大规模进入的情况，如爱尔兰的税率就普遍低于周边国家，这也在一定程度上损害了欧盟整体经济的稳定。针对欧洲的债务危机，2010 年 5 月 9 日，欧盟 27 个成员国成立了“欧洲金融市场稳定基金”（EFSF），具体负责为欧元区财政困难政府发放贷款，在各成员国认缴份额的基础上，该机构还可以通过市场筹集部分资金。在债务危机的逼迫之下出现的这个机制和相应机构在一定程度上具有“准中央财政”的性质和功能。它通过各成员国财政缴纳的资金和在市场上融资的方式获得收入，用于救助等非营利的支出。它标明了一个发展方向：建立实质上的“欧洲中央财政”。有效的中央财政支持是欧元区经济整体稳定的必要条件之一，至于其收入来源是成员国认缴还是中央财政直接征税并不重要，关键是必须具备中央财政的功能。

第六，欧盟作为一个统一经济体，其中央决策机制过于繁复、冗长，这是其应对金融危机和一系列其他突发事件反应迟缓、效率低下的重要原因。在危机的打击下，欧盟成员国会深切地认识到这种统一决策机制对其利益的重要性。简化决策程序提高统一政策的制定及执行效率是维持欧元区经济稳定、欧元稳定的另一个必要条件。

第七，越是相对差一些的经济体，其加入欧元区获益的空间越大。因此，欧元区对相对弱小一些的经济体有巨大吸引力。2007 年 1 月斯洛文尼亚加入欧元区，2008 年 1 月塞浦路斯、马耳他加入欧元区，2009 年 1 月斯洛伐克加入欧元区，2011 年 1 月爱沙尼亚加入欧元区。欧元区的这种快速扩张对其经济整合是不利的，它导致欧元区和欧盟背负的负担更重，需要协调的经济问题更多也更复杂。欧盟老成员国都是长期处于市场经济体制的国家，它们之间的经济融合尚有许多问题，更何况短期内加入许多本身就存在各式各样问题的新成员国，这加剧了欧元区经济整合的困难。

3. 债务危机会导致欧元解体还是迫使欧盟朝着中央集权发展

“欧元解体”的命题意味着放弃欧元恢复欧元区成员国各自旧时的货币，这显然已经不可能了。欧元在欧元区大约 10 年的使用导致欧元区的经济整体性日益加强。欧元诞生后，一方面使得相对弱小经济体可以借助其他经济体的支撑，发展国际金融业务和发展虚拟经济以获得巨大利益；另一方面德国、法国这些经济相对强的经济体也可以享受整个欧洲与其一致行动来对抗美元和其他经济冲击的利益，在欧元出现之前这是不可能的。放弃欧元恢复本国旧币对相对弱小成员国意味着失去了欧元区的整体支撑，一些出现金融问题成员国的经济会陷入孤立无援、濒于崩溃的境地；对德国和法国这样一些制造业尚坚实、各项指标尚可的国家，恢复其本币的成本将是失去所有欧盟成员国与它们共进退的强势。因此，放弃欧元恢复原来的货币对欧盟来说已经不再可能，它们必须走下去。

从欧元与美元的区别来看，从不断出现的债务危机对欧元区的打击内容来看，进一步中央集权化是欧元区的必由之路。第一是金融、货币权力的必要中央集权。如果欧元区不能统一“监管金融业并统一货币政策”，如果欧洲中央银行没有超过各成员国主权的调控能力，金融危机就会不断打击欧元区，直到金融集权大致完善为止。第二是欧洲财政的必要中央集权。如果没有统一的欧元区财政，救市和处理其他危机的能力就会缺失，税率不统一还会造成成员国之间的利益摩擦和内部资源的非均衡配置，造成欧盟经济的不稳定，在危机和各种麻烦不断的打击和困扰中，欧盟会日益认识到建立中央财政的必要性。第三是经济政策的协调和决策机制的效率。欧洲需要简化目前的决策程序，提高决策效率和对重大事件的反应能力。

欧元不会解体，反倒会向着中央集权的方向发展，如果它不如此，金融危机就会不断打击它，迫使它完成欧洲的“统一大业”。欧元区的变革尚未结束，集权会使欧元的国际地位更加巩固。

4. 储备货币中的本位货币及其维持的条件

国际储备货币的第一个条件是汇率相对稳定，汇率波动大，缺乏稳定性的货币会被投机者当作狙击的对象，却很难被大银行和政府外汇储备当局当作储备货币来对待。第二个条件是要有较为庞大的“金融资产池”，国际储备主要是以金融资产的形式被持有，因此，金融业的发达与否，资产价格稳定与否，变现条件是否顺畅是国际储备货币的其他基本条件。

储备货币并不一定是本位货币，本位货币是衡量所有其他货币价格的标准，是其他货币的价值尺度，是货币的货币，是所有其他货币的锚地。美元的国际本位货币地位是从黄金那里继承的。在布雷顿森林体系中，美元和黄金都是国际储备货币，但是黄金是实际上的本位货币，美元只是因为可以兑换黄金才被各国作为储备货币，美元并不是真的可以等同于黄金。也正是因为美元在与黄金相比居于劣等储备货币的地位，人们才用美元去兑换黄金。在储备货币领域通行的规律是“良币驱劣币”的“逆格雷欣法则”。在固定汇率制度下，美元的金平价实际上是靠黄金市场价格进行严格控制来维持的，如果金价随行就市，美元的金平价就无法长期维持稳定。当实行浮动汇率的时候，我们清楚地看到黄金价格与几乎所有国家的货币之间都不存在“金平价”意义上的稳定关系，这表明了黄金已经不适宜作为货币。谁要恢复金本位，谁就必须具备控制全球黄金市场价格的能力。在今天，世界上没有任何一个国家和国际组织具备这个能力。当美元停止兑换黄金之后，黄金价格开始随市场供求变化而波动，其他货币的汇率也就不再随黄金的市场价格变动而波动，而是随美元综合汇率的变动而变动，于是美元就替代黄金成为国际本位货币。美元继承本位货币的历史可以概括为：金本位是各国货币直接与黄金挂钩，布雷顿森林体系则是黄金与美元挂钩，美元与其他货币挂钩，当美元与黄金脱钩之后就只剩下了各国货币与美元挂钩的汇率关系，美元就这样继承了黄金的国际本位货币的地位。

一般储备货币与本位货币的重要区别是它们的从属地位。在欧元出现之前，本位货币是美元。如果美元滥发而大幅度贬值，无论是日元还是英镑都不能轻视这个事件，它们必须对此做出必要的反应，否则，一方面其汇率持续走高将破坏其原有的对外经济交流关系，对其出口形成抑制，造成国内经济衰退；另一方面可能会出现套利机会，使其成为投机者狙击的对象。反过来，如果日元或英镑单独贬值或升值，美元就不必对此做出调整和反应。美国经济体远超过这些国家的经济体，加上其金融业的发达和金融资产池的巨大，完全可以消化任何其他货币汇率变动引起的波动。黄金退出货币领域之后，维持本位货币的主要条件就是其境外使用的数量巨大，其他主要储备货币必须对其变动做出反应，而它却不必对其他货币的单独变动做出反应，这样的货币就可以成为其他小货币的锚地。但是这只是从黄金非货币化到欧元出现之前的情况，欧元出现之后情况就完全不同了。

5.双本位国际货币体系的形成

欧元出现以后，欧元在已经标明币种的各国官方外汇储备中的占比越来越大（见表 8），从 2000 年的 18.29%一路上升到了 2009 年的 27.4%，而英镑和日元合在一起也不过 7.22%。欧元已经成为一种大货币，它完成了欧洲货币从“主要国际储备货币”向“国际本位货币”的蜕变。显然，美元对欧元的任何变动都不能无动于衷，必须做出反应。它们相互不能忽视的情况说明这两大货币都不是一般的储备货币，它们都是本位货币。这种情况类似于美国 19 世纪的“金银复本位”制度，是一种非常不稳定的货币制度。

表 8 已标明的官方外汇储备构成中各主要储备货币占比

单位：%

时间	美元	英镑	德国马克	日元	瑞士法郎	欧元	其他货币
1995	59.02	2.12	15.77	6.78	0.33		4.78
2000	71.13	2.75	—	6.06	0.27	18.29	1.49
2002	67.08	2.81	—	4.35	0.41	23.79	1.55
2004	65.95	3.37	—	3.83	0.17	24.80	1.88
2006	65.48	4.38	—	3.08	0.17	25.09	1.80
2008	64.12	4.07	—	3.11	0.14	26.51	2.05
2009	62.17	4.28	—	2.94	0.12	27.40	3.10

数据来源：根据 IMF 公布的数据计算。

6.滥币陷阱

双本位的国际货币体系仅仅是类似“金银复本位”的货币制度，二者之间的重大区别在于：在今天的中央银行制度中，货币发行没有贵金属储备的约束，货币原则上可以无限制地供给。货币数量由货币当局说了算，不管它们是依据 CPI、失业率或是什么假定下的数理模型，当代的货币数量早已失去了自然约束。当美元和欧元都处于这种状态的时候，我们就掉入了“滥币陷阱”。

如果美元滥发，欧元就必须跟着滥发，否则欧元汇率就会猛升，这一方面会严重抑制欧元区的出口，抑制其实体经济的发展，另一方面也会加剧境外对欧元金融资产的投机性交易，从而加大欧元资产价格的波动。反过来也是一样，如果欧元大规模滥发，美元也会遭遇同样的问题。这就使得整个国际货币体系进入了一个较浮动汇率初期更加动荡不安的状态。当两个本位货币相继滥发引起世界流动性“螺旋式膨胀”的时候，相对更小一些的储备货币也必须跟进，它们无力抗衡如此巨大的滥发货币的“漩涡”。在两个本位货币相继“搅动”之下，企业、银行、政府，消费者、投机家和经济政策制定者们都被卷入这个巨大流动性漩涡。无论是在不同货币之间进行的资产选择，还是对交易行为的监管都不能阻止新的金融危机出现，而为了挽救这些危机又要不断注入新的流动性。世界从未像今天这样充斥着流动性，也从未像今天这样动荡，这样的动荡一定预示着一个空前深刻的变革。

三、中国经济高增长的历史、运行特征与人民币国际化

美国经济在金融危机的打击中走向衰落，欧洲经济在债务危机的鞭策下进行经济整合，欧元与美元共同创造了极不稳定的“双本位国际货币体系”，也引爆了世界性的流动性膨胀。当这个世界性流动性膨胀的多半压力集中在刚刚崛起的中国经济身上的时候，也就为中国经济带来巨大的麻烦和新的希望。如果中国可以“浴火重生”，中国将为之一新，世界也将为之一新。

中国经济之所以能够持续高增长取决于中国经济中独有的运行特色，而这些特色的形成则要追溯到计划经济向市场经济的转化过程。

1. 华盛顿共识与中国经济转型的模式

在前计划经济国家中，苏联的工业体系最为完整，中国虽不如苏联，但截止到 20 世纪 70 年代末也建立起了维持近 10 亿人口发展的工业体系。在中国和苏联从计划经济向市场经济转型的过程中，由于经济转型的道路不同，

导致了后来俄罗斯的经济与中国经济出现了巨大差异。

90 年代初，苏联经济几乎是在一夜之间就完全私有化了，政治也多元化了。按照新自由主义经济学家的理论，世界可以等待一个新的资本主义工业化国家出现，俄罗斯人民也可以不再遭受“短缺”之苦，充分享受现代资本主义丰富的物质文明，事实却与此大相径庭。经济自由化打开了俄罗斯的大门，前超级大国缺乏效率的工业体系被毫无遮拦地暴露在发达市场经济面前，然后就是毫无悬念的土崩瓦解。俄罗斯人民耐心等待的现代化资本主义经济并没有出现，却造就了资源性行业的兴起和少数资源寡头的暴富。俄罗斯经济与欧美经济渐行渐远，却越来越靠近阿拉伯式的石油经济。现在，无论是新兴起的资源寡头还是倡导自由化的政治家们，对重振俄罗斯的制造业不是不感兴趣，就是根本无力改变现状。休克疗法葬送了苏联的工业体系，也堵死了俄罗斯走向世界工厂的道路，没有发达工业化作基础，俄罗斯也就失去了成为世界金融中心的前途。当一个经济体与世界工厂擦肩而过，又与世界金融中心无缘的时候，单凭石油等资源何以成为世界经济大国呢？

中国的转型则完全不同，中国充分利用了计划经济留下的工业基础。改革前的计划经济为中国初步开发出了支持经济持续增长的基本资源：一是形成了初步的工业体系，开发了经济增长的物质资源，如矿山、基础设施，以及虽然粗糙，却远胜于无的重工业体系等；二是“9 年义务制教育”的长期坚持，为从加工工业起步的中国工业化和市场化准备了大量高素质的劳动力，在计划经济下支撑经济增长的人力（劳动与技术人才）资源完全被转化为支撑市场化经济增长的人力要素。这样，中国的经济转型就不是让原有工业体系垮掉了重来，更不是从零开始，而是将这些计划经济时期支撑经济增长的资源转化为支撑新的经济体的资源。转型过程中的新经济体不过是由乡镇企业、合资、独资民营企业、外资企业形成的经济增长能力。“国有资产流失”其实只是“国有资源”流失的一小部分，中国的成功转型就在于经济增长资源由传统国营企业全面移交给新型企业。传统国营企业的一切资源，包括机器、设备、技术、人才、销售渠道和市场等全部“流失”到了新型企业手中。好的、有用的资源都被新型企业以各种方式（重组、股份制改造等）转移了，剩下的低效率资源和“老、弱、病、残”却留给了传统国营企业，于是传统国营企业最后的功能不是生产，而是最低程度地社会保险。这对新型经济体的发展起到了极其重要的支撑作用，直到传统国营企业这个“蜡烛”在新经济体兴起的过程中燃尽。在这个过程中新、老技术同时在运用，新老企业同时在运转，此衰彼兴，交接顺畅，几乎是人尽其才，物尽其用。计划经济开发的经济增长资源的充分转移和传统国营企业的特殊作用，以及普及初中教育等，这是其他发展中国家不具备的。只有苏联具备，却被休克疗法全部毁掉了。

中国经济成功不是“增量改革”，是存量、增量同时加入新型企业，也不是“人口红利”，而是教育红利。中国经济顺利市场化并进入高增长路径正是得益于计划经济时期的基础教育和基础工业。

2. 从高增长与市场化并行到外向型经济的发展

中国经济转型是从传统工业化起步的，也就是从加工工业和低端制造业起步的。按照新自由主义的理论，真实财富的创造是靠资源投入和技术进步实现的，这也是现代经济增长理论的精髓。中国改革初期的工业化也不例外，一是靠资源开发，二是靠技术引进。因为中国经济太落后了，引进技术是中国经济最初进入高速增长的一个重要推动力。在充分利用旧有工业体系和其他经济增长条件的基础上，改革开放加大了资源开发力度和技术引进力度。使得中国经济不但没有休克，而且在对原有资源提高效率（相对于计划时期的效率）的情况下，加大了资源投入和技术进步，当然就会导致中国经济的高增长。这些高增长越是计入新型企业，中国的市场化也就越迅速。当非传统国营企业达到一定的比例，中国经济运行便呈现出市场经济运行的基本特征。计划经济时期的短缺现象不见了，产能过剩开始出现。1997 年的通货紧缩就是中国进入市场经济的基本标志。中国有史以来第一次遇到内需不足的经济衰退，从此有效需求成了决定中国经济兴衰的基本因素。

1997 年遇到的内需不足，给企业带来了巨大压力，企业开始自行对外寻求出路。广东、福建、浙江、江苏、山东等地民营企业的外销很快就形成了一个风潮。2001 年底，中国正式加入 WTO 加速了这个风潮。在缺乏自主品牌、缺乏核心技术、缺乏跨国大企业的情况下，中小民营企业使中国产品迅速遍及世界各个地区。在那些知名跨国公司还没有发现中国有任何一个值得重视的竞争对手的时候，西方人突然发现他们已经被中国制造的产品包围了。在“中国人赚小头，外国人赚大头”的掩护之下，“中国制造”得以借助外国品牌和技术标准走遍世界，中国企业家也充分理解了为什么“品牌”“技术标准制定”“管理模式”和“营销策略”等是市场经济游戏中的“王牌”和“主牌”。正是这种近似于“群众运动”的外销浪潮导致中国经济迅速成为世界贸易大国，中国的贸易依存度也越来越大，直到接近 70%（2007 年）。

外需拉动中国经济持续增长了大约10年，其最突出的后果就是中国经济的持续双顺差累积了巨大的流动性，引起了中国经济的流动性膨胀。

3. 流动性膨胀与人民币内贬、外升的压力

中国国际收支的连续双顺差是从1999年开始的，这一年中国国际收支顺差仅为263亿美元，此后开始高速增长，到2003年就接近1千亿美元了。此后继续加速，2005年和2006年都在2000亿美元以上，而2007—2009年持续3年在4000亿美元以上。2010年在人民币升值和其他调整之下，国际收支顺差有所减少，但仍然很高，估计仍然会接近4000亿美元。经常项目顺差是国际收支持续顺差的主要方面。这种持续的国际收支顺差，导致人民币在国内的高速膨胀。

表9　1999—2010年中国国际收支状况

单位：亿美元

年份	经常项目	金融项目	国际收支差额	外汇储备
1999	211	52	263	1546.75
2000	205	19	224	1655.74
2001	174	348	522	2121.65
2002	354	323	677	2864.07
2003	459	527	986	4032.51
2004	687	1107	1794	6099.32
2005	1608	630	2238	8188.32
2006	2533	67	2600	10663.44
2007	3718	735	4453	15282.49
2008	4261	190	4451	19460.3
2009	2971	1448	4419	23991.52
2010上半年	1265	900	2165	26483.03

来源：国家外汇管理局网站（www.safe.gov.cn）。

注：外汇储备是截止到2010年9月底的数据。

双顺差导致了外汇储备的急速增加，1999年中国外汇储备只有1546.75亿美元，而到2010年9月底，中国外汇储备已经达到26483.03亿美元了，增加了16倍多。外汇占款导致的人民币发行在国内是没有对应产品的。例如，净出口100万美元的鞋到美国以后，中国只有钱却没有对应的产品（鞋），当生产鞋的企业将卖鞋获得的美元兑换为人民币时，按1美元兑换6.6人民币计算，中国就会净发行660万人民币，经常项目顺差是国内没有产品对应的净资金流入。金融和资本项目的顺差也类似，大多数也是以各种融资和投资的方式流入中国的净资金流入。这些纯粹资金流入是中国流动性膨胀的基本原因。中国的外汇储备达到 26483.03 亿美元，表示中国累积净发行了 17.4 万亿人民币（按 1 美元兑 6.6 人民币计）。1999 年中国的 M_1 仅为 4.6 万亿人民币（见表 10），到 2010 年已经增加到 26.7 万亿人民币了，M_2 则从 12 万亿增加到 72.6 万亿人民币，在货币存量中，由于外汇占款发行的货币占 M_1 的 65%—70%，占 M_2 的 25%—30%。可见外汇占款是中国货币数量增加的决定性因素。M_1 的平均增长率为 17.36%，M_2 的平均增长率为 17.99%，名义 GDP 的平均增长率为 14.13%。而美国相应数据分别为 4.8%、6.6%、4.7%。

当货币增加的时候：如果虚拟经济不发达，就会发生物价上涨，如津巴布韦；如果虚拟经济比较发达，就会发生资产价格膨胀，如日本的泡沫经济；如果虚拟经济很发达，就会促进金融创新，促进金融资产数量的增长和金融杠杆的泛化，这样的经济体既没有物价膨胀，也不会有大幅度的资产价格的膨胀，如美国。

中国的虚拟经济比津巴布韦要发达，却远没有日本发达，更不如美国。截止到 2009 年，美国金融、房地产与职业服务业创造的 GDP 占总 GDP 的比例为 32%，日本为 26%，中国为 9%。但是，中国货币增加的规模和速度却要超过日本和美国。由于中国的货币增量是外汇占款造成的，能够获得外汇收入的人大都是企业家和比较有钱的人，它们用外汇换来的人民币收入只有很少的部分会进入消费，其余资金除去流入实际投资的部分资金之外，大部分会转变为金融投资。金融投资与金融投机是难以区别的，即使是用长短期来区分，二者之间也是高度可转换的。中国国际收支双顺差流入的钱越多，其中用于金融投资的部分就越大。在中国，这些资金越来越大，而可以炒作的金融资产却少得可怜。股票的涨落被认为是几乎完全看政策的“脸色”涨落的，无论资金如何充斥，人们总是对股市心有余悸。债市没有金融杠杆，收入仅靠微薄的利息，对金融投机者缺乏吸引力，债市也就不可能发达。中国金融资产的品种贫乏，数量有限，又缺乏放大机制，这样金融资产贫乏的状况遇到了货币数量持续增加就会首先引发快速的房地产泡沫，因为只有房地产有一定的金融杠杆，在房地产价格遭遇多重政策打压的时候，人们就会自行寻找金融投资的标的物，如古董、邮票，甚至普洱茶、大蒜等。

表 10　中国名义 GDP、M_1、M_2 及其增长率

单位：亿人民币

年 份	名义 GDP	M_1	M_2	名义 GDP 增长率（%）	M_1 增长率（%）	M_2 增长率（%）
1999	89677.10	45837.30	117638.10	6.2	—	—
2000	99214.60	53147.15	132487.52	10.6	15.95	12.62
2001	109655.20	59871.59	152888.50	10.5	12.65	15.40
2002	120332.70	70882.19	183246.94	9.7	18.39	19.86
2003	135822.80	84118.81	219226.81	12.9	18.67	19.63
2004	159878.30	95971.01	250802.79	17.7	14.09	14.40
2005	183868.00	107279.91	296040.13	15.0	11.78	18.04
2006	210871.00	126035.13	345603.59	14.7	17.48	16.74
2007	257306.00	152560.08	403442.21	22.0	21.05	16.74
2008	300670.00	166217.13	475166.60	16.9	8.95	17.78
2009	340903.00	220001.51	606225.01	11.5	32.36	27.58
2010	383920.24	266600.0	725800.0	11.39	21.18	19.72

数据来源：国家统计局网站（www.stats.gov.cn）；中国人民银行网站（www.pbc.gov.cn）。

中国经济越是高速增长，意味着出口越多，国际收支顺差就越多，流入的资金也就越多，由外汇占款导致的无对应产品的人民币发行规模就越大，资金越是充斥，投机活动就越是盛行。最初是房地产价格，随后就是 CPI 和 PPI。但是中央银行的政策基本是"围堵"性质的政策，亦可称为"挤压性政策"，控制房地产价格、大宗商品价格、蔬菜价格等。其实这只是将资金挤来挤去，并不能从源头上解决问题。水大的时候，堵就不奏效了，只有靠疏导才可以从根本上解决问题。疏导流动性的方式有两种：一是在境内发展虚拟经济，利用虚拟经济"流动性储备池"的功能来吸收部分金融投资的资金；二是鼓励资本国际化，带动人民币国际化，并促进中国金融资产的国际化。

国际收支持续顺差导致人民币在境外有巨大的升值压力，而境内流动性高度膨胀引起人民币境内不断贬值。人民币"外升、内贬"现象的基本原因就是双顺差，相当于"只喝啤酒不上厕所"，疏导已经是当务之急了。只有通过金融项目的国际收支逆差对外输出人民币和人民币资本，才能从根本上改变"资金只进不出"状态，才能平衡人民币内外的压差。

4. 中国资本全球化与中国经济的增长源泉

中国经济正在经历一次重大的转折,这个转折也是流动性膨胀逼出来的。治理洪水的办法历来就是“小水堵、大水疏”。如果不堵也不疏，洪水就会自行寻求出路，它会自己冲出河道、流向大海。中国当前正在出现一个明显的迹象，就是中国资本的国际化。根据中国商务部公布的数据，2008 年中国对外直接投资就达到了 559.1 亿美元,比 2007 年的 265.1 亿美元翻了一番,2009 年对外非金融类直接投资也达到了 433 亿美元，同比增加 6.5%，对外承包工程完成营业额 777 亿美元，同比增长 37.3%，新签合同 1262 亿美元，同比增长 20.7%。根据 2010 年 1 月 4 日《华尔街日报》数据，中国 2008 年和 2009 年海外并购总额分别为 503.3 亿美元和 433.9 亿美元。2009 年 5 亿美元以上的大宗交易总额为 286 亿美元，排在美国（515 亿美元）和法国（310 亿美元）之后的第三位，在世界并购金额最大的 9 宗交易中占到 7 宗。我们根据公开报道统计的中国涉及海外项目的对外贷款 2008 年为 346.9 亿美元,2009 年为 407.5 亿美元。中国资本国际化基本上是通过贷款、直接投资、并购、承包工程的形式实现的。

中国资本国际化正在形成新一轮热潮,与 20 世纪 90 年代末到 21 世纪初的企业外销热潮类似，正在形成资本国际化的“群众运动”。在人民币境内不断贬值，境外却不断升值的“内推”“外拉”的合力下，中国资本正在自行疏通前往“大海”的渠道，中国资本的目光不再仅盯着国内越来越紧缺的资源和市场上，它们的海外目标大致有“技术”“市场”“资源”三类。中国资本的国际化将使得中国的经济增长不再受到境内资源的约束。中国将像当年英国、美国承担世界工厂角色的时候一样，其经济增长将得到世界范围内的人才、市场、资源和技术的支撑。如果不出意外，中国经济未来的 10 年将是继续高增长的 10 年。

5. 经济持续高增长的秘密——删除金融危机

在工业化国家的经济增长历史中,从来没有持续保持较高增长率 10 年以上的记录。因为它们的经济增长总是被经济危机或金融危机打断，使得经济陷于停滞甚至倒退。中国经济的高增长持续了大约 30 年不间断，其根本原因就是中国避免了金融危机。

金融危机可以定义为，银行和金融机构大批倒闭的现象。它有两个基本原因:一是呆坏账引起银行和金融机构资不抵债的现象普遍出现或相继出现;二是由于对个别银行出现信任危机导致挤兑，引起金融恐慌，并在较强烈的传染机制下引起广泛的流动性不足，引发金融危机。

呆坏账的解决有两个途径：传统途径就是通过银行破产来解决，近年来的新方式则是通过官方干预，剥离呆坏账来解决。前者可能引起金融危机，让社会付出巨大代价，许多无辜者会遭受失去工作、收入甚至养老金被蒸发的痛苦。而后者则会避免或减轻这些无辜者的痛苦，只惩罚肇事者。如果能够割断呆坏账与银行倒闭之间的“必然”联系，如果呆坏账不再与银行业的紧缩有正相关的关系，不但金融危机不会发生，而且经济自动紧缩的机制也几乎不存在。因此，经济会持续高增长，直到过热，然后就只能由政府来考虑对过热的经济进行降温和刹车。当然，中国没有达到笔者所描述的这种极端状态，只是政府在呆坏账问题积累成灾的时候大刀阔斧地及时剥离了它们，从而割断了呆坏账与银行倒闭之间的联系，削减并在一定程度上控制了呆坏账引起银行信用紧缩的力度。于是我们得到了中国经济的一个鲜明特征：中国的信贷紧缩（从而经济紧缩）基本上不是由银行业呆坏账的多寡自动决定的，而是货币当局（政策当局）根据宏观经济情况来决定的。

中国与美国都剥离呆坏账，二者的区别是：美国是在已经出现大批银行倒闭的金融危机之后，为了避免危机进一步发展才开始干预；中国则是在金融危机爆发之前进行干预。中国之所以可以这样做是因为中国以四大国有银行为基础的金融系统继承了公众对原国有银行的信任，人们认为政府不会任由它们倒闭。正是普遍存在的对金融机构的信任给了中国银行系统从容处理呆坏账的时间。引起银行倒闭的另一个原因就是挤兑，挤兑是指对个别银行失去信心，从而将存款取出存入其他银行。中国四大银行的体系之所以稳固，不是大到不能倒，而是它们不必倒。挤兑普遍发生就会引起流动性不足，如果 10 个银行依次需要偿还债务 10 亿元，危机中同时需要融资就需要 100 亿元，中国用兑三角债的方式只用 10 亿元就解决了问题。据说，美国金融危机中联邦储备也聚集了 17 家大银行相互“兑三角债”。这样，挤兑在中国失去了威力，呆坏账也不会引起银行大批倒闭，金融危机也就从中国经济中被删去了。

金融危机也有其正面的作用，它是经济过热的“自动降温器”，也是呆坏账和问题金融机构的“清道夫”，是经济的自动紧缩机制。失去了这个自动的收缩机制，中国经济就呈现出总是持续增长的趋势，直到经济过热、物价上涨，最后由政府通过一系列宏观经济政策来紧缩，为经济降温，直到踩下“刹车”。两害相权取其轻，当金融危机的自动降温功能代价（失业和收入下降）

过大，社会越来越无法承受的时候，用政府紧缩来替代危机紧缩可能还是合算的。

6. 人民币国际化的趋势

从国内宏观层面上看，人民币国际化之所以是一个必然趋势有两个基本原因：一是中国经济越来越大，且高度对外依赖，中国资本也在迅速国际化，人民币汇率是中国全部对外经济关系的集中体现，也是中国经济的利益所在，中国经济在世界上的份额越大，就越是要求人民币国际化；二是中国已经具有28000亿美元的外汇储备，这是支撑人民币汇率稳定和干预任何来自境外货币冲击的巨大力量，其功能与第二次世界大战后美国强大的黄金储备等同，它可以化解任何来自境外的风险，是人民币国际化的保证。外汇储备中主要是欧元资产和美元资产，这意味着人民币国际化除去中国经济的支撑之外，还有来自欧元和美元信用的支撑，它们可以为人民币的国际风险垫底。从世界角度看，美元一统天下的局面已经被打破，人民币国际化的空间不再有外在的障碍，只要中国金融当局把握住大致的节奏，人民币国际化只是一个时间问题。境外人民币债券市场也已经初露端倪，如果境内能够尽快发展起规范的债券市场并适当引入金融杠杆，人民币国际化就会以金融项目的国际收支逆差形式疏导中国的过剩流动性，中国境内流动性膨胀的状态可以得到根本性的缓解。人民币的国际化将使得中国经济增长更容易获得世界资源的支撑，也会使得中国经济的运转更加流畅。

四、国际货币体系内在的“主要矛盾”激化及其发展趋势

国际货币体系进入“双本位体制”之后，世界经济的动荡加剧。中国是否也要加入这个动荡的货币体系？中国的加入是会导致体系更加动荡，还是会注入稳定因素？

1. 新的国际货币体系的主要矛盾及其激化

货币本身是价值尺度，它无论是在现实中还是理论上都要求有统一性。所谓统一性就是价值尺度必须是唯一的，不能有双重尺度甚至多重尺度，能否保证价值尺度的统一性决定着货币体系的稳定性。

在各国国内实行金本位或银本位的时期，货币的统一性是由黄金或白银的材质来保证的。当黄金退出货币领域之后，货币的统一性是由集权的中央银行制度来保证的。在国际货币体系中，金本位时期货币统一性也是由黄金的材质来保证的。布雷顿森林体系成立之后，美元与黄金的固定金平价及各

国货币与美元的固定汇率是国际货币统一性的保证。实行浮动汇率之后，世界货币体系靠美元一币独大，靠美元霸权来维持国际货币的统一性，美元为所有货币提供"锚地"。美联储具有世界中央银行的地位，美元不必理会其他货币的情况，美联储也不必看任何其他中央银行的脸色行事。反过来就不是如此，越是要参与世界经济就越是要盯住美元，要顺从美联储的意志，否则就是自讨苦吃。

当"美元-欧元双本位的国际货币体系"形成之后，美元一统天下的局面被打破，由美元勉强维持的国际本位货币的统一性被彻底破坏了，国际货币体系的相对稳定也立即消失。世界掉进了"滥币陷阱"的漩涡，这就是当前国际货币体系内在的主要矛盾：世界本位货币的统一性要求与"双本位货币体系"运行方式之间的矛盾。世界货币体系既失去了依靠金银材质维持货币统一性机制，也失去了美元独大时对其他货币而言的单一货币锚地，更没有中央集权的货币数量控制机构。在美元独大的时候，世界流动性的控制还可以指望美联储的自律。进入双本位体系之后，出现了两个本位货币，理论上，小货币要轮番看欧元和美元来决定自己的行为，这样，小货币跟进发行本币的概率就在理论上增加了一倍。加上两个本位货币根据自己利益需要，必须对另一本位货币的增发及时做出反应，于是货币增发的速度就会大大高于美元一统天下的时期。欧洲的债务危机和美国一再地量化宽松货币政策，则是继续滥发货币的一个重要理由，加上投机资本在两种本位货币和多重储备货币之间无休止地转换并不断膨胀，世界性的流动性膨胀和金融动荡就会不断加剧。

本位货币的轮番扩张会造成主要储备货币跟进扩张，其他与这些国家有贸易和金融往来的国家也要被迫增加自己的货币供应量。于是"滥币陷阱"的巨大"漩涡"已经失控，世界性流动膨胀已经失控。

2. 国际货币体系需要注入新的稳定因素

国际本位货币的价值是其实体经济衡量的购买力。首先，购买力必须是本国的经济来衡量。在美元一币独大的时期，其名义购买力是用其在全世界能够买到的商品和劳务衡量的，但其基础必须是美元在美国境内能购买多少美国生产的产品和劳务来衡量。不是用本国虚拟经济来衡量本币的购买力，而是用本国实体经济来衡量本币的购买力。例如，货币的价值可以用买到多少公斤小麦来衡量，用一篮子商品的数量来衡量，却不能用购买到多少债券和股票来衡量。国际储备货币走势是坚挺还是疲弱，从长期来看取决于其本国实体经济的走势，当储备货币发行国的实体经济不断萎缩，虚拟经济不断膨胀的时候，其货币的长期趋势是趋弱的。欧洲和美国虚拟经济的发展和实体经济份额的下降使得国际本位货币越来越远离实体经济。人民币如果加入国际储备货币体系，就会将中国巨大的实体经济及其高速增长的因素带入国际货币体系。

假定，中国可以与美国合并为一个经济体，新的经济体还用美元，那么美国经济内外失衡都会消失，合并后的经济体的实体经济和虚拟经济都是世界上最强大的，美元会因中国实体经济的注入而重拾往日的真实购买力。当然，这是一个荒唐的假定，合并不可能，但合作是可能的。

3. 国际货币体系的“民主集中制”

世界的三大趋势根源于一个力量，就是资本的力量。资本不是西方主流经济学中讲的“资本物”，它是一种生产关系，是追逐货币利润的行为方式。追逐货币利润的行为是美国经济虚拟化和去工业化的元凶，同时也是中国改革开放引进的主要经济行为模式。追逐货币利润的资本流动将技术和其他资源带到中国，教会了中国资本怎样在货币经济中逐利，也诱使中国资本和人民币走出国门。在欧洲，资本的共同利益导致了欧洲货币的统一和不断走向一体化，追逐货币利润也诱导出巨额的欧元债券和国家债务。来源于发达国家的资本在给新兴国家带来好处的同时，也在给发达国家带来灾难。经济自由化的最突出结果就是货币资本的自由化，显然，资本不加限制地任意胡为是有问题的，至少对金融资本监管的必要性已经被所有政府所接受。现在，如果能在世界范围内成立一个超主权的中央银行，对国际货币金融活动实行中央集权的监管，当前的乱象就会得到控制。不过其难度可能与实现共产主义差不多。

维持“国际本位货币的统一性”是世界经济稳定的必要条件。恢复美元霸权下的货币统一性已经不再可能，让世界各国放弃自己的货币统一使用一个超主权的新货币（像欧元区那样）也不行，如果各国货币依然保留，“超主权货币”就与特别提款权无异。怀念过去没有用，幻想也必须丢掉，剩下的就只有从现实出发。如果能够约束欧元和美元的发行数量，如果欧元和美元之间的汇率能够相对固定化，再将其他弱小国家的利益考虑在内，这样的国际货币体系既可以保持国际本位货币的统一性，又可以照顾到其他国家的利益，世界货币与金融体系就会趋于稳定，也更显公平。但是二者不可能形成长期一致的利益格局，当利益不一致时就没有约束它们必须保持一致的力量。

如果有三种经济实力相当的主权货币同时存在，就有可能形成一个相对稳定的货币结构。因为两个加在一起总是大于第三个。第一，当有三种大的储备货币以协议形式固定其汇率并约束其发行量的时候，所有其他货币就必须跟随。第二，三种货币中，任何一个单独拿出来就都不是本位货币，仅仅是一种较大的储备货币，其他两个维持固定汇率的大货币会总是处于本位货币地位。因此，三种大货币中任何一种货币违约之后，世界其他小货币总是不会失去统一的"货币锚地"，世界货币体系仍可以大致稳定。第三，根据协议，对违约货币进行制裁也变得有一定的实力保证，因为两个合起来制裁第三个是有一定实力保证的。第四，如果协议中加入其他主要储备货币国及其他弱小国家的联合约束条款，会进一步巩固这种制约机制，多数弱小国家的利益也会受到应有的尊重。

双本位的国际货币体系需要注入一个新的有强大实力支撑的货币以平衡不稳定的双本位结构。我们不敢说一定是在等待人民币，却可以将新加入货币的条件大致说清：第一，新货币必须有强大的实体经济作基础，且有长期稳定的经济增长记录。第二，贸易大国。第三，对外贸易商品不是过于单一（如石油），是综合性的，以保证其汇率不至于与个别商品价格波动过于密切。新的国际货币体系无法实现"不论大小，一国一票"的民主制度，也不能恢复靠霸权维持的制度，唯一可能的路径就是在均衡实力结构下实行"民主集中制"了。新的国际货币体系需要民主，也需要实力支撑下的有效集权。

如果美国能够恢复往日辉煌，美元就可以恢复一统天下的地位，如果中国经济增长可以被打断，如果欧元区解散……只有这些假定可以成真的时候，变化才能被终止，或被改变方向。"变动不居，周流六虚，上下无常，刚柔相易，不可为典要，唯变所适"。大变已生，强弱正易，如果不能"力挽狂澜"就只好"顺势而为"了。所谓规律，也不过如此。

参考文献

[1] 成思危. 虚拟经济探微[J]. 南开大学学报（哲学社会科学版），2003（2）.
[2] 凯恩斯. 就业利息和货币通论[M]. 上海：商务印书馆，1987：80-82.
[3] 刘骏民. 利用虚拟经济的功能根治我国流动性膨胀[J]. 开放导报，2010（1）.
[4] 商务部.中国对外投资促进报告[EB/OL]. 中国经济网，http://m.ce.cn/. [2009-11].

[5] 刘骏民. 寻找全球流动性膨胀的根源[J]. 资本市场，2008（6）.
[6] 刘骏民，宛敏华. 经济虚拟化下的呆坏账研究[J]. 经济与管理研究，2009（6）.

（本文原载于《开放导报》2011 年 4 月第 2 期）

中国经济转型特征与中国经济运行的独特方式

——中国经济改革实践中的重大理论问题*

摘　要：中国经济转型是从中央计划配置资源到价格系统配置资源的转变过程，中国经济经历了“初步市场化”“外向型”两个成功阶段后，现在正在进入新的历史阶段：走向“世界工厂”。中国将与美、英、德、日充当世界工厂角色时一样，其未来的经济增长将突破本国资源的限制，由中国和世界的资源、市场、人才来共同支撑。中国经济在从计划到市场的转型过程中形成了一系列与任何市场国家都不同的经济运行特征，这些特征使得中国经济迄今为止基本上可以摆脱金融危机的困扰，减缓失业对中国经济增长的威胁，提高经济增长的速度。这些经济运行的制度性特征很可能是形成新型市场经济模式的基本元素。

关键词：中国经济转型；中国经济运行特征；世界工厂

改革开放以来，中国经济持续高增长已经30多年，如果没有高于发达国家的经济增长率，中国就不会从一个落后的农业国发展为超过日本的第二大经济体。如果这种高增长率可以持续，结果是不言而喻的。关键不在于世界经济排名，而在于明确中国经济高增长背后的支撑是什么，可以持续多久。从理论上认识中国经济转型过程的内在逻辑，梳理和概括支撑中国经济高增长的制度特征和经济发展的阶段性特征，既有利于对中国经济高增长的持续性做出符合实际的判断，也将为理论经济学的发展增添中国因素。

* 本文是专门为回报南开大学政治经济学研究中心对虚拟经济研究的资助而撰写的。

一、从计划走向市场

在马克思主义的理论中，市场机制并不是最有效率的资源配置方式，也不是自由、民主制度的经济基础，它最终会导致资本的统治，导致两极分化和经济比例失调造成的周期性经济危机。马克思主张消除贫困的根源——资本对劳动的统治，推翻资本主义制度，建立更平等、更有效率的经济体制。苏联在20世纪20年代末创立了计划经济，并于1936年将计划经济正式写入苏联宪法。计划经济在建立之初也确实显示出当时的市场经济不可比拟的优势：第一，它使得苏联成为唯一避免了30年代大危机的国家；第二，苏联凭借计划经济制度在短期内迅速建立了自己的工业体系；第三，苏联高度平均化的收入分配制度是短期内解决落后国家“吃饭问题”的一个便捷方法。计划经济对经济落后国家曾经有巨大的吸引力，第二次世界大战以后，一大批落后国家模仿计划经济体制，实行国有化和经济计划，甚至一些发达国家，如法国等，也有过国有化浪潮。但是，从50年代中期开始，苏联的计划经济体制逐渐暴露出严重的缺陷，官僚主义滋生、民主被践踏、生产效率低下等，它在30年代大危机和战争时期显示出的优势已经荡然无存。由此苏联开始了针对计划经济改革的漫长历程。从全球视野来看，计划经济的改革经历了三个历史阶段：60—70年代以排斥资本主义市场经济为基本原则的初步尝试阶段；80年代在计划经济与市场经济相结合框架下的改革阶段；90年代及以后中国以市场为基础的改革阶段。

1. 排斥市场经济原则下对计划经济改革的尝试

计划经济改革的第一阶段是在基本排斥市场经济的原则之下展开的。大约在20世纪60年代至70年代中期，第一个对计划经济改革的尝试是苏联由“利别尔曼建议”引起的经济改革。社会主义的基础理论认为，市场经济会周期性爆发经济危机，其资源配置的效率不可能比计划经济更高。市场经济之所以有效率不过由企业追求利润的刺激所致，用“利润考核”刺激企业，用奖金刺激劳动者，计划经济的效率就可以大幅度提高。第二个计划经济的改革尝试发生在前南斯拉夫，南斯拉夫的铁托（总统）和卡德尔（经济学家）曾尝试“用工人自治企业”来摆脱计划经济中的官僚主义和低效率。如果单纯从经济上看，第三个对计划经济体制的改革尝试是中国的“文化大革命”，它是对苏联计划体制的另类冲击。在60年代中期到70年代末的中国，计划体制被有意识地放弃了，但当时没有全局性的替代制度，而是用“大庆精神”

和“大寨精神”来替代靠严格计划管理及物质刺激提高生产效率的制度。中国尝试用战争年代艰苦奋斗的精神和广大人民的热情直接形成巨大的生产力，靠宣传和鼓动来提高生产积极性，而不是依靠物质刺激和奖惩分明的管理制度。上述三个对计划经济体制改革的早期尝试都失败了，其基本原因是对市场机制配置资源的效率认识不足，对计划经济的改革方案也充满理想主义的色彩。

2. 计划与市场相结合的改革

计划经济改革的第二阶段是在“将市场经济的优点与计划经济的优点结合在一起”的理念下进行的。这个时期大致从70年代中期到80年代末结束，中国和东欧的计划经济国家都积极参与了这个过程。匈牙利经济学家科尔奈曾经为这一阶段的改革做出颇具代表性的总结。他指出，改革者试图将计划经济的优点与市场经济的优点结合在一起，结果一定是将二者的缺点结合在一起，而将二者的优点丧失殆尽。显然，这宣布了“市场与计划相结合”的改革道路是走不通的。中国自70年代末到80年代末的改革实践者们也得出结论，“计划与市场相结合”的实践结果是“一抓就死，一放就乱”。既然计划与市场结合的道路走不通，越来越多的人对计划经济不再抱希望，他们的目光开始集中投向市场经济，投向美国模式。美国货币学派的代表人物弗里德曼用“一个人不能分两步跨过一条沟”的比喻告诫人们，转向市场经济的改革只能一步到位。这就是与“华盛顿共识”一脉相承的“全盘自由化”或“彻底私有化”的自由主义理念。改革的困境和认识上的巨大差距在几乎所有计划经济国家引起了剧烈的争论，直至引起政治分歧与社会动荡。中国与其他所有计划经济改革的国家都面临着道路的重新选择，选择何种道路不但影响这些民族的未来，也将对世界产生深远的影响。80年代末，中国与世界来到了一个历史性选择的十字路口。

3.“华盛顿共识”与“北京共识”

90年代，前计划经济国家分别走上了不同的道路，苏联和东欧接受了华盛顿共识，只有中国还在艰苦地寻求改革的正确道路。世界范围内的计划经济改革在中国进入了它的第三个历史性阶段。由于经济转型的道路不同，导致后来的俄罗斯经济与中国经济出现了巨大差异，也导致和将继续导致世界经济格局的剧烈变动。

90年代初，苏联选择了“华盛顿共识”，几乎是在一夜之间就完全私有化了，政治也多变得元化了。按照主流经济学的经典理论，市场经济的自动均衡机制会优化资源配置，提高生产效率，俄罗斯很快就会成为现代化的资本主义大国。事与愿违，经济自由化替西方打开了俄罗斯的大门，俄罗斯从苏联继承的工业体系在国际市场竞争中很快就土崩瓦解。计划时代的工业化没有转化成资本主义的工业化，而是被基本毁掉了，代之而起的是资源性行业的兴起和少数资源寡头的暴富。俄罗斯经济与欧美发达经济渐行渐远，却越来越接近阿拉伯式的石油经济。这对中国经济改革的决策者们具有极其重要的警示意义。

80 年代末，中国像其他东欧国家曾经出现的情况一样，许多人厌烦了僵死的计划经济，羡慕西方的生活方式和经济制度，主张全盘西化。当时几乎没有几个人真的相信会有第三条道路可走，不管左派还是右派，在“只要引入市场就必然走向资本主义”观点上几乎完全一致。在双方看来，“有中国特色的社会主义市场经济”不过是走资本主义道路的更能被接受的表述方式罢了，有人用其来掩饰“渐进式西化”的观点，有人却毫不掩饰地反对市场化改革。但是，中国政治决策圈在当时的“共识”却是“既不能放弃社会主义，也不能退回到计划经济”。如果说有“北京共识”的话，它最初不但没有超出中国的国界，甚至主要还是中国政治决策圈内的共识。1992 年邓小平视察南方之后，“建立有中国特色的社会主义”的“北京共识”就开始逐渐清晰，并被越来越多的国人所接受①。

4. 摸着石头过河与摸不着石头暂不过河

中国从 1989 年到 1992 年的“三年治理整顿”时期，改革的新举措暂时不再紧锣密鼓地出台了，人们不但需要观察之前改革措施的后续效果，也需要等待那些接受“华盛顿共识”的前计划经济国家的发展趋势更清晰一些。中国自身的改革措施能否培育出市场，俄罗斯和东欧的私有化会培育出什么样的市场，人们需要等待规律性的结果。“摸着石头过河”更深层次的含义就是：摸不着石头先不过河，直到摸到石头为止。1989—1992 年邓小平视察南方，是中国决策圈再次摸石头的过程，它是中国经济改革从计划与市场相结合道路转向以市场为基础的改革之路的历史性转折点。在这 3 年内，深圳有了引入市场机制的明显效果，山东、浙江、江苏、福建、广东等地的乡镇企业和个体经济蓬勃发展，如雨后春笋般成长起来的非传统国营企业（包括乡

---

① 雷默在 2004 年 5 月在英国《金融时报》上撰写的“北京共识”，是很久以后的事情，它反映了人们在认真考虑中国经济的世界性意义。

镇企业、私营企业、中外合资、外资独资等企业）带给中国经济一股清新的活力。这些企业有竞争意识，也对价格和利润极度敏感，资源在这部分经济中的配置是靠价格系统完成的，这部分经济基本上摆脱了计划配置资源的旧模式。“要么退回计划经济，要么全盘西化，没有第三条道路可走的”的观点也被广大乡镇企业的实践和邓小平南方谈话打破了。中国确定了自己的道路：一方面坚决引入市场经济，另一方面坚决地拒绝了全盘西化。这不但在当时的学术界被看作是不可能的，而且直到现在，许多学者仍然认为全盘西化是中国的最终目标，美国的一切都是中国的榜样，所谓中国特色不过是向美国模式发展的一种暂时状态罢了。中国经济的成熟虽然尚需时日，但中国特色不再是部分中国人的自我标榜了，一些西方学者也在探讨中国成功之路的原因。北京共识的核心理念“以市场经济为基础走共同富裕的社会主义道路”被越来越多地贯彻到各项改革措施之中，它们将在长期与实践的磨合中形成中国市场经济特色的各个细节。北京共识不但对中国具有里程碑式的深远历史意义，对市场经济的未来模式也将显示出里程碑式的深远影响。

中国经历了1989—1992年的改革道路转折之后，确立了市场化的基本道路。中国特色的市场化经济改革大致可以分为三个历史性发展阶段：第一阶段是1992—1997年的中国经济从计划经济初步转型为市场经济的时期，即由计划配置资源到市场配置资源的机制转型期。第二阶段是1997—2008年间的外向型经济发展时期。第三阶段是2008年之后，中国经济在中国资本国际化趋势带动之下，走向世界工厂的经济发展时期。

5. 中国经济进入市场经济运行轨道及其标志

计划经济与市场经济的最大区别在于价格系统是否可以成为资源配置的基本力量。这取决于企业对价格等市场机制是否有灵敏的反应，这种反应决定着价格能否具备调节市场供给，从而调节企业投入，配置经济资源的功能。一旦形成对价格系统高度敏感的企业群，在这个经济生态圈内，价格系统就可以替代中央计划来决定生产什么、如何生产和为谁生产。经典经济学将私有制看作是价格系统起作用的基础，马克思却认为商品关系起源于原始部落之间的交换，这意味着不同的所有者之间就可以存在商品关系。当人们看到深圳和东南沿海的大量非国营企业出现的时候，不难发现，无论是乡镇集体企业还是私营企业和外资独资或合资企业，都是自负盈亏的，它们必须对每一次价格变动做出反应。当这些企业越来越多的时候，在这些企业群中就形成了配置资源的价格机制，形成面向需求的市场经济。它们与国营企业的联系也只有“市场”这一个渠道，随着市场经济的扩张，国营企业也就被逼到了墙角，要么改制适应市场，要么退出这个行业让非国营企业成为供给的主力。到90年代末，竞争性行业中的非传统国营企业已经获得了主导性供给者的地位，轻纺工业基本非国有化了，大型国营企业只好退入了资源性行业和具有自然垄断性质的行业，它们虽然控制着经济命脉，可以影响中国经济兴衰，但中国经济增长的根本动力和资源配置的基本方式却从计划转向了市场。消费者需求开始主导轻纺工业的生产，装备制造业和其他生产资料生产随后也被迫面向需求，不论是否为国营企业，产品卖不掉的结果就是死路一条。于是，中国经济进入了市场经济的运行方式，有效需求（有支付能力的需求）开始成为决定中国经济兴衰的基本力量。

1997 年，当中国出现因有效需求不足或产能过剩引起的经济衰退的时候，就标志着中国从此进入市场经济的运行轨道。正如马克思曾经将第一次经济危机看作是资本主义成熟的标志一样，中国1997年的“通货紧缩”则是中国经济从计划经济转向市场经济的分水岭，是中国基本建立起市场经济的标志。这是中国历史上第一次出现有效需求不足引起的“经济危机”。无论是新中国成立以前还是计划经济时期，无论政府干预还是不干预，中国历史上所有的危机都不是产能过剩，而是饥荒和短缺。只有基本市场化和走向工业化的经济才会出现内需不足的问题。

严格地说，中国1997年的经济紧缩有两个原因：第一是市场经济的共有规律——有效需求不足或内需不足；第二个是前期（1996年）旨在“软着陆”的紧缩政策的影响。也就是说，中国从第一次有效需求不足开始背后就有中国政府紧缩政策的影子。

二、中国经济市场化转型特征的理论概括

中国从计划经济向市场经济转型的过程主要包括两个方面：一是建立对市场机制有灵敏反应的企业群，从而形成由价格系统配置资源的基本运行方式；二是在这个过程中将经济增长所需的资源平稳地从传统国营企业转移到新型企业群。中国经济转型过程就是中国经济资源配置方式转型过程与经济资源转移过程的统一。正是这个统一的过程保证了中国的市场化进程与经济增长相互促进的关系。这是同休克疗法相比最基本的特征，这个转型的基本特征造就了后来中国经济运行的一系列特殊性。

1. 计划松动与市场生态圈的培育

市场机制在中国的“初现”并不是因为国营企业找到了成功的改革方式，相反，正是80年代国营企业改革普遍不成功才为非国营企业的迅速成长提供了机会。在国企一统天下的时候，依靠单纯的国企改革形成市场配置资源的机制，就如同在计划经济体制内培育出市场一样，是根本不可能的。而各个国营企业之间、各个地区之间参差不齐的改革步骤和方案最大的客观效果就是搅乱了计划经济，使当时配置资源（人、财、物）的计划系统不断地“被”松动，也就是所谓的“一放就乱”。计划体制的松动为乡镇企业的最初发展提供了“剩余”和“漏出”的资源。而乡镇企业和其他非国营企业天生就是依赖市场生存的，这些企业群形成的经济生态圈是价格机制配置资源的基础，培育这个经济生态圈就会生成市场经济。

2. 国营企业在市场化初期的功能与存量转化为增量的改革

1989—1992 年间的三年治理整顿则是计划体制从根本上被动摇的关键时期，也是中国市场经济初步发育的关键时期。当时，国营企业与非国营企业的最大的行为区别就在于：政府越是不管，国营企业就越困难，而非国营企业越是疯狂地成长。只要计划被松动的时间足够长，兴衰的替代就会在经济规律作用下自动完成。在三年治理整顿期间，大量国营企业开始陷入困境，乡镇企业、私营企业却不断“撬”走国营企业的资源，使自己得到发展。这就是中国市场化初期特有的“圈地运动”。客观地说，国营企业在市场化转型中的第一个功能就是将国营企业独占的经济资源中的一部分转移到非国营企业，以支持它们的成长。通过合法、半合法甚至非法的渠道，国营企业控制的经济资源（技术、人才、设备、市场、原材料等）大量转移到非国营企业。所谓“国有资产流失”不过是这个过程中的“冰山一角”。从宏观经济角度看，初期的转型就是计划对资源的集中配置逐渐失效，市场对资源的配置能力逐渐加强，直到替代计划配置资源的过程。从微观经济角度看，就是非国营企业高利润、高工资的优势吸引国营企业资源的过程。

市场配置资源的雏形不是国营企业改革成功所致，而是非国营企业发展的必然结果，国营企业的改制只有在真正面临市场的时候才可能奏效。随着按市场规则运行的大量非国营企业形成了初步的市场配置资源的系统，国营企业也被迫要么面向市场改制，要么倒闭。没有“民进国退”改变了国企一统天下的企业结构，中国经济就不会摆脱“一放就乱”的困境，就不会有价格机制配置资源的市场经济，国营企业也不会有真正面向市场的改制。但是，中国的“民进国退”不等同于私有化，二者的区别在于：它既减少了国营企业在经济中的比重，培育出最初的市场，又没有人为地消灭国营企业，而是在迫使国营企业面向市场的同时大幅度收缩，并逐渐退入资源性行业和垄断性行业，这也使得中国免于陷入俄罗斯式的“资源经济陷阱”和“寡头经济陷阱”。当然，这也造成了国营企业的“垄断”式发展，降低了整体效率，使得资源配置和收入分配受到了一定程度的扭曲。

传统国营企业在经济转型初期的第二个功能就是承担几乎一切改革的成本，特别是替非国营企业承担转型过程的大部分社会成本。当多数经济资源流失到非国营企业的时候，老弱病残却留在了尚处于退出过程中的国营企业。这些传统国营企业最后的功能不是“生产”，而是最低程度的社会保险，是下岗职工最后的庇护所。在非计划经济的低收入国家中，缺乏社会保险系统是其经济起飞的重大障碍之一。中国经济市场化初期，国营企业的大部分社会功能尚可勉强维持，它们最大限度地发挥了自己的余热，它们是经济改革过程中几乎被燃尽的蜡烛（大部分消失，少量浴火重生）。正是这些国营资源的存在和转移，使得非国营企业不必从零开始；也正因为国营企业将几乎所有改革的成本都留给了自己，新型企业才可以轻装上阵。中国经济的成功转型并不是“增量改革”，而是存量转化为增量的改革或存量与增量的共同改革。“增量”在改革初期不过是“存量”的流失或改头换面罢了，这些流失支持了非国营企业的发展，形成了配置资源的雏形市场，没有最初的雏形市场，外资就不会大规模投入，中国经济“产能”的有效增量也就无从谈起。虽然外资带来的经济“增量”本身就带着更市场化的因素，推动着中国经济的市场化，它们却不是中国经济市场化转型的决定性因素。

3. 计划经济的两个遗产

中国工业化的起步是从低端制造业开始的。低端制造业是劳动密集型行业，是高就业、低收入的行业。中国工业化一开始就是普通劳动者可以广泛参与的经济活动，特别是广大农民都可以参与的经济活动。中国工业化一开始就是中国经济土生土长出来的，这与印度从软件业开始的经济起飞不同。印度的软件业是美国经济中长出来的，并非印度经济内生，它是少数受过专业培训的人从事的行业，普通人最初只能参与其衍生的服务性经济活动。经济在中国有“经邦济世”之意，多数人参与、多数人受益才是经济，只有少数人参与和少数人受益的不属于经邦济世的“经济”。中国低端制造业的兴起得益于中国计划经济长期积累的两个“遗产”。

第一，中国在计划经济时期长期在城镇实行九年义务制教育，虽然直到1986年才被作为法律实施，但截止到1980年，在中国城镇青年人（16—30岁）中基本普及了初中教育。初中教育已经远远超出了对低端制造业工人的素质要求，这是中国经济起飞初期的重要条件。与其说中国经济高增长是因为“人口红利”，倒不如说是“基础教育红利”。没有受过教育的人口是经济增长的负担，只有受过教育的人口才是经济增长的动力。国营企业中的技术工人和技术人员是中国发展低端制造业最直接的人才支柱，它的外围就是受过初中教育的广大人口，他们是中国低端制造业扩张最广泛的人才基础。这些受过中等教育的人口分布在城镇和农村，他们可以进城，也可以就地办企业。基础教育也为高等教育和专业培训打下了深厚的人才基础，从而为中国经济进入“高等教育红利”时期铺平了道路。

第二，中国在计划经济时期初步建立了成体系的基础工业。计划经济的30年，中国基本上摆脱了没有工业的状态，开始具备了虽然落后，却可以支撑众多人口发展的工业体系。计划经济有“重工业优先增长”理念，中国计划经济的30年形成了自己的重工业体系，为后来以制造业为基础的工业化奠定了物质基础。

一个是普及的基础教育的人才基础，一个是成体系的基础工业，这是中国经济崛起之初的两块基石，这也是其他发展中国家相对欠缺的。

4. 成功解决“金融压抑”问题

美国经济学家麦金农认为，发展中国家因为金融业不发达、腐败严重、管制过度等原因存在着“金融压抑”，阻碍着这些国家的经济增长。要解决金融压抑就要实行金融自由化，放松管制，引进发达国家的银行和其他金融机构。但是，麦金农于2004年在中国人民大学讲演时却明确指出，中国成功地克服了金融压抑。显然，中国并没有金融自由化，也同样具有导致金融压抑的那些因素，但却成功地解决了这个问题。

银行和金融机构推动经济增长的一般方式是为成长中的企业融资，因此“金融压抑”存在与否的关键就在于有成长潜力的企业是否可以得到资金。如果多数潜力企业得到贷款，经济就会增长，金融压抑就不会发生。中国经济中解决金融压抑的逻辑可以用一个简单的比喻来概括。假定一个经济体有100个企业家申请贷款，其中真正的企业家只有50个，银行挑出这50个真正的企业家给予贷款经济就增长。如果将贷款给了另外50个“假企业家”，经济不但不会增长，还会因呆坏账引起金融危机。中国解决的方法就是对这

100 个申请者都给予贷款，或大多数给予贷款，于是必然会出现经济增长与呆坏账增长并行的情况。没有美式的金融自由化并不等于企业得到融资的条件困难，中国金融体系曾出现过短暂的中国式金融自由化的时期（如 20 世纪 90 年代城市信用社繁荣的时期），而大量呆坏账则是金融自由化和“拨改贷”等涉及金融改革试验必须付出的代价。剩下的问题是怎样解决呆坏账，是通过金融危机和银行倒闭来解决呢，还是从银行的账上“剥离”就可以。无论称之为“中国式金融自由化”还是“金融乱象”，这一现象背后最本质的就是：中国的银行可以较长期承受大量的呆坏账而不倒闭。

从解决金融压抑到处理呆坏账，再到避免金融危机，其中的逻辑极具理论上的挑战性，这一路实践是中国经济转型中的“误打误撞”还是“田忌赛马”式的智慧不得而知，但可以肯定的是，它是中国经济实践提出的重大理论经济学命题。它也很可能成为未来主流经济学中的中国因素之一。

三、中国工业化逻辑：工业化、外向型、流动性膨胀、走向世界工厂

对于已经显示出有效需求不足的工业化市场经济来说，靠外需拉动是一个普遍规律。早期资本主义时期的荷兰，此后的英国、法国，70 年代以前的美国、德国、日本，以及后起的“亚洲四小龙”等无一例外。在市场经济制度之下，“工业化”最基本的含义就是本国工业品的生产能力普遍超过本国的需求，连工业品自给自足都达不到的国家就更谈不上工业化。或者说，只要走上工业化道路，第一个面对的就是有效需求不足。面对有效需求不足，提高内需并不是最先提上日程的解决办法，靠外需拉动才是面对内需不足的第一个解决办法。它是规律的必然结果，是企业追求利润的行为之下自然发生的。马克思曾经说过，正是“海外贸易”为欧洲资本主义带来了第一缕曙光。对市场经济来说，需求总是排在第一位，供给和决定供给的技术总是排在其后。

1. 走向外向型的中国经济

中国经济在 1997 年第一次遇到了内需不足的问题，靠外需拉动当然就是第一个低成本的解决办法。从 1997 年内需不足凸显开始到 2001 年 12 月 11 日正式加入 WTO，是中国经济从初步市场化走向外向型的关键时期。在内需不足压力下，企业自行对外寻求出路是中国向外向型经济发展的基本动力，政府则是为其创造条件。最初是民营企业将海外市场作为自己过剩产能的一

条重要出路。广东、福建、浙江、江苏等地民营企业的外销很快就形成了一个风潮，在缺乏自主品牌、缺乏核心技术、缺乏跨国大企业的情况下，中小民营企业使中国制造的产品迅速遍及世界各个地区。在那些知名跨国公司还没有发现中国有任何一个值得重视的竞争对手的时候，中国制造的产品已经遍及世界了。中国的中小企业家们是在发达国家“外包”“加工”“代工”等形式之下，从低价、低端制造业开始“中国制造”的，是在外国品牌的“掩护”之下将“中国制造”推向了全世界。中国最初的外向型经济并无真正来自境外的竞争（多为内讧式的竞相压价），也无真正的贸易摩擦。随着低端制造业的发展，中国企业为了提高利润，不但逐渐走向了经营管理规范化、规模化、专业化的道路，也逐渐向高端制造业和装备制造业发展。先是在轻纺工业形成出口的巨大产能，然后向家电、电子和其他装备制造业扩散，并开始努力开发自主品牌和自主知识产权。直到中国企业开始具备真正的竞争力，境外企业也开始因中国企业的竞争力而倒闭。海外贸易拉动中国经济继续走在高增长的路上，中国迅速成为世界贸易大国，中国的贸易依存度也越来越大，直到接近 70%（2007 年）。在发达国家的发展历史中，工业的竞争力越强，就越是要主张自由贸易，反对贸易保护主义。中国政府改革之初还是主张保护本国工业的，随着竞争力不断增强，中国与发达国家的贸易摩擦不断加剧，中国政府现在已经是世界上最坚决主张自由贸易的政府。

2.“双顺差”与输入性流动性膨胀

中国经济的外向型发展造成了贸易的持续顺差，并成为拉动中国经济高增长的重要力量。为分享中国经济高增长的巨大利益，境外对中国投资也持续增长，于是，中国经常项目与资本项目的国际收支持续“双顺差”。2000 年中国的国际收支的顺差仅有 224.2 亿美元，5 年后，2005 年、2006 年的国际收支顺差就已经分别上升至 2351.3 亿美元和 2854 亿美元，而随后 2007—2010 年则每年都在 4 千亿美元以上，2010 年达到了 5314 亿美元。大量持续的国际收支顺差使得中国的外汇储备快速增长，1999 年中国外汇储备仅有 1546.75 亿美元，而到 2011 年底，中国外汇储备已经达到 3.2 万亿美元了。经常项目的国际收支顺差是国内没有产品对应的净资金流入，金融项目的国际收支顺差也类似，大多数也是以各种投资方式流入中国的净资金流入。这些纯粹资金流入是没有产品对应的资金净投放，是中国流动性膨胀的基本原因。持续的国际收支双顺差造成了中国境内持续的流动性膨胀。

外汇占款导致的人民币增加累积达 24 万亿元。1999 年中国的 M1 仅为

4.6万亿人民币，到2010年已经增加到26.7万亿人民币了，M2则从12万亿增加到72.6万亿人民币，远远高于GDP的增长。在货币存量中，外汇占款发行的货币占M1的90%，占M2的33%。可见，外汇占款是中国货币数量增加的决定性因素。截止到2010年末，中国的人民币现金M1总量（26.7万亿人民币）占当年GDP的比例为69.4%，而美国同期现金M1仅为1.8万亿美元，占美国当年GDP（14.5万亿美元）的比例仅为12%。对美国来说，这么少的现金不但要媒介GDP创造过程中的大量交易，还要媒介每天大约万亿美元的债券市场交易，加上巨额外汇交易，股市交易和其他大量金融资产的重复交易，每日交易总额在4万亿—5万亿美元。而在中国，每天债券的交易额不过几十亿人民币，股市交易额也处于3千亿—5千亿元人民币，26.7万亿现金与这些交易相比，会持续存在的流动性膨胀应该是显而易见的。

当货币增加的时候，如果虚拟经济不发达，就会发生物价上涨，如津巴布韦；如果虚拟经济比较发达，就会发生金融资产价格与房地产价格的膨胀和一定程度的物价上涨，如日本的泡沫经济；如果虚拟经济很发达，就会通过金融创新和金融杠杆来增加金融产品的品种和数量，大量资金会滞留在虚拟经济各市场中，这样的经济体既没有物价膨胀，也不会有大幅度的资产价格的膨胀，却会有金融杠杆的不断延长，如金融危机之前的美国。中国的虚拟经济比津巴布韦大，却不如日本，更不如美国。美国虚拟经济创造的GDP占总GDP的比例为33%，日本为26%，中国为9%。因此，当流动性持续增加的时候，美国的风险在于金融杠杆过长而断裂，日本的风险在于资产价格过高而泡沫破灭，中国的风险则是物价普遍上涨和针对大蒜、古董等实物“炒作”的投机过度。

3. 投机活动的基础与存、贷款的非对称性调控

在输入型流动性膨胀的长期趋势中，中国央行却用内部消化的办法，以治理内部经济过热的理念来应对。央行的物价控制思路是将重心放在控制贷款上。其逻辑是：控制了贷款，就控制了投资和企业购买，经济就会减速，物价就会下降到理想的水平。用作控制手段的存款准备金比率、发行央票等对冲措施都是控制贷款的手段，其对存款的作用仅仅是建立在货币乘数理论的认识基础上的。而“存款变贷款，贷款变存款”的逻辑本身就缺乏实际验证。在中国利息率调节作用偏小的情况下，认为调整贷款会对存款有相等的调节作用本身就不符合中国的现实情况。这种治理经济过热的政策在转型初期还是适用的，但随着输入型流动性膨胀的持续，其效率就会不断下降。货币的主要形式是存款，特别是构成M1主要内容的活期存款。存款虽然在银行，银行却不能干涉其所有者如何使用这些存款，无论是炒大蒜还是炒古董，央行的政策都不可能直接约束存款。银行存款可以是银行贷款的源泉，同时也可以成为私募基金，地下融资、委托理财，以及企业间信贷活动（温州最为明显）等的源泉。这些经济活动的资金使用方式是取出存款，而不是通过银行贷款。这就是说，如果央行的货币政策是以贷款控制为核心的，这些直接构成投机活动资金来源的存款就在其控制效力范围之外。在中国，投机是靠存款支撑的，而正常经济则是靠贷款支撑的。央行紧缩政策越严格，贷款越困难，存款越不能通过正常渠道贷出去，私募基金、地下金融活动及央行控制范围以外的信贷活动就会更加活跃。央行的一般性紧缩政策反倒为地下融资、私人理财和私募基金提供了机会。只有经济被高度紧缩政策搞得毫无生机，投机机会消失的时候，投机才会暂时蛰伏起来，等待下一次宽松的宏观政策。

4. 利息率调节作用偏低

利息率在中国对经济的调节作用比它在美国的调节作用要小得多。与价格机制的调节作用依赖于企业对价格的反应灵敏度一样，企业和个人必须对利息率有高度灵敏的反应，利息率才可以对经济有灵敏的调节作用。一般来说，利息率调节作用的灵敏度取决于两个方面：第一，越是在交易中广泛使用金融杠杆，利息率的微小变动越是要被放大成巨额收入波动，人们对利息率微小变动的反应越强烈；第二，金融产品的品种越多，规模越大，人们在利息率变动时越是容易在不同金融产品之间重新选择和重新组合所持有的资产，特别是在存款与其他金融资产之间进行选择。当利息率调节银行存款数量（M1或M2中现钞以外的绝大部分）的时候，利息率对存、贷款的调节作用才会对称；这两条也是利息率市场化的最重要因素，相比之下，取消对利息率的管制倒不是利息率市场化的重要因素。因为，当债券市场足够大、品种足够多时，债券价格的微小波动会被金融杠杆放大为实际利息率的变动，这时名义利息率的变动对经济行为才有更加灵敏的调节作用。不发展债券市场，不引入金融杠杆，仅放开利息率管制并非利息率的市场化。

5. 宏观调控的困境

只要中国保持工业化方向和市场经济的基本运行方式，其内需就必然不足，国际收支顺差就会持续，外汇占款导致的流动性膨胀就会加剧；金融资产品种过少、规模过小与资金充斥的矛盾就日益突出；在抑制房价的各种行政措施挤压下房地产投机虽有抑制，但投机资金并不减少，于是炒大蒜、炒普洱茶、炒古董等这些在资本主义初期也难得一见的现象充斥中国经济；与此同时，物价也会随之高企。由于投机的资金基础是存款，正常经济的资金基础是贷款，央行对投机和物价的调节只有通过贷款的紧缩来实施。随着经济增长和流动性不断增大，投机活动的基础不断增大，央行对物价和投机的控制力越来越弱。如果央行紧缩性货币政策的力度偏小，对投机就毫无影响，于是就不断加大紧缩政策的力度，直到经济下滑。只有经济下滑，投机机会减少的情况下，投机才会收敛，但并不会消失，只是暂时蛰伏。紧缩政策稍一松动，投机和物价还会上涨。现在，美联储已经三次实行量化宽松的货币政策，欧洲迟早也会采取同样政策。中国外部输入的流动性膨胀还会加剧，中国的央行实际上是在单独对抗世界性的流动性膨胀，堵不住也躲不开。如果还沿着治理国内经济过热的思路继续走下去，就会发现：刺激经济增长和控制通货膨胀之间的政策边界越来越模糊，直到刺激经济增长就是直接刺激通货膨胀，抑制通货膨胀几乎就是将经济搞死的时候，政策回旋余地就接近于消失。不改变宏观调控的根本思路，中国宏观经济调控的难度会越来越大。

6. 困境背后的大趋势：在中国资本国际化中走向世界工厂

输入性流动性膨胀就像洪水，治理洪水的办法历来就是“小水堵、大水疏”，如果不堵也不疏，或只堵不疏就会产生两个自动的效应：一是洪水会自动冲出渠道“外排”到大海；二是洪水会自动寻求低洼之地“蓄水”。前者表现为对外投资、并购、贷款等一系列中国资本的国际化运动，后者表现为境内资金自己寻求炒作对象的投机活动。

中国资本的国际化包括中国对外直接投资、对外承包工程、海外并购、海外合资、对外贷款等形式。2008 年以来，中国对外直接投资连续 8 年增长，到 2011 年，中国境外投资的净头寸已经超过 1.9 万亿美元（国家外汇管理局网站公布）。对外承包工程、海外并购、对外贷款等也都在大幅度持续增长。中国资本国际化的重大意义就在于它可以带动中国经济完成“世界工厂”的角色转变。这将是继中国经济市场化、外向型之后的第三个重大转折。中国将像早期的英国、70 年代以前的美国，以及金融危机之前的日本和德国充当世界工厂的角色时一样，其经济增长不再受到本国资源和市场的限制，中国的经济增长将由中国和世界的资源、市场、技术、人才来共同支撑。将中国经济增长与世界资源、市场和人才联系在一起的就是国际化的中国资本和全球布局的中国跨国企业。中国资本的国际化会带动人民币的国际化，而人民币国际化最终会稳定和巩固中国资本与境外各种资源的联系渠道。

四、中国经济运行的基本特征

随着中国经济成功市场化转型，中国经济至今一直是在高增长的状态下运行的，在理论上总结中国经济的运行特征不但是实践的迫切需要，也有利于推动中国理论经济学的发展。

1. 中国经济运行的特征之一：没有金融危机的市场模式

发达国家的经济增长总是要受到金融危机的困扰，周期性陷于停滞甚至倒退。中国经济的高增长持续了大约30年不间断，其基本原因之一就是没有被真正的金融危机打断过。

许多金融危机的定义中包含"大部分金融指标恶化"这样的内容，我们认为这只是原因，结果才是定义的真正内涵。因此，我们将金融危机定义为"银行和其他金融机构大批倒闭的现象"。即使所有金融指标都恶化，银行和其他金融机构并没有倒闭，我们就不称其为金融危机；如果只是个别中小银行倒闭也不能称为金融危机。银行和其他金融机构倒闭有两个基本原因：一是呆坏账引起银行和金融机构资不抵债；二是金融恐慌，引起挤兑，导致流动性短缺。当银行和金融机构普遍遇到这两类问题的时候，金融危机就会爆发。金融危机历来是市场经济中清理呆坏账和"问题金融机构"的"清道夫"。但是，在金融危机中许多无辜者会遭受失业、收入锐减、养老金蒸发的损害。随着欧美经济虚拟化的长期发展，金融房地产占经济的比例越来越大，金融危机的损害也就越来越大，直到无法任由其自生自灭。近年来，欧美等国家多采取通过官方干预、向金融系统注资等措施来减少金融危机的危害。中国是从计划经济转型而来的，以四大国有银行为基础形成的金融体系尚不存在呆坏账必然引起银行倒闭的机制。中国1998年国有银行的不良贷款率已经达到了33%，1999年为35%，2000年为30%，其中农业银行2001年的不良贷款率曾经达到了 42.12%（国家统计局）。如此高的呆坏账率并没有引起银行大批倒闭的金融危机，巨额不良贷款可以公开挂在银行账上，既不会引起恐慌和挤兑，也不会影响银行正常业务。在中国，呆坏账只是一个严重的经济问题，可以想办法解决，却不等同于金融危机。严重的呆坏账被许多经济学家看作是中国特有的"金融乱象"，但它在中国并不会引起金融危机，却在悄悄地改写着未来的经济学。

引起银行倒闭的另一个原因就是流动性短缺引起的挤兑。对个别金融资产或个别银行失去信心，就会引起抛售某种金融资产或从银行抽出资金的行为，当它引起金融恐慌时，就会产生连锁反应，导致流动性奇缺，发生挤兑，银行相继倒闭，爆发金融危机。在一般情况下，金融越是出现问题，人们越是相信政府。只不过美国是在金融危机时才需要国家信用支撑崩溃的银行信用，而中国银行系统本身（四大国有银行）就是建立在国家信用之上的。当代中国还从来没有过“金融恐慌”的经历，如果四大银行倒闭一个，中国就会真的体会到金融恐慌，至少多数中国人不希望如此。中国不会因流动性奇缺导致金融危机的另一个重要条件是流动性充斥的现状，中国 M1 总量占 GDP 的比例（69%）远远高于美国（12%）或其他市场经济国家，加上央行的支持，四大银行体系的结算功能不存在因流动性短缺而瘫痪的可能。此外，中国还创造出了“兑三角债”的方法，它是辅助解决流动性短缺的有效方法，在债务危机时可以大大节省现金。美联储在金融危机时也采取过类似的解决办法。

中国不会有流动性奇缺引起的金融恐慌，呆坏账又不会引起银行大批倒闭，金融危机也就从中国经济中被删除了。也可以说，中国在引入市场机制时根本就没有引入金融危机的机制。没有金融危机的中国经济衍生出两个派生的经济运行特征：第一，不存在金融危机，中国经济就基本失去了自动的紧缩机制，中国经济就会持续增长，直到经济过热，物价上涨，最后由政府通过一系列紧缩的宏观经济政策来为经济降温，直到“刹车”。第二，中国金融系统失去了金融危机这个自动清道夫，就要由监管部门定期处理呆坏账，定期处理问题银行和金融机构。在金融危机的损害与没有金融危机带来的困难之间权衡，“两害相权取其轻”，中国应当保持这个美欧也在极力争取的“可以避免金融危机的市场模式”。

但是，中国不是完全与金融危机绝缘，首先，那些在西方引起金融危机的原因中国都有，它们虽不引起金融危机，却是严重的经济问题；其次是随着再次放开民间资本进入金融领域的限制及非国有银行的增多，可能倒闭的银行会增加，金融危机的威胁就会增大。马克思主义强调银行是“公器”，不可以为私人牟利，因此列宁主张银行国有化。这不符合中国市场化的改革方向，非国有银行的增加有利于金融资源的有效配置是毫无疑问的，允许私人银行存在也不是坏事，但避免使整个金融系统变成为少数人牟利的工具还是需要坚持的。这不但需要严格监管，还需要大型国有银行保持最低限度的比例。

2. 中国经济运行的特征之二：支撑经济高增长的农村土地制度

工业化的过程就是农业人口转为工业人口的过程，也是城市化的过程。但是，中国的工业化过程在农村集体土地所有制之下，呈现出两个与所有国家的工业化过程具有鲜明区别的特征：一是“乡镇经济”的出现；二是“农民工”现象。它们是推动中国经济持续高增长重要因素。

土地集体所有制与承包制并行使得农民既可以办集体企业，也可以办私营企业。中国在20世纪90年代的市场化初期，纺织业、轻工业和简单材料加工业、运输业等大量由城市转往村镇，形成了中国东南沿海独具特色的“乡镇经济”。中国工业化不仅仅是农村人口大量集中到城市的过程，还应包括村镇办企业、农民办工业、村镇发展工业的过程。这个“工业下乡”的过程一方面形成了大量新兴城市和新兴工业区；另一方面也迫使原有的大工业城市产业升级，向产业高端化发展。与单纯农民流向城市的工业化相比，这样的工业化过程的经济增长速度要快得多，也能就地解决一些农村富余人口问题。当然，它所造成的土地开发过度、滥用资源、污染环境等问题也比其他国家严重。

在中国的改革中，由于土地没有私有化，不允许肆意买卖，因此没有重演历史上常见的土地兼并和由此在农村迅速产生的两极分化，也就没有出现大量的“失地农民”被迫进城的情况，而表现为经济落后地区的农民进入经济发达地区成为农民工。与失地农民不同，农民工进城是为了赚钱，不是在农村活不下去被迫进入城市。中国的农民工有约2.4亿人口，如果20年前土地就私有化了，这2.4亿左右的人口中的许多人会成为失地农民，这些失地农民连同他们的家人一起进入城市后就会形成近亿的“城市贫民”，这些新进入城市的城市贫民一旦不能在城市就业，就会成为城市的“赤贫人口”，大城市周边会出现大量的“贫民窟”（在南非和印度都可以见到），贫民窟与中国“北漂者”们的“蜗居”完全不可同日而语。赤贫人口毫无生计，他们会成为社会的沉重负担，成为经济增长的巨大累赘。2008年下半年，中国政府的紧缩政策与美国的金融危机不期而遇，它们共同造成了中国经济的骤然下滑，大批企业停工，失业突然增加。但是，大批失业的农民工（约2000万）不过是回家罢了，他们的失业问题甚至不如“应届大学毕业生（2011年为671万）就业难”的问题更令人关注。农民工失业只是少挣些钱，却不会普遍遭遇生存问题。显然，集体土地所有制与承包制并存极大地支持了中国经济的高增长，使得中国在遇到经济衰退时，失业造成的社会压力比西方发达国家和其他新兴市场国家要小得多。中国在城市化进程中并没有出现大规模的“失地农民”和“贫民窟”实在是因为土地没有私有化，集体所有制与承包制并行的土地制度既支持了经济增长和工业化，也因土地经营权可以转让而没有阻碍土地的机械化和集约化经营。

但是，第二代、第三代农民工将越来越远离土地和农村，他们不再有其前辈那种务农的能力，也不再回家务农，其中越来越多的人会成为永久性城镇居民，他们在相当一段时期内会处于职业和收入不稳定的状态，是最容易失业的人群之一。此外，通过上大学进入的城市的农村青年日益增加，中国经济增长伴随的失业压力就会逐渐上升。中国是比英、法、日更大的经济体，正向着美国那种超大经济体发展。在欧美大经济体国家中，失业是始终困扰其经济的核心问题之一，他们从来不曾有“用工荒”的时候，中国的用工荒是局部和暂时的现象，中国不是小国，必须对越来越严峻的失业问题给予高度重视。

3. 中国经济运行的阶段性特征：“学习型技术进步”

通常，欧美的经济增长被看作技术进步推动的结果，而中国的经济增长则被看作资源投入的结果，这其实是一种误解。

根据经典经济增长理论，一个国家的总产出是技术进步和资源投入决定的。在1年内，技术进步带来的变化很小，通常可以假定不变，因此，经济增长就是在现有技术水平下由资源投入量决定的。根据美国的经验，资源产出的年增长率最高不过6%，正常年份一般在4%左右。因此，实际GDP年增长率的正常值大约就是4%，一旦超过6%，就一定会引起通货膨胀，这也曾被看作是普遍适用的经验性理论。根据这样的理论，中国长期两位数的经济增长率根本不可能。因此，中国各省市统计局总是公布两位数的GDP增长率，而国家统计局公布的全国的GDP增长率却总是一位数，国家统计局用各地央企的重复计算来解释其间的差额有些勉强，我们猜想很可能是怕外国人笑话不懂经济学。事实是中国技术进步的速度是非常快的，绝不可以假定1年内大致不变。在中国，工业化过程中的技术进步绝大多数不是来自中国自己的科研成果，而是对国外成熟技术的引进，引进的方式有购买专利、合资、外资独资、模仿、“山寨”等。这使得中国经济增长中的技术进步不受中国科研水平的约束，省略了等待科技成果市场化的漫长过程，中国的技术进步只取决于境外技术向中国移植的速度和消化这些引进技术能力，这样的技术进步比起靠科研成果市场化来推进的技术进步要快得多。中国的家电、汽车、手机、计算机等绝大多数产品及其生产技术都不是自己科研成果市场化的结果，而是引进（或加改造）的成熟技术。这些引进和模仿的技术对中国经济的推动作用远远超过它们曾经对发达国家起过的推动作用。例如，引进第一条汽车生产线时是从无到有，增长率可能超过 100%，引进第二条同样规模的汽车生产线时，中国汽车业的增长率可能就是年增长 50%，随后增长率递减。中国几乎没有什么产品是在引进技术之后其产量和销量不是按两位数增长的。“一年内技术不变”的假定适用于靠研发推进技术进步的少数最发达国家，不适用于处于“学习”阶段的发展中国家。在中国，引进和模仿导致“技术年年变”，甚至两三年就发生巨变，这就是中国经济增长率高于发达国家的重要阶段性原因。只要还有可供学习的内容，中国这种学习型技术推动的高增长就不会停止。

科技创新推动经济增长大致有两个阶段：一是从科技创新到产品试销、定型的阶段；二是生产规模渐大，销售收入不断增长的阶段。第一阶段是花钱的阶段，第二阶段才是赚钱的阶段，只有不断扩大赚钱规模的阶段才能推动经济增长。但是，任何技术一旦进入市场也就进入了技术扩散的阶段，任何专利制度也不可能从根本上防止技术扩散。随着中国引进技术水平的提高，学习和消化引进技术的能力也迅速提高，中国经济的技术含量与发达国家的差距不断缩小。只要新科技在欧美成熟或接近于成熟，这种越来越强的学习能力就可以在越来越短的时间内形成自己的产能，完成从加工者到竞争者的蜕变。中国的光伏产业就是一个鲜明的例子，它的起步与中国的科技毫无关系，最初被许多人看作是“技术在国外，市场在国外，资金在国外，污染和能耗却在国内”的一个毫无可持续性而言的“泡沫”，不久就会垮掉。但不过七八年时间，就在中国形成了数个可以与欧美竞争的大型跨国企业。本来是奥巴马 2008 年上台时提出美国要优先振兴的新兴产业，但到 2012 年，中国的光伏产业就具备了挤垮欧美多家光伏企业的竞争力，美国和欧洲需要借助贸易保护才能应对中国这个后来的竞争者。这个事件也提醒美国人，不管什么新兴科技，只要形成赚钱的产业，就会很快变成中国学习的对象，中国的低端劳动价格低廉，高端劳动价格更低廉，也可以说“高端人口红利”时代正在来临。在学习能力越来越强的情况下，欧美靠科技重振经济任何计划都可能成全了中国和其他发展中国家的民间资本。

随着中国经济持续增长，可供直接引进的先进技术会越来越少，中国最终还是要靠“自主创新”来提高经济效益。如果终于有一天，面对发达国家，中国真的“没有什么可学”了，中国经济一定是站到了世界科技发展的最前端。但现在还差得远，这是一件好事，差得越远，中国靠学习推动技术进步的时间就越长，中国保持持续高增长的时间也会越长。现在，中国经济依然可以在发达国家找到丰富的学习内容，它们还会成为推动中国经济高速增长的“新技术”。从科教体系到生产技术，从品牌战略到金融杠杆的使用和控制等，中国目前还在学习西方大量的东西。学习的动力对企业来说是为了赚更多的钱，对政府来说是为了实现更稳定的经济增长和提高人民的生活水平。

五、排除干扰渡过难关

中国经济目前面临的形势很严峻，“软着陆”还是“硬着陆”其实都不要紧，关键是首先要明确困难的性质，是劳动力便宜的比较优势将尽所致，还是经济发展的不同阶段面临的困难性质不同？其次是我们应如何渡过难关。

1. 比较优势与经济发展阶段辨析

无论是人口红利理论还是比较优势理论都在说中国之所以有今天的成就不过是劳动成本低的比较优势所致。当这个优势耗尽的时候，也就到了所谓的“刘易斯拐点”，经济高增长就会停止。新国际分工论认为，根据经典的比较优势和资源禀赋理论，世界将形成新的国际分工，美国的优势在高端制造业、高科技创新和金融业；日本和德国的优势在高技术和精密制造业；中东优势是石油；中国和其他发展中国家的优势在劳动成本低，适合发展低端制造业和服装业等。这无非是说，落后国家只能搞农业和低端制造业，它们想成为发达国家的任何努力都是徒劳的。中国原来连低端制造业都没有，按此理论，中国本应至今还是农业大国，发展农业就行了，不必搞什么工业化。其实，国际分工只在体量较小的经济体之间可以较长期地存在，体量越大越不可能靠单一产业发展。不能将经济发展问题与资源禀赋混为一谈，二者不是同一层级的经济问题。资源禀赋在经济发展过程中往往只是经济发展初级阶段可以依仗的天然优势，随着经济发展和工业化，这些优势会逐渐丧失。经济发展有不同发展阶段的逻辑次序，从农业国到工业化，从低端工业到高端工业，从制造业为主的工业化经济到服务业为主的后工业化经济等，其背后是有发展规律的。不能将经济的不同发展阶段误认为是国际分工，国际分工不可以有工业国和农业国之分，更不能有商业国、金融国之分。看起来很像金融国的英国是从工业化国家发展而来的。要承认经济是发展的，不能用比较优势和资源禀赋去强行固化低端的经济发展阶段。中国经济是13亿人口生存和发展的载体，其经济发展既不可能被限制在经济发展的某一阶段，也不可能被限制在经济活动的某些局部领域。客气地说，国际分工理论和比较优势理论对中国的经济发展不适用；不客气地说，依据这个理论制定政策会断送中国经济的工业化和现代化的前程。

2. 怎样渡过眼前的经济困难

当前，中国经济正处于“走向世界工厂”发展阶段的关键时期。越是重大变革越是要经历困难的时期，长期和反复陷入同一类困境是逼迫人们认识大趋势的最有效方式。长期趋势背后一定有规律，规律是谁也挡不住的。最初认识到规律的人很少，说了也往往没人信，决策者也往往不会采纳他们的建议，直到问题变得越来越严重，趋势也越来越清晰，于是越来越多的人认识到大趋势，也大致知道如何顺势而为，正确决策共识就容易达成，问题就会解决。

中国经济困境的逻辑是，市场化和工业化导致中国有效需求不足，于是中国经济外贸依存度越来越大；由于中国经济的独特运行方式，导致经济增长率必然高于发达国家和其他发展中国家，这吸引了大量外资进入；一方面持续流动性膨胀对国内物价、房价形成巨大上升压力，另一方面传统治理经济过热的“围堵”性政策作用越来越弱；对存贷款调节手段的不对称导致紧缩政策与扩张政策之间的选择余地越来越窄；人民币国内贬值境外升值的不对称压力造成了中国资本国际化的动力；随着中国资本的持续国际化和大量资金流出，中国金融项目会出现国际收支逆差，当它与经常项目国际收支顺差大致相抵的时候，人民币汇率就会稳定下来；内部通货膨胀的压力会大幅度减小，政策调控手段会增加，效率会提高。根据上述逻辑，在未来5—8年内，中国经济会出现如下四大趋势。

第一，中国企业走出去将持续，产业资本的境外扩张会缓解当前境内的流动性膨胀，并为中国经济增长带来境外市场、资源和技术。随着贸易顺差的持续和贸易规模的继续扩大，中国与境外的贸易摩擦会更加频繁，此外，中国资本走出去还会引起更多的国际经济摩擦，政府和企业迟早要在“自由贸易”的大旗下找到有效措施缓解贸易摩擦继续走向世界。中国经济崛起和走向世界工厂不但需要世界适应中国，更多的是中国自己要尽快适应。

第二，中国金融项目的国际收支必然会朝着逆差的方向发展，经常项目依然会保持持续顺差。根据所有工业化经济的经验，美国、英国在80年代以前，德国、日本在经济起飞之后的工业化时期，其金融项目的国际收支都是持续逆差，经常项目的国际收支都是持续顺差的。也就是通过对外贷款和援助输出资金（多为本币），境外获得的资金大多数会用于购买本国的产品和服务，刺激本国的实体经济。中国会毫无例外地步英美发达国家工业化时期的后尘，通过金融项目国际收支逆差输出资金，缓解国内流动性膨胀的压力，开拓海外市场，支持中国产业资本的全球化，继续支持中国的工业化。

第三，中国资本国际化必然会带动人民币国际化。美元在第二次世界大战后成为世界货币的基本条件有三个：美国是当时的世界工厂，是当时世界上最大的债权国，是当时世界上最大的黄金储备国。中国现在也具备三个类似的基本条件：世界工厂，世界最大的债权国，世界最大的外汇储备国。因此，人民币国际化也是大势所趋，是规律使然。哪个国家也不希望自己的货币总是任人“狙击”的小货币，更不希望本国货币随时都可能沦为他人吸取本国血汗钱的工具。国际货币体系是以经济实力为基础形成的，它是固化了的国际利益格局，当实力格局改变时，旧有的利益格局便无法维持，金融危机和货币危机就会不断打击旧有的货币体系，这个过程中新的世界经济实力格局会逐渐形成，直到大家认识到自己的实力与可能获得的最大利益之间的真实空间，放弃不切实际的利益要求，国际货币体系的谈判才会真正开始。现在谈“对现有的国际经济组织进行改造”还是“另起炉灶”为时尚早，需要积极创造条件耐心等待。

2. 中国必将逐渐走上以直接融资为主的金融体系。像英美的金融体系一样，中国金融体系也将可以适应高度国际化了的经济发展需要。首先，人民币国际化的关键不是仅仅成为国际结算货币之一，而是要逐渐成为主要国际储备货币。作为国际储备货币，既要有足够规模的人民币金融资产供世界其他国家的政府、金融机构和投资者持有；又要有种类丰富、买卖方便的人民币资产可供选择。这就是说，以债券市场为核心发展中国金融市场是人民币国际化进程中的一个必然的发展趋势。其次，国内庞大的债券市场及其附属金融活动起着流动性储备池的作用，对内可以随时吸收过剩流动性，对外可以缓冲外来资金的大规模冲击。第三，债市要有吸引力就必须有将微小利息率变动放大为十数倍收入变动的放大机制，否则债券市场就发展不起来，这就必然要适当引入金融杠杆。金融杠杆的引入和债市的发展会使得宏观调控手段越来越灵敏，从而使当局摆脱目前调控空间狭窄、手段灵敏度差的困境。

不能设想中国可以回到封闭条件下继续崛起，如果中国经济崛起的背后有规律，中国就必然会进一步走向世界，不管谁愿意不愿意，不管风险有多大，中国经济既退不回去也停不下来，因为中国资本要走向世界，相关人等硬着头皮也要跟上，否则就会被排斥到大潮流之外。经济学最重要的职责不是告诫人们怎样选择，而是先向其揭示没有余地的选择，然后是鼓励其勇敢地面对，最后是告诫其不这样做会受到何种惩罚。

参考文献

[1] 科尔奈.国营企业的双重依赖——匈牙利的经验[J]. 经济研究，1985（10）.
[2] 马克思. 资本论（第 3 卷）[M]. 北京：人民出版社，1975.
[3] 马克思. 资本论（第 1 卷）[M]. 北京：人民出版社，1975.
[4] 刘骏民. 双本位国际货币体系的形成及其历史趋势——三大趋势如何冲破固化的世界经济格局[J]. 开放导报，2011（1）：41-56.
[5] 刘骏民，宛敏华. 经济虚拟化下的呆坏账问题研究[J]. 经济与管理研究，2009（6）：44-50.

（本文原载于《政治经济学评论》2013 年 1 月第 3 期）

经济学的发展脉络
——理论与实践的互动

经济学是一门有悠久历史的学科，第一本经济学的著作是公元前 3 世纪古希腊思想家色诺芬（Xenophon）撰写的《经济论》。他将经济学看作关于“家庭管理”的学问，阐述了关于分工、交换、价格、价值等问题的思想。直到法国重商主义经济学家孟克列钦（Montchrestien）于 1615 年出版了《献给国王和王后的政治经济学》，明确提出政治经济学的概念，经济学依然被当作家庭管理来阐述。其主要原因不是古代学者不理解家庭、国家、市民社会之间的区别，而是这种区别在当时可以忽略不计。欧洲封建社会并非自由的市场经济，而是贵族统治的社会。普通人连同其家庭都隶属于各级贵族，基本上没有财产，也没有自由交换的权利，当作“家庭管理”的经济学自然不是指普通人的家庭，而是指贵族家庭的管理。从王、侯到骑士，无论哪一级贵族，其家庭都不是一个单纯的消费单位，而是一级统治者。其治下的领域既是贵族管理的家，亦是其统治的“国”，其间并无普通人的“家”和“国”之间的明显区别。商人和其他“工肆之人”的市民社会也远非社会主流，社会经济生活也不是自由市场经济主导的。在分封制的贵族制度下，围绕贵族家庭权利建立起行政机构，不同等级的贵族各自通过其政府机构或家族系统统治着自己的领地。其经济活动庞杂，需要安排粮食、布匹、车马用具、军需物资等的生产和交换。贵族“家庭”不是现代家庭这样的消费单位，而是一个生产单位，是一级政府。统治者需要处理的经济问题主要是内部的生产活动，其次才是与外部的交换。将这个时期的经济活动称为“家庭管理”基本上适应当时的统治者家国一体的社会状态。也有经济学家将古代家庭管理的经济学解释为国家管理的经济学。其实，它就是贵族家庭家国不分的管理学。

在欧洲封建社会末期的17、18世纪，虽然不是市场经济，商业活动已经十分发达。商人在欧洲各个国家之间的活动超出了贵族力量所能控制的范围，无孔不入且规模巨大。欧洲日益发达的国际贸易，滋养了经济实力庞大的商人，他们穿梭于各大城市之间，活跃于贵族经济生活的各个领域。商人的目标不是真的为贵族服务，而是为自己赚钱。商人的活动侵蚀着贵族的权利和统治，以金钱为核心的商人意识和商人文化也侵蚀着贵族的核心价值观。贵族的核心利益就是维护高度集权的统治秩序，因此，也形成了“尊卑有序”“礼貌、勇敢”“为国家牺牲自己”“鄙薄金钱”“鄙视商人”“鄙视自私自利”等长期秉持的贵族价值观。商人积累的金钱是一种社会权利，在它积聚力量并侵蚀贵族权利的同时，也需要在意识形态领域重塑商人形象。重商主义是第一个为金钱和商人正名的经济学理论。它认为金银等贵金属货币就是财富的代表，它能带来一切现有的物品和资源，金钱的积累不但能使商人致富，也可以使一个国家更富足。不但不应鄙薄商人，还应鼓励对外贸易，鼓励贸易顺差。大规模的海外贸易顺差，可以使一个国家获得更多的金钱，从而更加富强。

与重商主义相对的是法国当时的重农主义经济学，他们反对商人，反对将商业活动当作富国的途径。他们认为，金钱不是财富，人们可以消费的各种物质产品才是财富。商人不但不生产任何真实财富，他们还要消耗大量社会物质财富。法国著名重农主义经济学家魁奈（Francois Quesnay，1694—1774）使用了一个“经济表”来说明财富怎样被创造，怎样在农业和工商业之间分配。魁奈的经济表启发马克思创立了再生产理论，经济表和马克思的再生产图示也是列昂捷夫（Wassily W. Leontief）投入产出表的先驱。重商主义和重农主义的争论使得经济学开始从一般的家庭管理向社会生产和交换领域的深层次发展。这些争论不但涉及什么是财富，也涉及怎样才能使国家富强起来的经济增长方式问题。18世纪日益膨胀起来的商业活动和迅速积累起来的金钱孕育了巨大的经济能量，改变了当时的社会生活，也深深地影响着经济学的发展。经济学正在从统治者的家庭管理学向以解释市场经济运行方式为核心的现代经济学发展。

1776年，亚当·斯密（Adam Smith）出版了《国民财富的性质和原因的研究》（简称《国富论》），这个理论的重要意义是为市场经济的合理性提供了经济学的逻辑。斯密的全部理论是建立在经济人假定基础上的，虽然当时许多经济学家讨论经济问题时都用“孤岛上的罗宾逊”来抽象人们面对的经济问题，但斯密的经济人假定早已超出了这种方法上的意义。斯密的“经济人假定”也就是现代经济学家的“理性人假定”，它假定一个有理性的人一定是追求个人利益最大化的。这个理论宣称每个人都有追求自己经济利益的权利，它是最基本的人权，是其他人权的基础。确立每个人经济利益的权利是自由、平等的基础，其前提就是对私有财产权的保护。从这个意义上说，理性人假定其实就是当代自由主义经济学家所标榜的“普世价值观”的基础。从人性出发来论证自由、平等的合理性是哲学家和文艺复兴运动的使命。斯密不是简单地主张人人平等的理念，斯密的贡献在于他论证了每个人都追求自己利益的时候，市场价格体系会像一只看不见的手一样安排好一切，自由的市场经济将因看不见的手而显现出比贵族统治更加有效的经济秩序，这个秩序将使每个普通人获得自己最大的利益。斯密的理论解决了失去了贵族统治，失去了中央决策机制，各行其是、分散决策的市场经济是否还能维持社会秩序的问题，论证了资本主义代替封建社会的合理性和可行性。这是第一个将个人追求自己的经济利益的行为与整个社会的经济秩序联系在一起的理论。斯密的“经济人假定”及其“看不见的手”的逻辑被后来的经济学家继承下来，不断完善，直到现在它依然是全世界微观经济学教材贯穿始终的基本逻辑。

随着商业和贸易的发展，金钱的力量腐蚀并打翻了世袭的贵族权利，分散决策的市场经济战胜了中央集权的封建制度。“忠君、尊卑有序”的贵族理念让位于“自由、民主、平等”的“人权”价值观。论述市场机制的经济学代替了贵族社会的“家庭管理”的经济学。这是欧洲社会制度和意识形态的一次伟大革命。但是在斯密之后诞生了另一个更加具有革命性的理论，这就是以《资本论》为代表的马克思主义经济学。马克思告诉人们，分散决策的自由主义经济并不像斯密的继承者们描述的那样美好，自由主义经济的结果是资本的统治，资本统治之下不可能实现人人平等。生活在资本主义社会底层的普通民众也发现：自由、民主、平等的人权离他们还太远，代替世袭权利的是金钱的权利，替代贵族统治的是资本的统治。在资本的统治下，劳动处于被统治、被剥削的地位。私有财产权的确立最大的获益者是资本，因为资本可以积累，而劳动不可以积累。劳动的收入即使可以积累，其再得到的收入也不再是劳动的收入，而是资本的收入了，资本与劳动天生就不平等。马克思认为，资本主义制度存在着两极分化的机制，以私有财产权为基础的社会是无法保证人人具有平等权利的。随着资本积累，财富会越来越集中在少数资本所有者手中，而劳动者则越来越贫困。只有以劳动为基础建立的经济制度才能保证人人有平等的权利，因为劳动之间只有差别，这种差别不会产生资本与劳动之间那种统治和被统治的关系。只有以劳动为基础才能实现真正的民主、自由和平等的人权。马克思认为，民主、自由、平等是人类美好的目标，但是资本主义不会将它们带给人们，只有社会主义和共产主义才能实现这些目标。

马克思以后，列宁在 1917 年 11 月 7 日建立了第一个社会主义政权——苏联，斯大林和其他马克思列宁主义者创立了计划经济体制，不久后又发展出了“政治经济学社会主义部分”，发展出了“国民经济计划学”等一套以中央计划为核心的财政、金融、会计和工业、农业、商业等部门的“应用经济学”。与主流的市场经济学相比，它们基本属于“管理学”。这似乎告诉人们离开了市场经济，经济学还会变成国家这个大家庭的“家庭管理学”。

苏联之所以建立中央决策的计划经济体制，是基于马克思主义经济学对资本主义效率的论述。马克思一方面认为资本主义焕发出了人类有史以来空前的社会生产力；另一方面也指出由于其两极分化的内在机制和分散决策无法维持各生产部门之间的均衡比例，会周期性发生生产过剩的经济危机。生产力周期性遭到破坏的经济制度绝非最有效的资源配置方式。苏联的马克思主义继承者们根据这样的认识建立了计划经济，也确实从未出现过生产过剩的经济危机。与 20 世纪 30 年代资本主义大萧条相比，计划经济的确显示出了一定的优越性，特别是第二次世界大战中显示出的工业化实力，吸引了众多贫穷国家的学者和政治家的高度关注。战后，不但在苏联势力范围内出现了许多计划经济国家，一些落后国家，如印度、埃及等也纷纷实行经济计划和国有化。就连法国等发达国家也在战后出现过国有化浪潮。至今，不少中国学者依然坚持认为集中决策的经济体制具有集中国力办大事的优越性。

第二次世界大战后不久，计划经济的缺陷便逐渐暴露出来。计划下的经济僵死、呆板，抑制创新，缺乏效率，官僚主义盛行等，与战后欣欣向荣的资本主义经济相比，其优势已经荡然无存。针对计划经济的改革从 50 年代末和 60 年代初就逐渐展开了。苏联、东欧、中国都不例外。发展到 80 年代，这些国家的经济改革还是在基本维持计划经济框架的状态下进行的，收效甚微。在坚持计划经济的人们束手无策的时候，西方自由主义经济学家提出了经济上自由化、政治上民主化的主张，这就是所谓的“华盛顿共识”。90 年代初，苏联和东欧接受了“华盛顿共识”，放弃了计划经济，走上了全面私有化和自由化的道路。中国拒绝接受华盛顿共识，但在 20 世纪 90 年代初也最终确定了市场化的改革方向，中国坚持共同富裕的社会主义道路。随着中国市场化改革的迅速发展，到90年代中期，中国也不再是主要由中央计划配置资源，而主要是依靠市场机制配置资源了。这标志着计划经济基本上退出了人类社会的历史舞台。20多年后，中国经济取得了巨大成功，这是在90年代谁也不会预见到的奇迹。中国经济改革的成功，既不是计划经济的成功，也不是自由化市场经济的成功。既不能用主流经济学的眼光来审视中国的经济成功，也不能用计划经济的眼光来总结其成功的经验，更不能简单地将中国目前的经济状态看作是完全西化过程中的一种中间状态。中国的经济改革还在继续，其制度还没有完全稳固下来，说它是新的经济制度为时尚早，但总结其现在的运行特征以及为什么支持了中国经济持续的高增长，已经是十分必要了。它能否在经济学上给世界带来崭新的理论还需拭目以待，也更需要中国的学者和学子们的共同努力。

马克思主义是斯密之后经济学的重要发展，却没有在经济学的发展中成为主流。斯密之后西方经济学发展的主流脉络是沿着19世纪70年代的边际学派发展而来的。经常提到的边际效用理论的奠基人有英国的杰文斯（William Stanley Jevons），奥地利学派的卡尔·门格尔（Carl Menger）和法国洛桑学派的里奥·瓦尔拉斯（Léon Walras）。这个学派对经济学的发展有巨大影响。主要集中在两个方面：第一是将人们的偏好和效用函数引入经济学，至今效用函数和消费函数既是经济学理论中不可或缺的支柱，也是几乎是一切经济预测模型中最基本的要素；第二是瓦尔拉斯创立的一般均衡理论，将普遍联系约束下的均衡关系引入经济理论，其意义不仅在于将均衡理论扩展到所有相互影响的经济变量之间，也为将数学模型引入实际经济分析奠定了方法论的基础。一般均衡理论发展到现在不但在理论上因“动态随机一般均衡模型（Dynamic Stochastic General Equilibrium Model，简称DSGE模型）”而变得更加复杂，而且被广泛应用于宏观经济预测。尽管它们在美国2008年的金融危机到来之前毫无预见，甚至危机之后既不能提供何时复苏和怎样复苏的准确预测，也不能提出有别于凯恩斯主义的干预政策，但一般均衡理论依然是主流经济学的基础理论。

1890年，英国经济学家马歇尔（Alfred Marshall）的《经济学原理》，将效用论与古典经济学的供求分析结合在一起形成了“新古典学派”，其主要贡献在于梳理了以前的经济理论，将其教材化。1933年，英国经济学家琼·罗宾逊（Joan Robinson）的《不完全竞争经济学》和美国经济学家张伯伦

(E. H. Chamberlin)的《垄断竞争理论》出版，建立了厂商行为理论或市场结构理论。希克斯(John Richard Hicks)于1939年出版的《价值与资本》一书中，较完备地提出了消费者行为理论和无差异曲线。至此，现代微观经济学的理论框架大致完成。从马歇尔的均衡价格理论，到厂商理论和消费者行为理论，再到一般均衡理论，其核心理念仍然是：只要确立私有制，理性人在分散决策过程中，会通过价格机制使资源配置达到帕累托最优状态；货币只是交易媒介，不参与相对价格决定和资源配置，不是生产要素也不会导致经济增长，因此市场经济不需要政府干预，政府的角色只是守夜人。经济学的功能只是解释经济自我恢复机制就够了，告诉政府什么都不要干，不必也不可能有什么作为。自由主义经济学是一种“无为而无不为”的经济学，同时也是继承了理性人假定和自由主义意识形态的经济学，所谓纯经济学不过是纯粹假定下的经济学罢了，并非摆脱了意识形态的经济学。

对经济学发展有重大影响的是凯恩斯(John Maynard Keynes)1936年出版的《就业、利息和货币通论》。其影响之大被称为“凯恩斯主义革命”，无论是对经济学理论还是对宏观经济政策的影响至今依然延续，特别是在美国2008年金融危机之后。凯恩斯不仅创立了宏观经济学，而且对经济危机、货币中性，以及货币数量和政府财政在经济活动中的作用都提出了与此前主流经济学完全不同的观点。凯恩斯是现代经济学出现之后，第一个摈弃“政府是守夜人”理念的经济学家，他提出了宏观经济政策可以有效地干预经济的理论。如果将经济学比作医生的话，在凯恩斯之前，针对资本主义经济只有两种医生，一种是马克思主义经济学家，他们诊断的结论是资本主义必然灭亡，不可救药。另一种就是自由主义经济学家，他们论证自由市场完美无缺，任何失衡都是局部和暂时的，市场强大的自我恢复能力使得任何政府干预都显得多余，他们的诊断结论是资本主义足够健康，任何时候都不需任何干预措施，只要耐心等待，自然会好起来。凯恩斯主义则是第三种医生，承认资本主义经济有病，并开出了治病的药方。凯恩斯主义认为，资本主义经济由于三大心理规律会产生有效需求不足，使得经济在未达到充分就业状态时就处于均衡状态。于是失业高企，且无法自行恢复。这时需要政府干预，扩张性的财政政策或扩张性货币政策会引导经济从非充分就业的均衡状态朝着充分就业的均衡状态移动。凯恩斯既不否认市场自动均衡机制，也不回避资本主义会周期性爆发经济危机。他承认经济危机植根于市场经济内部并开出“治病”的药方，于是世界上多了一种对经济有所作为的经济学。战后的凯恩斯主义者萨缪尔森等人将凯恩斯的理论与新古典的理论放在一起创立的微观经济学和宏观经济学的经济学结构，他们理解和发展的凯恩斯主义被称为新古典综合派，曾一度成为政府制定政策的指导思想和经济学教材的基本格式和基本内容。

凯恩斯主义经济学到20世纪70年代遇到了“滞涨”的麻烦，经济停滞的同时，通货膨胀率高企不下。这时，实行紧缩政策会导致经济衰退，从而失业更严重，而扩张性政策则会导致已经居高不下的通货膨胀率变得更高，凯恩斯主义对此束手无策，自由主义经济学家则站出来谴责凯恩斯主义的干预政策压根就是“没病找病”。因为资本主义本来就不需要政府干预经济，政府干预只会干扰和抑制市场机制发挥作用，从而使事情变得更糟。这个时期，自由主义对凯恩斯主义的批评之声如滚滚浪潮，一浪高过一浪，直到将凯恩斯主义政策赶出政府，将凯恩斯主义理论赶出教材。反对凯恩斯主义的主要派别有三个：理性预期学派、货币学派和供给学派。它们被统称为新古典经济学，是现代意义上对马歇尔新古典经济学基本理念的恢复。货币是中性的，人们对未来都有理性的预期。从长期来看，无论是货币政策还是财政政策，除去造成通货膨胀之外，对实际经济增长和就业根本不起作用，货币政策的唯一目标就是将货币增长率控制在与经济增长率大致相当的水平，以防止通货膨胀，增加就业和刺激经济不是货币政策目标；减税，让税收和政府开支在一个较低的合理水平，放弃赤字财政，坚持小政府，坚持政府是守夜人的理念；放任资本自由流动，放弃政策干预，尽可能地实现经济自由化；相信人的理性，相信供求自动的均衡力量，充分发挥市场自身的调节能力和自我均衡机制。

80年代发达市场经济国家全面转向自由主义经济学，减少干预，放松管制，实现了经济自由化，特别是金融自由化。80年代初，通货膨胀普遍得到抑制，90年代经济开始恢复较高的增长率。较低的失业率和较低的通货膨胀率使得新古典经济学的正统地位得到进一步巩固。凯恩斯主义的许多内容被从宏观经济学教材中删掉，新古典的“内生增长理论”和“真实经济周期”理论成了新自由主义宏观经济学的基础理论，货币中性理念贯穿宏观经济学始终。新凯恩斯主义也接受了理性预期学派和货币学派的理念，仅仅在“短期内政府政策有效”的狭窄空间内做文章。在政府干预经济的问题上不再有新的理论出现。进入21世纪，宽松的监管环境和持续的低利率迎来了金融房地产业的繁荣，低端制造业大规模从美国移往发展中国家，美国经济出现了

“去工业化”和“经济虚拟化”的明显趋势。

根据美国国家经济分析局的统计数据[①]，制造业创造的GDP占美国GDP的比例从20世纪60—70年代的20%—25%下降到2008年的11.37%；同期，金融房地产业创造的GDP从14%—15%上升到20%以上，制造业就业人数占总就业人数的比例从20%—25%下降到9.37%，2010年进一步下降到8.6%，制造业对就业的贡献率已经很低了。美国金融房地产业就业人数占总就业人数的比例则仅从4.2%上升到5.83%，2010年略降到5.67%。金融房地产业在GDP中的比例不断攀升，但在就业人数中的比例却增长有限，导致就业集中在医疗、教育、餐饮、娱乐和政府部门中。这使得美国GDP增长与就业增长之间的关系发生了重大变化，只有高GDP贡献率的部门能够带动高就业贡献率的部门时，GDP增长才等于就业增长。在制造业为主的工业化时期，由于制造业的GDP创造与就业创造基本同步，都是20%—25%，GDP增长引起就业增长。当二者分属于不同部门的时候，GDP增长主要依赖于金融房地产业，就业主要依赖于地段服务业，这时GDP增长就必须依赖金融房地产业与低端服务业之间的联系。在金融危机之前次级贷款就属于这种联系，当这种联系不再存在时，GDP增长一定会引起就业同步增长（或按一定比例）的奥肯定律就不再起作用。虚拟经济利润率远远高于低端制造业，高价值创造的经济吸引着华尔街的资本流向。美国（英国也是如此）的自由化推动了虚拟经济或高端服务业（金融房地产业和职业服务业）的繁荣，它们是人均GDP创造的高价值行业。其实，人均GDP越高，单位GDP的就业人数就越低。例如，2010年美国金融房地产业的人均GDP为38.88万美元，意味着该行业每增加100万GDP仅增加2.6人就业。而在餐饮、娱乐业人均GDP为4.21万美元，增加100万GDP可以增加23.6人就业。资本是追求高价值创造的，就业岗位创造不是资本的目标。资本追求高价值创造，会将就业问题更多地留给政府，目前美国政府成为美国就业占比最大的部门，其就业占比在18.31%（2010）。

2008年美国的金融危机打破了美国去工业化时期的经济繁荣，不到两年，欧洲债务危机也全面爆发，欧美经济陷入严重的衰退和停滞。危机使得自由主义政策受到巨大挫折，美国失业率一度达到10%，而欧洲一些国家更惨，意大利失业率达到12%以上，法国失业率接近11%，2012年希腊失业率

① 美国国家经济分析局网站（http://www.bea.gov/industry/gdpbyind_data.htm）

25%，到2013年4月已经上升到27%（2013）。经济自由化为市场经济带来了近 20 年的繁荣，代价也是巨大的。新古典经济学受到了严重挑战，虽然90年代以来，随着金融自由化、风险定价和风险管理的理论和方法得到很大发展，却没有一个模型曾经预见到即将爆发的金融危机。在金融危机面前，不干预政策也不再坚持。美国在2008年雷曼兄弟公司倒闭之后开始了大规模向银行注资的干预行为，连续实行三次量化宽松的货币政策，持续向金融业注资，直到2013年10月仍不能停手。此外，金融危机爆发以来，美国政府也采取了一系列刺激政策来恢复经济，这些政策使得美国政府财政赤字不断创新高。国会两党针对美国政府债务上限争执不下，直到2013年10月1日美国政府部分机构关门。同滞涨时期对凯恩斯主义的批判浪潮类似，现在轮到自由主义经济学备受诟病了。自由主义经济学认为，金融危机不是市场经济固有和内生的事物，而是外部因素冲击引起的。糟糕的是，经济危机自资本主义诞生之日起就如影随形地一直跟随它，至今阴魂不散，经济危机使得人们不断想起马克思和他的著作，现在还要加上凯恩斯和凯恩斯的著作。

与发达市场经济完全不同的是，改革中的中国经济持续30年的高增长，这种发展速度高于所有发达国家和发展中国家，这是20世纪末以来全世界都不可以回避的重大经济现象。在主流经济学的理论体系中，除去唱衰中国经济的理由之外，几乎找不到可以正面解释中国经济成功的理论。中国近代一直落后于西方发达国家，鸦片战争使得中国人从“泱泱大国”梦中惊醒，此后“自大”的心理不断受到打击直到几乎完全丧失自信，一时间似乎中国人什么都不行，包括孔孟之道。然后是疯狂地学习西方的技术、文化、哲学、经济学等，从洋务运动到新文化运动，从学习马克思主义到学习计划经济。在相当长的历史时期内，中国从生产技术到各个现代学科几乎没有什么不是引进的，直到走上自主改革的道路，中国开始寻求自己特色的市场经济，鼓励科技创新，鼓励理论创新。本教材将增加有关中国经济的部分章节，尝试客观地解释中国经济转型的特征和中国经济运行的特征。中国经济问题多、争议多，不是几章文字就可以大致说清楚的，但总要有个开始。从添加中国因素的经济学开始，我们还将在适当的时候提供有别于瓦尔拉斯一般均衡理论的相对价格理论和资源配置理论，有别于以现代内生经济增长理论更能反映现代真实经济增长的增长理论，使我们的经济学教材既有解释市场经济运行原理的普适性，也有对中国经济特征的分析。

原始人不怕丑，也许他们不知丑，也许美丑与严酷的生存需求相比可以忽略不计。中国经济目前还顾不上“完美”，生存和持续下去更重要，中国特色的市场经济要么开始一个新时代，要么就灭亡，解释它的经济学也是如此。

［本文为刘骏民和刘晓欣共同主编的《宏观经济学》（人民大学出版社 2016 年 6 月）一书的“序”］

决定中美经济未来差距的两个基本因素

——虚拟经济视角下的大趋势：逆势而为与顺势而为

摘　要：本文主要分析决定中美经济差距的两个相互密切联系的基本因素，即科技体系的差距和货币金融体系的差距。本文从长期趋势角度论证了美国经济结构变化的大趋势，并在此基础上论证了美国恢复低端制造业对其再工业化的核心意义，指出在高端制造业不断转变为低端制造业的规律下，如果美国近期再不出现新产业革命，其产业优势就会迅速丧失。本文分析了中国经济增长与其科技体系之间的微妙关系，分析了中国航天航空科技体系在未来中国科技体系中的重要角色以及中国产业创新的前景。本文阐述了美元与世界货币体系所体现的利益关系，并以此为基础论证国际货币体系的演变与美国经济之间的互动关系，指出美元霸主地位对美国经济的依赖如何转变为美国经济对美元地位的依赖，以及美元已现的颓势。文章最后论证了人民币国际化和放开资本市场的必然趋势，人民币国际化的经济基础和可能的风险。

关键词：长期趋势；产业创新；国际货币

美国自第二次世界大战后一直引领世界经济的主要优势有两个。第一，战后绝大多数重大科技进步都来自美国，它是迄今为止能够推动经济增长的科技发源地。但是，当下美国经济再工业化和新一轮产业革命的前景却检验着美国此项优势是否依旧，同时也启发我们思考：中国会被新产业革命再次边缘化，以致再次落后几十年吗？中国具备产业创新能力的希望何在？第二，以美元为本位货币的国际货币体系是以美国利益为核心构建的，这个体系短期内会改变吗？它会保障复苏后的美国经济继续维持其世界霸权吗？中国已经是世界第二大经济体，而人民币却依然是小货币，二者可以持续相安无事吗？中国靠金融项目不放开躲过了两次金融危机，可以永远躲下去吗？了解中美经济各自的长期发展趋势将帮助我们清晰地判断哪些政策是逆势而为，哪些措施是顺势而为，从而了解中美这两大方面差距的未来走势，它们不但决定着中国的前途，也决定着世界未来的格局。

一、美国经济的长期趋势、再工业化与新产业革命

美国最显著的长期趋势就是其经济的“去工业化”和“经济虚拟化”，它引起了美国科技进步与经济增长之间关系的质变，看不到美国经济结构的长期变化趋势和经济增长方式的质变，就很难对美国未来做出恰当的判断。

1. 虚拟经济视角下美国经济的长期趋势

大部分长期趋势背后都有规律支撑，逆长期趋势所做的任何宏观调整政策不但见效甚微，还往往引起“顾此失彼”的其他问题，使情况越来越糟，顺势而为的政策随着时间推移不但效果显著，还会使非主要目标的困难也“迎刃而解”。因此，对长期趋势是否有清醒认识，是能否做出正确判断的基本依据，无论对于“急功近利”的短期调整还是“功在千秋”长期战略都有十分重要的意义。

虚拟经济这个词有争议，许多人不愿意接受。这没关系，按照美国官方统计分类方法将其称为“高端服务业”就可以暂时回避这个争议，如果不愿意接受经济虚拟化这个词也可以用“服务业的高价值化”来替代，这并不影响本文的分析和基本结论。本文使用“虚拟经济”一词只是为了强调这部分经济可以脱离实体经济和其他服务业自行膨胀的性质，以及短期内其价值可以蒸发殆尽，其“物质内容”也可以化为乌有的特征。美国国家经济分析局将农林渔牧、采矿、公共事业、建筑、制造、仓储运输、信息、批发、零售归为实体经济（real economy），其余归为服务业，只需在服务业（service industry）中按照 OECD 的分类方法将金融、房地产与职业服务业归为高端服务业（虚拟经济），将余下的餐饮娱乐、教育医疗、政府服务和其他服务业归为低端服务业或消费服务业，就可以看到美国经济长期趋势中的 4 个不可忽视的事实。

第一，美国经济去工业化和经济虚拟化事实。美国实体经济创造的 GDP 占美国 GDP 的比例由 20 世纪 50—70 年代的 55%—66%，下降到 2010 年的 38.43%；其中，制造业 GDP 占比从 22%—27%，下降到 2010 年的 11.72%。同期，虚拟经济创造的 GDP 占比从 15%—19%上升到 32.97%。其中金融与

房地产服务业创造的GDP占比从11%—14.6%上升到20.7%。美国经济不再依靠以制造业为核心的实体经济来支撑，而是靠金融、房地产为核心的虚拟经济来支撑。

第二，美国从对外贸易持续顺差转变为持续逆差的事实。随着美国经济的虚拟化和去工业化，美国经济对外交流方式也随之发生了根本变化。70年代以前，美国经常项目的国际收支一直是顺差，金融项目的国际收支一直是逆差，70年代废除固定汇率制度前后美国经常项目国际收支逆差和顺差各5年，显示出70年代是美国经济转型的10年。从1982年开始，美国经常项目的国际收支持续逆差，金融项目的国际收支持续顺差，这种状况一直持续至近30年（仅1991年除外）。现在的美国与20世纪70年代以前的25年完全相反，不再是为世界提供大量产品和技术装备的净出口国，而是向世界大量输出各种债券和金融资产的净出口国；从"世界工厂"的"产品净生产者"到"世界净消费者"的转变是美国经济对外交流方式的根本变化。随之而来的是从世界的债权国向世界的债务国转变。

第三，美国经济高价值化取向的大趋势。美国全部15大行业中，GDP占比最大的行业是金融房地产业，其GDP占比高达21%，其人均GDP创造高达38.88万美元（2010），而就业岗位创造占比高达47.4%的低端服务业人均GDP创造仅6.07万美元，其中餐饮娱乐业的人均GDP仅为4.2万美元。人均GDP的倒数就是单位GDP的就业人数。例如，美国金融房地产业每增加100万GDP可以增加的就业人数是2.6人（2010），而餐饮娱乐业每增加100万GDP可以增加的就业人数是23.8人。越是高价值创造，就越是低就业岗位创造。资本是逐利的，任由资本自由发展，就必然是高价值化发展趋势，低价值经济被逐渐边缘化，就业岗位创造也就随之被市场经济边缘化。

第四，美国就业岗位创造与GDP创造逐渐分离的事实。20世纪50—60年代，以美国制造业为核心的实体经济是美国GDP创造的支柱，同时也是美国就业岗位创造的支柱，其GDP占比66%，就业人数占比62%。其中制造业的GDP占比和就业人数占比几乎相等（都在22%—27%）。这表示GDP增长就是就业增长，二者同步。低端制造业（高就业行业）移出美国之后，实体经济GDP占比下降到38.43%（2010），实体经济的就业人数占比下降到34.5%，其中制造业就业人数占比大幅度下降为8.45%，对就业的贡献率已经无足轻重。实体经济中只有零售业从9.3%略升到10.8%（2010）。而GDP创造大户金融房地产业的就业人数占比（就业岗位创造贡献率）仅为5.67%

(2010)，大大低于其 GDP 占比（20.7%）。职业服务业是高端服务业中就业与 GDP 创造同步部门，就业占比和 GDP 占比都在 12%左右。传统服务业（教育医疗、餐饮娱乐、政府服务业、其他服务业）对 GDP 的贡献率虽然仅维持在 25%（2010）左右，但其对就业的贡献率却高达 47.4%，制造业淡出美国经济使得 GDP 创造与就业岗位创造不再同步，美国经济形成了 GDP 创造主要靠虚拟经济、就业岗位创造主要靠低端服务业的二元结构。于是，GDP 上升能否推动美国就业率上升，在很大程度上要看 GDP 的支柱产业与就业岗位支柱产业之间的联系状况如何。2008 年以前，次级贷款就曾经是将低收入人群与虚拟经济联系在一起的纽带。当华尔街不愿向低端服务业投资，也不愿贷款给低收入人群的时候，就业增加就与 GDP 增长分割开来，这使得美国就业的恢复比其工业化时期要困难得多，这是美国工业化时期所没有的问题。

2. 美国眼下经济复苏是虚拟经济带动的

美国眼下的经济复苏依然是靠恢复虚拟经济。美国官方向金融业注资，新兴市场国家的富人帮助美国政府向房地产业注资（仅 2012 年一年外国人在美国购房就达 682 亿美元）。经过 4 年多的持续注资，美国金融房地产服务业得以缓慢恢复，金融房地产服务业的增长带动了职业服务业的恢复，而职业服务业就业岗位创造的贡献率超过 12%（2010），大于制造业就业岗位的贡献率（8.46%，2010），带动美国就业状态缓慢好转。但美国就业要恢复到危机前繁荣时期的水平，依然依赖于能否重建广大公众参与虚拟经济的机制，以刺激低端服务业增长。从统计数据看，最近两年，美国制造业 GDP 占比虽有回升，却并未达到金融危机前的水平（12.1%，2007）。美国眼下的经济复苏并非低端制造业大规模流回美国所致，更谈不上“再工业化”，而是在现有经济结构下，由虚拟经济（金融房地产服务业和职业服务业）复苏带动的。

3. 美国经济增长推动力的质变与美国经济对虚拟经济的依赖

科技进步推动经济增长是所有经济理论公认的逻辑。但美国的经济增长却提供了一个完全不同的事实，其背后的真实因果关系不但影响了美国前 20 年的经济增长，而且对美国未来走向也具有决定性的影响。

科技在经济中是有载体的。如果说农业、制造业、建筑业、运输业、信息业等实体经济承载着科技进步是顺理成章的，那么说餐饮、娱乐等一般服务业承载着科技进步就有些勉强了。如果说金融房地产服务业是技术进步的主要经济载体，美国的科研成果主要是通过金融房地产业来推动经济增长，这似乎就是胡说了。但事实是，美国金融房地产业创造的 GDP 占比长期持续增长，而承载着科技进步的实体经济创造的 GDP 比重却在大幅度下降。

实体经济 GDP 占比下降，虚拟经济 GDP 占比上升只有两种可能：一是实体经济的 GDP 增长率是负的，虚拟经济的 GDP 增长率是正的，长此以往，实体经济 GDP 占美国 GDP 的比例就会下降，虚拟经济 GDP 占美国 GDP 的比例就会上升。如果实体经济增长率是负的而科技又在实体经济中，科技进步怎么会导致实体经济 GDP 负增长呢？这表示美国经济增长不是科技进步推动的，而是金融创新推动的。二是实体经济的 GDP 增长率小于虚拟经济的 GDP 增长率（这是真实情况），长此以往也会产生同样结果。这意味着美国经济增长主要不是科技进步推动的，而主要是金融创新推动的。科技创新成果更多地是被当作金融活动的题材和金融创新加工的原料，金融业利用它们可以创造出比科技进步直接创造的价值更大的纯收入（GDP），否则就无法解释虚拟经济 GDP 占比不断上升，实体经济 GDP 占比不断下降的长期趋势。

实体经济占 GDP 的比例下降，虚拟经济占 GDP 的比例上升的事实也说明，在美国，虚拟经济不是单纯为实体经济服务的。如果虚拟经济是单纯为实体经济服务的，在实体经济占 GDP 比例下降的长期趋势下，虚拟经济占比就不可能上升。这个事实表明虚拟经济在美国相当程度上是独立于实体经济增长的，因此金融创新活动也是独立于科技进步来推动经济增长的。

不是说科技进步对美国经济增长没有推动作用，而是说科技进步本身直接推动的 GDP 增长远远小于金融创新直接推动的 GDP 增长。这使得美国经济增长对虚拟经济的依赖超过对实体经济和制造业的依赖。可以得出结论：第一，美国金融房地产业的恢复比制造业的恢复对美国经济重要得多；第二，美国就业的恢复不但依赖于虚拟经济的恢复（特别是职业服务业的恢复），还依赖于能否重建（类似于次贷那样的）将低端服务业与虚拟经济联系在一起的经济纽带；第三，除非美国的经济结构发生根本性的逆转，否则美国不可能改变依赖虚拟经济和主要依赖金融创新来推动经济增长的状态。

4. 美国再工业化和新一轮产业革命的前景

美国再工业化是美国学者和政府官员提出来的。而去工业化和经济虚拟化则是美国资本逐利的规律性结果。我们首先要判断，美国去工业化和经济虚拟化是不是一个长期的趋势。如果是，再工业化就不是顺势而为，而是逆势而为。其次是美国能否恢复低端制造业，美国高端制造业能否带动美国的再工业化。第三，当美国再次发生新产业革命时，中国会被边缘化吗？

（1）再工业化是逆势而为吗

如表 1 所示，美国制造业下降和金融房地产业上升是一个长期的趋势。从 20 世纪 50 年代至今，制造业 GDP 占比几乎是一条缓慢下降的直线。而金融房地产服务业的 GDP 占比则是一条缓慢上升的直线。长达 60 年的长期趋势绝非短期波动，如果历史趋势背后是规律，与规律相抗衡就不可能成功。即使不考虑再工业化是否在与规律逆势作对，这至少是要扭转美国长期的自然发展趋势。扭转这个长期趋势不会像调整通货膨胀率那样简单，也不是货币政策或税收等财政政策的短期调整可以奏效的，甚至不是美国一两届政府所能改变的。

表 1　美国制造业名义 GDP 占美国名义 GDP 的百分比

年份	1950	1960	1970	1980	1990	2000	2005	2006	2007	2008	2009	2010	2011	2012
制造业 GDP 占比	27.03	25.35	22.67	19.95	16.33	14.23	12.43	12.32	12.10	11.39	11.05	11.72	11.49	11.90
金融房地产业占比	10.43	14.14	14.63	15.86	17.96	20.07	20.59	20.67	20.37	20.41	21.27	20.70	—	—

数据来源：美国国家经济分析局网站（http：//www.bea.gov/industry/gdpbyind_data.htm）

（2）美国恢复低端制造业等于坐实了“衰落”

如果美国要实现再工业化，无非是恢复低端制造业和发展高科技，从而掀起（或等待）新一轮产业革命这两个途径。先来看美国恢复低端制造业的条件。奥巴马曾经问乔布斯能否将海外工厂迁回美国，乔布斯回答说“不”。企业家都很理解，如果美国劳动力足够便宜，美国的工厂就不会外移。除非美国大部分普通人的真实收入下降到足以吸引低端制造业大规模进入的程度，否则就不可能恢复低端制造业。这不是中国劳动力价格上涨就能解决的问题，因为还有泰国、越南和拉丁美洲的许多国家。恢复低端制造业需要美国变得更穷或其他国家变得与美国一样富裕才可以。低端制造业对于 90 年代的中国和现在的发展中国家来说意味着经济发展和提高生活水平，意味着从贫穷的农业国走向工业化和经济繁荣，而对今天的美国而言则意味着衰落。衰退是可以复苏的，衰落则是不可逆的（如当年大英帝国的衰落）。如果美国真的衰落到与发展中国家一样的地步，它当然要接受低端制造业。随着经济衰退的持续，美国制造业占比会上升，衰退越严重，持续时间越长，低端制造业恢复得就越多，制造业占比也就越高。如 2009 年制造业 GDP 占比有史以来最低，为 11.02%，连续 4 年的经济衰退使美国制造业 GDP 占比恢复到 11.9%（2012）。如果美国真的全面恢复低端制造业，无非就是说美国普通劳动者已经与发展中国家劳动者一样“贫困”或一样“富裕”，这对美国而言实际上就是衰落。

（3）为什么美国高端制造业不能带动美国再工业化

失去大多数低端制造业以后，对科技市场化的需求会大幅度削减，这一方面会减少企业界对科技部门的需求，减少来自企业的科研项目；另一方面也会减少来自企业界对科技部门的资金注入。就目前情况看，继美国的低端制造业外流之后，美国的高端制造业也在外流。或者说原来的高端制造业在不断变为低端制造业继续外流，去工业化导致美国私营企业对美国科研创新的需求和投入不足，同时，美国政府受财政赤字的影响对高科技的需求和投入也在大幅度下降，这会使得美国的科研“产能”相对“过剩”，而来自中国制造业的需求正在尝试消费美国和世界其他发达国家的民用科研成果(购买、合作等)。过剩科研能力的“外流”（人才、专利、成果等）会影响美国独自发动新一轮产业革命的动能。

产业革命会创造新产业，增加美国的高端制造业，推动经济增长。但是，原来的高端制造业后来会变成低端制造业是个规律。如个人笔记本电脑，10 年前在美国是高端制造业，现在已经作为低端制造业转移到中国来了。手机、核磁共振等也是如此。只有在创造出新的高端制造业的同时，转变为低端制造业的产业不再外移，美国的制造业在经济中的比例才可能增大。单纯靠高端制造业拉动经济不会使美国现有的经济结构发生根本性改变，美国的再工业化也就无从谈起。如果美国新转化为低端制造业的产业不再外移，就等于是在恢复低端制造业。而大规模恢复低端制造业不过是衰落的同义词。

对美国经济更大的威胁在于：新一轮产业革命何时发生并不确定，但高端制造业变为低端制造业的脚步不会停下来却是肯定的，如果美国长期没有产业创新，而各发展中国家学习高端技术的能力不断增强，美国的产业优势就会逐渐丧失。美国所有 10 年以前创新的产业几乎都在由高端变为低端，被中国和世界其他国家学走，上帝留给美国的时间不多了，如果10年内美国再没有大规模产业创新，其产业优势就会迅速丧失。这是深藏美国经济内部的最致命的危险。

二、中国经济增长的技术来源及产业创新的希望

自改革开放以来，中国经济发展有两个基本方向，一是工业化，二是市场化，它们决定了中国经济的长期趋势。中国是以制造业为主的初步工业化的国家，其制造业创造的GDP占中国GDP的比例长期在32%以上，工业增加值一直占GDP的40%左右，这与英美的“后工业化经济”有重大区别，中国经济增长必须依赖技术进步，不可能主要依赖金融创新来直接推动经济增长。

1. 中国会被隔离于新的产业革命之外吗

不管怎样，迄今为止几乎所有的高技术产业都来自美国的科技体系。美国移出的不过是低端制造业，它的科研体系依然完整，科技队伍依然庞大并占据着绝大多数的科技制高点，美国的科技体系每天都会有新的创造，其中哪一个或哪几个会引领下一次产业革命虽然说不准，但至少可以肯定的是：如果有科技革命的话，其技术发源地在美国的概率要高于任何其他国家，中国的概率虽不至于很靠后，却也不能与美国相提并论。虽然美国发起新一轮科技革命的概率超过所有国家，但是它单独完成和独享产业革命带来经济增长利益的概率却几乎为0。

中国是学习型技术进步推动的经济增长，低端制造业大规模发展被看作劳动便宜所致。现在当中国制造业向中高端发展的时候，人们会发现，中国的中高端人才更便宜（包括外部引进的人才）。如果说“低端劳动红利”将尽的话，“中高端人才红利”正在推动中国的产业升级和经济增长。中国企业的技术学习和模仿能力不断增强，只要是在国外可以赚钱的技术，中国企业家基本上都能搞到手。在新的科技创新出现的时候，企业是不会被排斥在产业革命的过程之外的，中国企业可能不在研发阶段介入，但绝不会放过赚钱的阶段，也就是产业扩张的阶段。美国独立完成科技创新市场化和产业化的过程已经不再可能了，美国也不可能独享产业革命的好处。一些学者担心美国一旦发起新一轮产业革命，中国会像计划经济时期一样被远远地抛在后面。其实，中国成千上万的企业家正拿着钱在眼巴巴地等着美国的产业革命，中国的“科技人员”也在眼巴巴地等着，他们怎么会错过这一机会呢。他们有

钱，也有足够的能力使自己不置身事外。只要中国的民营资本足够大，一次产业革命就可以让中国落后几十年的时代一去不复返了。

2. 中国经济的科技推动力与中国科技体系

除航天、航空和部分农业以外，中国的家电、汽车、手机、计算机等绝大多数产品及其生产技术都不是自己科研成果市场化的结果，而是引进（或加改造）的成熟技术。中国几乎没有什么产品在引进技术之后其产量和销量不是按两位数增长的。这一方面使得中国经济增长率持续高于发达国家和其他发展中国家；另一方面也使得中国自己的科技体系长期处于十分尴尬的境地。中国科技系统虽然没有完全置身于经济增长的“事外”，但对中国经济增长的推动方式还主要是帮助企业消化和改造外来技术。如果引进技术的成本比研发创新更低，中国的企业家就不会对国内科研机构的创新成果感兴趣。在中国企业还有大量成熟技术可以引进的时候，就意味着中国经济尚没有发展到主要靠科技创新和产业创新推动经济增长的时期。科研机构的科技创新长期得不到企业青睐，企业对其创新的需求小于改造已经市场化产品生产技术的需求，科研机构与企业合作创新能力就不可能得到长期有效的锻炼，中国产业创新能力就无法与美国等长期站在产业创新顶端的国家相比。只要中国的产业更新依然可以靠学习美国和欧洲来实现，中国科技体系就不会有美国科技体系那样充分的发展机会。

进入 21 世纪以来，随着中国经济的持续增长，财政有钱了，科技系统和高校的拨款随之大幅度增加。中国的科技体系有钱又不必实战，就助长了其“自娱自乐”的畸形发展。许多专业科研系统和高校自己设定评价标准，以自拟的指标和是否能在一些刊物上发表论文为最终目标。于是中国科研经费年年大把花，自评的“世界一流”科研成果也不少，却很少有市场化可以赚钱的成果。这显然不是中国科技与中国经济增长应有的关系，这种状况也使得中国的科研体系滋生了腐败。学术目标背后隐藏着利益目标，“专家评审”标准和方式形成了利益圈子，如果延续下去，将妨碍我国科技体系与经济增长之间形成相互促进的良性互动关系。随着中国学习能力越来越强，可学习引进的技术越来越少，中国的经济增长就必须由依靠引进向依赖自己的科技创新转型。

3. 中国产业创新的希望

如果我们仔细观察战后的主要科技创新，它们大都来自美国军工技术。计算机、互联网都不例外，技术创新源于军工，成功则是通过市场化（包括孵化器、风险基金等）形成新产业推动经济增长。提到军工，航天、航空首当其冲。环顾世界，顶级的航空航天科技体系只有4个：美国、俄罗斯、中国和欧洲。比较之下，美国最强。俄罗斯虽然继承了苏联的遗产，但其完整程度已经大不如前，休克疗法大大削弱了俄罗斯的科技系统，要在市场经济基础上重新恢复尚需时日。欧洲不如美国，与俄罗斯各有所长。

中国的航空、航天工业被分成了两大系统，航天由于是国家一直重点扶植的行业，其经费没有遇到过太大的困难。但是，航空系统不同，在90年代，中国经济市场化初期的时候，国家没有钱再支持航空工业，于是它们被迫市场化。大量军工企业倒闭，工人下岗，科技人员被迫改行等，它们经历了“凤凰涅槃”，学会了利用市场，利用虚拟经济来发展实体经济。其领军人物对虚拟经济的独特研究代表了航空系统对市场经济顶级运行方式的重视和熟悉。国家拨款少，它们重组后股份化上市，改造自己也造福了投资者。它们具有完备的科研能力，形成了高度市场化的意识，也积累了宝贵的市场化经验。这个系统既有国家队的全局观念和全球视野，又有市场化的运作能力。它所包含的科研方向之完备是任何民营企业无法比拟的，它有多学科、综合技术合作攻关的能力，也有一批“摆过地摊”同时指挥、组织过歼-20这类一流攻关项目的过硬企业家和技术人员。在这里，产权，不同企业之间的利益冲突，以及个人名誉、经济利益等问题都能得到较好地处理，计划经济时期“合作攻关”“不计得失”的传统与市场化理念融合在一起，共同推动着航空工业的发展。这支队伍有高科技领域中积累了丰富实战经验的统帅、谋士、战将和士兵。航空、航天科研体系（特别是航空）是中国经济资源中最宝贵的财富。总结它们市场化的经验，总结其技术合作攻关的经验对改革我国科技体系和高教系统有重要意义。如果科技体系改革成功，中国就有望在不久的将来成为产业革命的发源地之一。

中国民营企业也在发展其科研创新能力，华为、英利都在努力，但它们积淀不足，缺乏全国范围内的科技合作、协调的机制。总之，改变自娱自乐的科研体系，总结航空、航天科技体系的经验，兼顾民营科研力量，通盘考虑科教体系改革已经迫在眉睫。

三、国际货币体系、美元与美国利益

中美差距源于它们处于工业化和市场化的不同阶段，中国处在初步工业化阶段，美国处在后工业化阶段，中国处在初步市场化阶段，而美国已经处在市场化的高级阶段——经济虚拟化的阶段了。分析美国从工业化到经济虚拟化的演化过程，有助于理解美元与美国经济之间关系发生的根本性变化。这将有利于我们理解国际货币体系发展演化的基本规律，了解美国经济虚拟化的趋势对美元，从而对国际货币体系到底产生了哪些影响，从而判断国际金融秩序演变的趋势和方向，这也是理解人民币国际化空间和条件的前提。

1. 国际货币体系的核心问题及其演变的基本逻辑

经典的国际经济学将国际货币体系的核心问题确定在汇率制度上，但是，固定汇率制度还是浮动汇率制度的问题既不是国际货币体系演变的动力，也不是国际货币体系中各国关心的核心问题。国际货币体系的核心问题是利益关系，国际货币体系演化的动力也是利益关系，汇率制度则是这种利益关系基础上的制度安排。国际货币体系可以定义为被固化（制度化）了的国际经济利益格局，决定这个利益格局的是经济实力格局。只要这个实力格局不变，被固化的利益格局就可以继续维持，利益相关各方也大致相安无事，国际货币体系就会稳定。当经济实力格局发生变化的时候，总会有国家发现旧的国际货币制度阻碍自己的发展，于是就会提出新的利益要求。随着实力格局的变动加剧，不满意的国家会不断增加，旧有既得利益国会尽量维持旧有体制，不到万不得已不希望有什么实质性的改变。于是冲突加剧，直到一些国家不再顾及既得利益国家，凭实力维护自己的利益，创造新方式，签订新协议，绕开旧有体制的某些障碍，解决各自的问题，国际货币体系便会进入剧烈动荡的时期，直到新的实力格局形成并逐渐稳定，不再有逆势发展的任何可能。这时，一方面，各国逐渐意识到自己的实力与可能获得的最大利益之间的真实空间，不切实际的要求就会让位于理智和冷静的谈判；另一方面，合作共赢的新方式不断涌现，其中包含的新原则、新理念逐渐被人们接受。于是，新的国际货币体系才能真的提上日程。在此之前，国际货币体系将进入一个空前动荡和危机频发的时期，金融动荡和金融危机将为新的国际货币体系扫清障碍，开辟道路。

2. 美元霸权建立的实力基础及其运行方式

第二次世界大战后，在建立国际货币体系的谈判中，之所以美国的怀特方案能够战胜英国的凯恩斯方案，源于美国当时的经济实力大大超过英国。美国将美元推向世界货币的经济实力体现在三个方面：第一，美国是当时的世界工厂；第二，美国具有当时世界上 4/5 的黄金储备；第三，美国是当时世界上最大的债权国。

美国在第二次世界大战后的最大利益是接替英国对世界的统治，同时废除旧的殖民主义，以掌控国际价值系统（价值标准调整、资金国际化配置、国际交易规则和定价权等）的方式来确立其在世界的统治地位，布雷顿森林体系帮助美国迅速做到了这一点。美联储充当了“世界中央银行”的角色，发行世界货币，推动世界经济复苏，同时使美国利益在战后世界经济复苏过程中达到最大化。美国政府也成为资本主义世界的“影子中央政府”，维持战后经济秩序，援助盟友，惩罚挑战资本主义秩序的国家等等。

美国从战后到70年代一直是一个强大的工业化国家。“工业化经济”可以定义为“其绝大多数产品的产能都超过自己的需求的经济”。如果一个经济体仅仅是自给自足，就谈不上工业化。这个定义意味着工业化的市场经济国家必然内需不足，市场化的解决办法就是企业自行寻求海外市场，而不是靠市场之外的力量——政府的干预政策来提高内需。也正因如此，持续贸易顺差就成为所有工业化国家都经历过的历史事实。无论是金本位时期的英国，还是固定汇率时期的美国（70 年代以前），以及浮动汇率之后的德国、日本和“亚洲四小龙”等都不例外。市场经济国家的贸易顺差只与工业化程度有关，与汇率制度无关。工业化国家经常项目国际收支持续顺差和金融项目国际收支持续逆差，是一个经验性规律，值得中国决策者高度重视。

工业化时期的美国经济是通过金融项目国际收支逆差输出美元（对外援助和贷款），境外美元则会形成对境内工业品和技术装备的有效需求流回美国，导致经常项目国际收支的长期顺差。每一次循环都会增加美元的国际货币供应量(金融项目逆差扩大),而境外美元的增加会增加对美国出口的需求，扩大美国经常项目国际收支顺差，刺激美国实体经济增长。这种状况在第二次世界大战后持续了大约25年，直到70年代。70年代以后，美国经济的去工业化和经济虚拟化使得这个对外经济循环方式发生了完全相反的变化。

3. 黄金储备的功能和美元支柱的虚拟化

美元霸权是在其实体经济的基础上建立的。第一，美元有美国强大的工业化经济做后盾；第二，美元有充足的黄金储备支持其与黄金的固定比价。但是，70年代后，这二者都发生了根本改变，美元支柱完全虚拟化了。

（1）黄金储备的功能与黄金非货币化

人们通常认为当年美国的黄金储备是为应对35美元1盎司黄金的承诺而准备的。布雷顿森林体系崩溃也是因为美国黄金储备大量外流不得不停止兑换黄金。这种“黄金不够”的观点至今误导着大批经济学家，他们至今依然主张恢复金本位，只要黄金储备足够多，货币的含金量规定得足够少，恢复金本位就不成问题。其实，这是对当年美国黄金储备功能的误解。

当年，美元的含金量为35美元1盎司黄金，这也是黄金的固定价格，要维持美元与黄金的固定比价实际上就是维持世界黄金市场价格长期不变。美国为了控制黄金价格，只对各国中央银行实行兑换黄金，不对个人、企业和银行等金融机构兑换黄金。这样的制度设计将可以直接兑换黄金的需求量压缩在极小的范围内。但真正的威胁却不是来自境外其他国家的央行兑换黄金的行为，而是来自黄金市场的价格波动。战后初期，因各国受战时体制的影响和物资匮乏，普通人的黄金的消费量还相对很少，加上各国战时曾长期对黄金市场进行严格管制，在世界范围内将黄金价格维持在35美元1盎司并不十分困难。但是到了60年代，随着欧洲经济恢复，黄金市场上的个人需求迅速恢复。黄金价格的控制日益困难，美国多次大量动用黄金储备干预黄金市场价格无果，导致黄金价格失控。黄金价格随行就市，投机活动推波助澜，黄金市场价格与美元官价严重脱钩，美元再也无法与黄金保持固定比例，自然要崩溃。从中可以得到两个重要结论：第一，当年，美联储黄金储备的主要功能是干预黄金市场价格，其次才是应对外国央行的黄金兑换要求。相应的，今天外汇储备的基础功能也是在动荡和危急时刻用来干预本币汇率的。第二，要恢复金本位，黄金价格就不能随意波动，谁要恢复金本位，谁就必须具备控制世界黄金市场价格的能力。在市场经济中连猪肉价格都无法控制，保持世界黄金价格长期不变更是一件根本不可能的事情，恢复金本位的主张只能是空谈。

（2）美元支柱的虚拟化

美元不再兑换黄金，使得美元支柱发生了根本性变化。第一，1971年尼克松宣布美元停止兑换黄金导致美元彻底虚拟化（或符号化，彼得·德鲁克），美元债券和美国的其他金融资产替代黄金成为世界最主要的外汇储备资产。第二，美元的经济基础已经由以制造业为基础的实体经济转变为以金融房地产服务业为基础的虚拟经济了。

虚拟经济是高价值创造行业，对资本的吸引力比低端制造业大得多，虚拟经济越发达，美国的低端制造业就越是要移出美国，于是“去工业化”与“经济虚拟化”此消彼长。一方面，去工业化导致低端产品的生产越来越少，以至于许多生活必需品和低端制造业产品必须进口；另一方面，经济虚拟化导致货币收入却越来越多，由于美元是国际货币，这些虚拟经济创造出来的巨额货币收入可以在境外购买任何产品，于是便出现了长期贸易逆差。长期贸易逆差导致境外美元增加，境外美元增加会导致对美国债券和金融资产的境外需求增加，刺激美国虚拟经济的发展并使美国金融项目的国际收支出现长期顺差。由于美国经济对外交流方式的根本改变，美国迅速由世界的净债权国向债务国转化。这样，美元最初确立为世界货币时的三个实力基础都已不再存在了。它不再是世界工厂，美元也不再有含金量的保证，美国也不再是世界的债权国。

（3）美国经济对美元国际货币地位的依赖

前文已经阐述了美国经济增长高度依赖于虚拟经济，而美国虚拟经济则高度依赖美元的世界霸主地位。美国对外的美元循环方式是美国通过虚拟经济创造大量美元收入，随着美国制造业外移，大量收入用于购买外国产品和资源，导致贸易逆差，而境外美元则多数用于购买美国债券和其他金融资产，导致美国金融项目国际收支顺差。这个循环的关键就是美元的国际货币地位。如果美元突然失去国际货币的地位，这个循环就会停止：一方面美国金融资产不再有巨大的境外需求，从而虚拟经济不再有外部注入的资金支持，导致虚拟经济萎缩；另一方面，美国也无法将虚拟经济创造的纯收入通过国际购买（贸易逆差）变为真实消费品和其他资源。一旦如此，虚拟经济的膨胀会与货币发行过度（津巴布韦）一样，导致国内商品价格上涨，多数虚拟经济创造的 GDP 就会化为乌有，这也是我们坚持使用“虚拟经济”一词，而不是“高端服务业”的主要原因。美国与津巴布韦扩大货币供应量的效果之所以不同，就在于津巴布韦货币不是国际货币。这种由于经济虚拟化产生的美国经济对美元国际地位的依赖在美国工业化时期并不存在，美国工业化时期是美元霸主地位对美国实体经济（工业化经济和黄金储备）的依赖，现在则完全相反，美国虚拟化了的经济高度依赖于美元霸主地位。

4. 欧元撕裂了美元一统天下格局：双本位体制形成

根据国际货币基金组织的数据显示，自 1999 年在欧盟国家发行欧元之后，欧元在已经标明币种的各国官方外汇储备中的占比就越来越大，从 2000 年的 18.3%上升到了 2009 年的最高点 27%，此后由于欧债危机，该比例下降到 2010 年的 26%，2011 年进一步下降到 24.7%。而仅次于欧元的第三大货币英镑的占比不过 3.8%，第四大国际货币日元占比不过 3.6%（2011）。欧元占比远远超过一般国际储备货币，成了可以与美元相匹敌的第二个“国际本位货币”。欧元不再是当年里拉、法郎（马克也许除外）那样只是单方面接受美元冲击，不能反过来对美元产生影响的小货币了，美元对欧元的任何变动都不能无动于衷，必须做出反应。它们相互不能忽视的情况说明，这两大货币都不是一般的储备货币，它们都是本位货币。这种情况类似美国 19 世纪的“金银复本位”制度，这是一种被经济学家们称为缺乏稳定性的货币制度。由于当代美元和欧元都不再有“含金量”，也都不再有发行量的自然约束，它们的数量控制又分别属于不同的经济体和不同的央行，当代的“双本位国际货币体系”是一种更加不稳定的货币制度。

5. 双本位国币体系的不稳定性与及其未来发展趋势

欧元的出现产生了两方面的重大影响：一是形成了双本位国际货币体系，其运行方式加速了全球空前的流动性膨胀；二是对欧元区国家产生了经济虚拟化的效应，同美元与黄金脱钩对美国经济虚拟化的作用异曲同工。经济虚拟化反过来会腐蚀国际货币的经济基础。

（1）全球流动性膨胀的新机制

一般储备货币与本位货币的重要区别是它们的从属地位。而双本位制度的基本特征是两种货币分不出主次，它们相互影响，处于大致平等的地位。在双本位的国际货币体系中，如果美元增发，欧元就必须跟着增发，如果欧元大规模增发，美元也不能无动于衷。当两个本位货币相继增发引起世界流动性“螺旋式膨胀”的时候，相对更小一些的储备货币也必须跟进，否则就会被套利活动“狙击”，如果单独升值就会导致国内的经济紧缩，直到发生经济危机。一般储备货币和其他小货币无力抗衡如此巨大的滥发货币的“漩涡”，世界正在陷入“滥发货币的陷阱”，任何国家都无力单独阻止这个巨大的流动性膨胀。

（2）欧盟经济的虚拟化

欧元区国家改用欧元以后，各成员国金融业务迅速“泛欧洲化”和国际化。原先一些小货币国家的银行业可以靠经营欧元金融业务获得巨大的利益，这使得欧元区的一些小货币经济体的虚拟经济迅速发展起来。欧元区多数国家虚拟经济创造的 GDP 份额都在增长，制造业的 GDP 占其 GDP 的比例却都在下降。这刺激了欧元区国家财政赤字的迅速增加，而赤字增加导致了欧洲债务的迅速膨胀。现在，所有欧元区国家的外债都超过其 GDP。多数国家外债占 GDP 的比例都在 150%以上，爱尔兰达到了 1072%，葡萄牙为 234.7%。欧洲经济的虚拟化发展为欧洲债务危机埋下了祸根。经济虚拟化是一个长期发展的趋势性问题，短期内不可能有根本性的改善。

（3）对世界货币体系的基本判断

第一，美元与欧元的经济基础正在被经济虚拟化腐蚀，使得当前国际货币的基础空前不稳，这为金融危机频繁出现和流动性膨胀埋下祸根。第二，欧元出现之后，打破了美元一统天下的格局，世界随之进入更加不稳定的双本位体制。第三，无论是美国还是欧洲，为了恢复经济，它们比任何时候都更有理由增发货币，而为避免受到严重损害，其他小货币不得不采取同类政策。世界正陷入全面流动性膨胀的空前动荡时期。第四，当前美元霸主地位的维持不是美国经济比金融危机前更强大，而是因为欧元区和其他发达国家更糟，这是美国从来没有过的状态，靠别人更糟来维持自己的优势，这也是无可奈何的表现。现在还没有人相信人民币会成为美元的威胁，但是如果有一天，人民币的国际地位与中国经济的国际地位相匹配了，抑制人民币的国际化影响就是美元维持其地位所必需的政策选项。

四、人民币国际化与资本市场放开

人民币国际化正在迅速发展，资本市场放开也在进行中，但反对之声依然很大，甚至有人将此看作引进金融危机和卖国。下面，我们来简要说明资本市场放开为什么是中国经济发展的大势所趋，人民币国际化为什么无法回避。此外，我们还需要对资本市场放开的最大风险以及可能带来的损害做出必要的估计。

1.“金融防火墙”与中国经济的大趋势

中国资本市场长期没有放开，被许多人看作是横在中国经济与境外金融冲击之间的“防火墙”或“拦洪坝”，正是这道防火墙使得中国安然渡过了1997年的亚洲金融危机。但时过境迁，现在的中国已经成长为世界第二大经济体，且高度依赖外需。这种状况与人民币仍然是小货币的状态不相适应。将经济体变小以适应小货币无疑是“削足适履”，谁也不愿意人民币永远是任人宰割的小货币，更不愿意看到人民币成为金融大鳄用来吸取中国人血汗钱的工具。唯一的出路就是硬着头皮迎上去，参与国际金融活动将人民币推向国际化并使其成为主要国际储备货币。

如果比较中国与各发达国家工业化时期的经验，我们不难看出，在工业化时期的美国和英国、20世纪50年代后的德国和日本，在其经常项目国际收支持续顺差的时候，其金融项目国际收支会持续逆差。但中国却是持续双顺差，且持续长达13年，不但创历史纪录，也是世界唯一。持续双顺差，意味着中国经济被持续"灌入"资金，如同一个人只喝啤酒不上厕所一样，持续被"灌入"流动性导致M2超过GDP一倍，这也是世界唯一。持续的双顺差导致人民币在境内贬值，在境外升值，其间的利益空间形成了资金流出的动力。大规模的资金进入一个国家就像"洪水"来袭，治水通常也有两种办法：一是堵，二是疏。如果既堵不住又不疏导，资金"洪水"只进不出，堤坝内"水位"就会越来越高，直到累积的"洪水"漫过堤坝自行流向海外。2012年中国出现了金融项目的国际收支逆差168亿美元，这就是一个"水漫堤坝"的先兆，预示着问题已经日益明显和日益严重，该是顺势推动资本市场放开和人民币国际化的时候了。人民币国际化是中国经济发展的大势所趋。

2. 人民币国际化的实力基础

人民币的国际化有与当年美元国际化类似的三个经济实力基础：一是中国与第二次世界大战后的美国类似，是世界工厂；二是中国是当代世界上最大的外汇储备国（美国是当时最大的黄金储备国）；三是中国与第二次世界大战后的美国类似，是当代世界上最大的债权国。首先，人民币国际化的这三个支柱是中国经济改革开放和长期经济增长的必然结果。其次，这三个支柱也是美国经济长期演变的结果。没有美国低端制造业的大规模移出和华尔街大量美元流向中国给中国带来的先进技术、设备和其他商机，就不会有这三个如此显著的结果。它们会抬升中国在世界经济格局中的相对地位，也就决定了人民币的潜在地位。可以说人民币国际化是中国经济、美国经济和世界经济的大势所趋。

3. 人民币国际化的条件及利益核算

人民币不但要国际化，还要成为国际上通用的大货币，否则就与中国的经济体不相适应。用于国际结算仅仅是人民币国际化的一个基础功能。国际货币使用量最大的是国际投融资活动，人民币只有加入这个活动才可能逐渐增大到与中国经济体量相适应的国际使用规模，并带动中国金融业的规范化和国际化。

（1）人民币国际化对中国金融体系发展方向的定位

国际货币最主要的功能有两个：一是交易和债务结算，二是做国际价值的储备资产。作为重要的国际货币必须二者兼备。目前人民币作为结算货币已经开始了它的发展，2012年人民币的国际结算使用量已占国际结算的10%。广泛签署货币互换协议就是绕开美元等主流货币利用本币结算的一种做法，人民币弱小的时候是必要的。但是，要使人民币与中国崛起的经济体相适应，就必须加入国际货币的主流——国际金融活动。作为国际金融活动的基础货币，除去做良好的结算工具之外，必须具备国际储备资产的功能。国际储备资产的基本存在形式是债券，与此相对应的是灵活便捷的变现能力和发达的债券市场。其基本逻辑就是：大经济体必须有大货币，大货币的基础不但要建立在强大的实体经济之上，还需要发达的债券和其他金融市场支撑起其国际储备货币的角色，这就刺激了国内金融体系必然会朝着以直接融资为主的金融系统发展。美国和英国是典型例子，日本和欧盟则正在向直接融资为主的金融体系转变。

（2）人民币国际化的利益核算

第一，人民币一旦国际化，外汇储备的保值增值就再也不是问题了。对中国金融当局来说，每一次美元、欧元贬值都是人民币升值，境外人民币升值当然会对冲掉外汇资产贬值的损失。但这还只是“蝇头小利”，更大的利益是对外发行人民币的直接利益和间接利益。

第二，发行国际货币的直接利益。如果将 3.5 万亿美元（2013.6）外汇储备看作是对外发行人民币的“准备金”，按 1∶1 的准备金比例算，中国可以对外发行大约 21 万亿人民币。这时，原来 3.5 万亿外汇储备照样可以购买美国债券等金融资产获得利息，但 21 万亿的人民币对外贷款和债券融资却是新创造出来的价值。相当于 3.5 万亿美元的外汇储备翻倍为近 7 万亿美元。这个利益绝非“铸币税”可比，与财政发货币的道理类似，发出 1 元人民币就增加 1 元的利益。对外发行人民币的渠道是鼓励中国商业银行对外人民币贷款（包括政府对外援助）和为境外企业（包括中资境外企业）发行人民币债券，以及调节境外银行的人民币现金余缺等。

第三，对外发行人民币不但会“盘活”外汇储备，大幅度缓解境内人民币流动性膨胀，更重要的是境外人民币会形成购买中国境内产品和服务的需求，形成中国的出口收入，刺激国内实体经济的 GDP 增长及就业增长。通过本币的对外贷款来刺激境外对本国实体经济的需求曾经是美国马歇尔计划的重要功能。

从长远看，人民币国际化的最大好处是中国正在崛起的经济有了与其适应的货币地位，中国货币和金融不再被国际货币、金融体系边缘化。国际本位货币就是国际价值标准，它决定着各种大宗商品的定价权和国际交易规则。人民币成为国际主要储备货币会提高中国在未来国际货币体系中的地位。

4. 中国巨额外汇储备的功能及其特殊意义

对于市场经济国家，无论外汇储备还是美国当年的黄金储备，其基本功能都不是用来经营和赚钱，它们是用来干预本币汇价的，其次是为进口而设的应急准备金。

（1）用巨额外汇储备赚钱是否有意义

中国巨额外汇储备有3.5万亿美元，高于法国2012年的GDP（2.6万亿美元），也高于德国2012年的GDP（3.4万亿美元）。当今世界经济增长率最高的是中国，经营外汇储备的收益率不但要超过一般发达国家的经济增长率，还要涵盖人民币升值和美元、欧元等大货币相对贬值的亏损。从长期看，以人民币为本币计算盈亏，中国的巨额外汇储备无论怎样经营都不可能赚钱。更重要的是，即使外汇储备能够赚钱，对中国经济也毫无意义。赚的美元和外汇既不能分给公众，也不能增加中国GDP，更不会形成对中国经济的任何刺激和支持，倒是支持了美国、欧洲的债务经济发展。至于各非主要资本主义国家国普遍存在的主权基金，则是在世界流动性膨胀日趋严重的条件下，为应对发达国家滥发货币造成的损害而不得不采取的一种自保措施。如果这些国家与美国和英国一样，本币是主要国际储备货币且持续贸易逆差，就不必如此。

（2）中国巨额外汇储备在人民币国际化之后的特殊意义

美国当年抛售黄金储备以干预美元金价时，拿出多少黄金买回多少美元是美国自己的事情，不直接影响其他任何国家，其他国家可以袖手旁观。但今天的外汇储备则完全不同，特别是中国这样有巨额外汇储备的国家，如果人民币国际化之后遇到大规模投机，中国央行要干预人民币汇价就必须先卖掉手中的一部分外汇资产收回美元或欧元现金，然后才能买回人民币资产。中国经济规模巨大，素有“中国买什么什么涨，卖什么什么跌”的说法，这就意味着中国选择卖什么资产、卖多少会影响所卖资产的价格和货币的汇价。这样，外汇储备与黄金储备的重大区别就是：动用黄金储备是黄金储备国自己的事，而动用外汇储备则一定会将外汇资产发行国牵扯进来，于是就一定会造成其他大国央行与人民银行共同捍卫人民币汇价的利益共同体，很容易通过谈判形成共识、签订有关协议。当年美联储大规模抛售黄金的时候，英国人可以袖手旁观，甚至可以幸灾乐祸，如果他们发现美联储是在大规模抛售英镑买进美元，英国人就绝对坐不住了。萨默斯所说中美之间的“恐怖均衡”其实对中国仅仅是外汇储备缩水的损失，而对美国而言则涉及其命脉。

二者相比，中国外汇储备的盈亏实在是微不足道，“恐怖”二字其实只针对美国而言。这种关系也警告我们，如果决策莽撞，动了人家的命脉，严重损害了其他大国的利益就会引起中国与其他大国之间的剧烈冲突。

5. 放开资本市场与人民币国际化的风险

人民币汇率放开的最大风险不是人民币升值，而是人民币贬值。人民币放开后，如果人民币升值，就表示境外对人民币需求增大，人民币和人民币债券等资产主要是中国发行的，适当增加其供给就是了。人们最担心的是1997年的亚洲金融危机在中国重演，也就是热钱大规模入、出。人民币国际化在近期的最大风险是资金大量外流导致人民币贬值，远期最大风险是境外大规模抛售人民币资产导致人民币贬值。资金外逃有三类：富人带钱外迁，热钱外流，外资大规模撤出。

（1）有钱人带钱移民

第一类是富人资金外流，原因有很多，如政治原因、税收原因、逃避惩罚等。有钱人将资金转移到境外是最不必担心的。美国人在美国都赚不着钱，中国人在美国就比美国商人还能赚钱吗？显然不是。移民的有钱人大多在境外只是花钱，或投资于金融资产，而金融投资或存款在宏观经济学中就是储蓄。美国量化宽松政策大量向金融部门注资，美国物价不上涨，就业增加也不得力，一个重要原因是华尔街将资金大都投向中国和其他高增长国家。只要中国维持相对高的经济增长率，资金就会流入，资金流入会继续将技术、资源和人才汇聚到中国。只有经济增长停滞了才可能发生真正的资金外逃。

（2）热钱大规模撤离的主要风险辨析

第二类是热钱外流，这是最可能发生的事情，只要放开资本市场，热钱出入就是经常要面对的问题。热钱大规模流动往往与短期因素有关，自然灾害、宏观政策调整、管制放松或加强、投机活动和谣言等都可能引起大规模热钱撤出。热钱撤出不是资本大规模外逃，而是投机资金流动，会造成两方面的问题：一是在外汇市场和资本市场上，抛售人民币资产兑换外币或外汇导致资金大量出境，并造成人民币贬值压力；二是造成国内资产价格暴跌和流动性短缺。前者就是干预人民币汇价问题，中国的3.5万亿美元的外汇储备理论上可以应对近21万亿人民币同时兑换外汇（以1美元=6元人民币计）。如果央行大规模动用外汇储备，就需要在外汇市场卖出外币资产，美国与欧洲就必须采取共同行动稳定人民币市场，以减少中国抛售美元和欧元资产给自己带来的威胁。这里的最大风险是管理层迟钝，发现大规模热钱流动太迟；

其次是没有提前与欧美大国央行（及大跨国银行）之间做好必要的制度安排和应急准备。对于国内资产价格暴跌引起大规模呆坏账的问题，中国经济的特殊性会大大缓解其造成金融危机的风险，使其成为虽然严重却依然可控的经济问题。

（3）外资大规模撤离与中国资本国际化

第三类是实体经济中的外资大规模撤离，或中国实业企业大规模外移，俗称资本外逃。首先，这与是否放开资本市场无关，而是与经济大环境和中国政治经济状态有关；其次，要区分中国资本国际化与资本外逃。资本市场放开，会加速中国资本国际化，促进中国企业的全球化布局，促进金融项目的国际收支逆差和经常项目的国际收支顺差，加紧中国经济与世界经济的融合，扩大中国经济对世界的影响。只有在经济增长停滞的时候，资本外逃才会大规模爆发。而工业化的中国经济增长可能停滞的自然条件是：在中国经济已经走到世界顶端，不但科技再无可学，且其他服务业也再无可学的条件下，中国自己尚不具备产业创新能力之际，经济高增长就会停滞。当然，政治和政策失误、战争等经济之外的冲击不在此列。

（4）金融危机的风险及其可控的特殊条件

所有金融风险中，最大的莫过于金融危机导致金融系统崩溃了。热钱大规模撤离也好，资产价格暴跌也好，之所以有风险就在于银行不良资产大幅度上升，导致其普遍资不抵债，然后银行大批倒闭，直到金融系统崩溃。中国四大银行曾经出现过 38%—42%的不良贷款率，其实就是全部国有银行都资不抵债。金融风险再大也不过如此，这样严重“资不抵债”的银行都可以不倒闭，不引起金融恐慌，公众依然高度信任，继续存款，金融系统毫无崩溃和恐慌迹象，贷款照旧，经济增长依然如故，还有什么风险可以让中国金融系统崩溃呢？如果金融危机被定义为“大批银行和金融机构倒闭”，中国过去没有过金融危机，今后也“可以没有”。呆坏账在中国只是一个可以解决的严重经济问题，并不等于金融危机。在中国，即使所有金融指标都恶化，只要四大银行不倒闭，一切就都还在可控范围之内。

中国经济持续高增长的重要原因之一就是从没有被真正的金融危机打断过，也没有发生过真正的金融恐慌，如果四大银行倒闭一家，中国人立即就会明白什么是金融恐慌和金融危机。银行是公器，掌握着巨大的公共权力，中国允许民营银行发展有利于资金合理配置，但是整个金融系统不能成为少数人牟利的工具。以四大国有银行为基础是目前中国金融体系的特色，其意义不仅在于比华尔街更公平一些，更重要的是这个体系面对金融风险时有华尔街无法比拟的抵抗能力。

任何大国兴衰都可以从历史发展的大趋势中找到明显的原因，既不受人们预期的影响，更不会是唱衰、唱兴所能左右的。“历史潮流不可阻挡”是再老不过的马克思主义的老生常谈，谁都可以对其表示不屑和轻蔑，却是从总统到贫民谁也躲不开的真理。

（本文原载于《政治经济学评论》2014 年第 5 期）

假定人民币遭到狙击

——化解“恐怖均衡”之路

人民币跨境结算系统（CIPS）已于2015年10月8日正式上线运行，11月30日IMF总裁宣布人民币纳入SDR篮子，权重排第三，高于英镑和日元，人民币国际化又向前跨越了一大步，与此同时，中国资本走出去的步伐也在加快。从长远角度看，资本国际化和人民币国际化会使得中国的经济增长获得世界市场和全球资源越来越有力的支撑。但另一方面，随着中国经济及其货币的深度国际化，中国金融进一步放开已经是不可避免，人民币遭到狙击的担心也随之日甚。中国金融一旦对外进一步开放，中国经济能否经得住国际游资乃至大国货币的蓄意冲击，已经是中国经济无法回避的问题了。

一、中国经济持续高增长的逻辑

中国经济高增长已经持续了30多年，如果一个十分贫穷的国家在30年内能够基本解决贫困问题，那么它对于发展中国家就具有借鉴价值，它的增长模式和路径就值得效仿。当然，中国面临的一切突出问题也必然与其高增长的经济历程密切相关。

1. 中国经济的工业化和市场化

1992 年邓小平南方视察之后，中国经济的工业化和市场化开始同时发力。到1997年，中国第一次遇到了内需不足，在此之前，即使上溯三千年中国也从来没有遇到过有效需求不足的现象，经济危机从来都是饥荒、短缺、物资匮乏。马克思曾经将第一次生产过剩的经济危机看作是资本主义成熟的标志，与此类似，中国第一次遇到有效需求不足的“经济疲软”应该看作是中国经济进入市场经济运行轨道的标志。也就是从这一年开始，内需不足便伴随中国经济增长一直到现在。

2. 内需不足与外向型经济

从20世纪90年代末起，中国政府就在出台提高内需的政策，至今从未间断，以不断调整这个市场经济长期伴随的问题。对于有效需求不足，除实行计划经济外，发达市场经济国家解决内需不足的办法历来有两个方面，一个是凯恩斯主义提高内需的扩张性干预政策；另一个就是靠外需拉动。前者属于政府干预，后者则是企业自行谋求出路的必然结果。曾经的工业化国家都有过长期贸易顺差的经历，这表明来自海外市场的“外需”一直都是工业化市场经济国家的基本依赖。马克思也说过，正是海外贸易给资本主义带来了第一缕曙光。为过剩产能寻求海外市场是几乎所有工业化国家必然经历的一个阶段，最初是企业自发，而后是政府支持。中国经济的工业化和市场化自然不可能例外。既然市场化和工业化的必然结果是内需不足或产能过剩，从企业微观层面的唯一出路就是寻求海外市场，否则就是死路一条。在所有过剩产能都在寻求海外市场的行为驱动下，就必然出现持续贸易顺差。

中国经济的产能过剩背后是有规律支撑的，只是中国政府的干预力度过大，特别是地方政府的过度干预造成了较当年资本主义国家工业化时期更加严重的产能过剩，地方政府的过度干预同时也阻碍着过剩产能的调整，形成了一些僵尸企业。

3.国际收支双顺差及其结果

进入21世纪，不断增加的贸易顺差继续拉动中国经济高增长，也吸引了大量外资涌入，在中国金融对外开放相对滞后的前提下，形成了持续的国际收支双顺差。在工业化时期的美国和英国，战后持续工业化的德国和日本，以及后起的“亚洲四小龙”，其工业化时期都呈现出长期的贸易顺差。只是在其经常项目国际收支持续顺差的同时，其金融项目国际收支会持续逆差。但中国却由于金融放开滞后，出现了国际收支的持续双顺差。这意味着中国经济被持续“灌入”资金。持续的国际收支双顺差导致了两个重要结果：一是外汇储备持续增加，导致外汇占款的人民币持续增发，引起人民币在境内贬值的长期趋势；二是持续大规模国际收支顺差在境外形成了人民币汇率升值的持续压力。人民币境内贬值、境外升值的长期态势培育了中国资本流出的大趋势，这一长期趋势促进了人民币的国际化和资本项目下人民币的自由兑换。

中国外汇储备于2014年6月末达到39932亿美元，一年后下降到36938亿美元（2015年6月）随着中国经济进入新常态，经济增长率下降到7%以下，自3月后外汇储备余额持续下降，到11月末已经下降到3.4万亿美元。但中国依然是世界上最大的外汇储备国，其巨额外汇储备依然引起国内外各界的高度关注，它的动向和影响依然是各国金融当局和金融机构时刻要掌握的最重要的信息之一，特别是美国。

二、恐怖均衡与外汇储备的功能

随着美国经济70年代后的去工业化，美国的经济越来越依赖于美国建立的国际经济秩序，而国际经济秩序的核心不过是以美元为基础建立的国际货币体系。进入21世纪之后，欧元的兴起撕裂了美元一统天下的局面，近十几年来，世界已经明显地看到，美元的兴衰与欧元的兴衰是反向相关的。而且美元走势主要依赖美国国内经济状况的情势也在发生微妙的变化，它越来越多地受到外部的影响。最近，中国经济和人民币也开始受到美国金融界越来越强烈的关注。美国前财长萨默斯的"恐怖均衡论"就清晰地表明了美国对外的金融依赖。所谓恐怖均衡是指，中国和其他贸易顺差国家必须长期购买大量的美国国债，否则美国会因债务危机导致衰退，而且世界也会因此而陷入经济危机。恐怖均衡论的核心就是怎样使用外汇储备。

1. 外汇储备的基本功能

传统理论认为官方外汇储备的基本功能有两个，一是调节国际收支，以保证对外经济交流正常运转。二是在本币汇率下跌时用来干预外汇市场稳定本币汇价。从平时对外汇储备的需要看，一般认为外汇储备至少应能够满足3个月的进口所需。至于维持本币汇率稳定所需外汇的数量，则要看本币的国际化程度、国际地位和本币国际使用的规模而定。曾经的例外就是美元。美元与黄金脱钩之后，世界就被美元绑架了，因为美元是唯一的国际主导货币，因此美元的汇率仅受美国中央银行——美联储的调整，美联储通过调节美元的数量和基础利率来影响美元的汇率，美国不需要外汇储备。对于欧元和美元这样的大货币，可以不靠外汇储备和黄金储备来干预其汇率。事实也是如此，美元自停止兑换黄金以后，美国就再也没有通过买卖黄金及抛售外汇储备来干预美元汇率。

2. 怎样使用外汇储备最符合美国利益

中国官方的外汇储备有 3.5 万亿美元，怎样使用才最符合美国的利益呢？我们并不知道美国的学者和金融当局私下到底怎么想，但是本着美国利益为上的原则可以替他们设想。中国外汇储备最符合美国利益的使用方式是中国在国际市场上把这些外汇投入高风险资产，并且很快输光，至少是输掉很大一部分，这样恐怖均衡对美国就不再存在。其次就是“冻结”中国外汇储备的大部分资金，让它们作为长期存款存在美国的银行不能动，使其处于美国金融当局的监视之下，并在其控制之下用于支持美国经济的活动。用外汇储备购买大量风险资产类似于前者，用大量外汇储备购买美国国债类似于后者。

3.“保值增值”目标的意义有限

为保值和增值而经营外汇储备是当前各国外汇储备管理的基本目标，对国家外汇管理局则是一项艰巨的任务。中国巨额外汇储备超过 3.5 万亿美元，高于法国 2014 年的 GDP（2.6 万亿美元），接近德国 2014 年的 GDP（3.7 万亿美元）。首先，如此巨额的外汇储备要在如此动荡的国际金融市场上赚钱与企业逐利完全不同。一个中小企业产出增长率可以三五年翻一番，但随着规模扩大，产出增长率会递减，直到将其放大到整个中国经济的规模，其盈利能力就是中国经济的增长率。外汇储备不能在国内投资，因此其盈利要跑赢世界经济增长率的大盘已经不易，何况还要避开发展中国家货币贬值和资产缩水的风险，避开欧美发达国家也时常出现的各种金融动荡。保值增值不是不可能，而是平时就困难，动荡时期则不可避免要遭受损失。其次，即使外汇储备能够赚钱，赚的美元和外汇既不能分给公众，也不能增加中国 GDP，更不会形成对中国经济的任何刺激和支持，倒是支持了美国、欧洲的债务经济发展。因此，以保值增值为基本目标经营外汇储备的好处有限，对中国这样的大经济体而言有浪费外汇储备潜在功能之嫌。

4. 推动世界与中国经济共同发展的目标

中国与非洲、拉丁美洲和东南亚一些发展中国家签订了援助、贷款及其他经济合作的协议，也与一些遇到困难的发达国家签订了合作性质的贷款协议：中国主导建立了亚洲基础设施投资银行；“一带一路”倡议也受到了世界相关国家的广泛响应。在这一切行动的背后，中国巨额外汇储备的支持功不可没。这些对世界有重大影响的行动在给世界带来美好前景的同时，也给中国的巨额外汇储备带来了新动能。这就是支持中国与相关地区乃至整个世界的共同发展。

我国 2014 年的进口总额为 1.96 万亿美元，出口总额为 2.34 万亿。3.5 万亿外汇储备远远超过中国 3 个月进口的需要。用其中的一部分支持中国经济融入世界，并与世界经济共同增长的好处要比单纯购买发达国家的金融资产大得多。因为这些活动会增加中国经济的境外需求，既可以支持境外的经济发展与繁荣，又可以支持中国经济的继续增长。不是继续支持国内过剩的钢铁、水泥等落后的过剩产能，而是支持国内装备制造和工程建设及相关技术、金融等服务的国际化和规范化，带动国内就业，带动国内经济的转型升级。

5.从外汇储备支持的贷款到人民币贷款

通过一定的程序将外汇储备用于境外贷款的一个最大的好处就是有利于推动人民币的对外贷款，从而加速人民币的国际化。如果所有的对外贷款、援助及其他合作项目的资金可以使用人民币，外汇储备对中国对外经济活动的约束就会大大降低。如果人民币与美元一样成为国际主要的融资工具，外汇储备对中国经济的意义就会进一步下降，直到其主要进入功能重新回归支持人民币汇率稳定这个传统功能上。但是，在人民币成为国际主要金融工具的最初时期，必须经历一个主要由强大外汇储备支撑的阶段。

三、人民币遭到狙击的风险

人民币国际化的结果一定是中国金融市场的进一步开放。从 1997 年的亚洲金融危机到 2008 年的美国金融危机，再到随后爆发的欧洲债务危机，每次金融危机对中国的影响都在可以接受的可控范围之内。不少学者坚持采取防火墙策略，坚持不放开中国金融市场，将中国经济与国际动荡的金融市场隔开。在加入 WTO 之际，许多学者也曾担心“狼来了”，中国没有一个像样的跨国公司，甚至没有任何一个像样的国际品牌，一旦加入自由贸易，中国企业就会被国外的商品大潮冲垮。事实却相反，中国很快形成了外向型经济，也成了世界上最大的进出口贸易国。

1. 为什么要放开金融

中国经济规模已经居世界第一，GDP 总量已经超过日本一倍。我们不能设想这样的大经济体的货币会长期维持在一个小货币的地位上，中国的货币在世界上的地位必然要与其经济体的国际地位相匹配，这就要求人民币必须国际化，并与中国经济一样融入世界经济。

人民币国际化有两个方面的表现：第一，在国际结算中被广泛使用；第二，人民币资产成为主要的国际储备。前者要求人民币跨境结算方便、快捷，兑换其他货币方便；后者要求人民币资产可供选择的种类丰富，买卖方便，变现快捷。这不但要求中国金融对外开放的力度加大，更要求中国金融的市场化、规范化和国际化的深度改革。金融结构要朝着适应大国经济的方向调整，产权结构、治理方式、金融业务、风险管控、监管方式和监管结构等都需要深入地改革。

中国经济深度融入世界已经是大势所趋，尽管世界金融动荡不已，尽管中国经济还不够强大，但就目前中国经济的规模而言，一旦面对世界金融动荡，中国已经不可能再靠躲避而独善其身了，中国需要尽大国的责任，需要在融入世界的过程中使自己更强大。中国已经是世界第一的贸易大国，在自由贸易中获得了巨大的好处，目前已经成为世界上最主张自由贸易的国家。当中国经济在资本的自由流动中变得越来越强大的时候，也一定会成为最主张资本自由流动的国家。

2. 外部金融冲击的风险

中国金融对外进一步开放的最大风险不是人民币的升值，而是人民币的贬值。因为人民币升值表示境外对人民币需求增大，人民币是中国发行的，人民币资产也是中国发行的，适当增加其供给，问题就会得以解决。人们最担心的是热钱大规模进出。一旦资金大量外流，不但会导致人民币贬值，还会引起境内外大规模抛售人民币资产，导致经济紧缩。资金外流不外乎三类：富人带钱外迁、外资大规模撤出和热钱撤出。

第一类是富人带钱外迁，这是最不必担心的，那些移居境外的有钱人大多只是在境外花钱，他们的钱主要是存入银行或卖债券等金融资产，然后由美国银行或金融机构进行实际投资。只要中国维持相对高的经济增长率，这些资金中的一部分还会流入中国，只要中国维持稳定的经济增长，外资就会大量流入，资金还会继续将技术、资源和人才汇聚到中国。

第二类是资本外逃，往往是由自然灾害、战争、政治动荡及经济危机等因素引起的。它从孕育到发生需要一个较长的时期。

第三类是热钱外流，这是最可能发生的风险。只要放开资本市场，热钱出入就是经常要面对的问题。热钱大规模流动往往与短期投机活动有关，会造成两方面的问题：一是在外汇市场和资本市场上，抛售人民币资产兑换外币或外汇导致资金大量出境，并形成人民币贬值压力；二是造成国内资产价格暴跌和流动性短缺。

3. 用外汇储备干预人民币汇率的特殊性

当人民币遭到冲击的时候，需要用外汇储备干预人民币的汇率。中国 3.5 万亿美元的外汇储备理论上可以应对近 21 万亿人民币同时兑换外汇（以 1 美元=6 元人民币计）的冲击。如果央行大规模动用外汇储备，就需要在外汇市场大规模抛售美元资产和欧元资产。即使不考虑“羊群效应”，也很容易影响所卖资产的价格和货币的汇率。这会威胁到美国和欧洲经济的稳定，美国和欧盟就很容易通过与中国谈判达成协议，采取与中国一致的行动共同稳定人民币市场。这里的最大风险是管理层迟钝，发现大规模热钱流动太迟；其次是没有提前与欧美大国央行之间做好必要的制度安排或建立应急沟通渠道。

4. 金融危机的风险及其可控的特殊条件

热钱大规模撤离的另一个风险就是引起人民币资产价格暴跌，债务违约迅速蔓延，直到金融恐慌，流动性短缺，爆发金融危机。中国是以四大国有银行为主体的金融体系，与私有化的美国金融系统存在重大区别。四大银行曾经出现过 38%—42%的不良贷款率，这至少说明了两点：第一，国有银行自身的问题很多，需要改革提高效率；第二，国有银行之所以比民营银行有更强的抗风险能力，不是因为其经营效率，而是因为它们不是自负盈亏的。在美国，只有美联储可与它们相比。在 2008 年的金融危机中，美国也不得不采取大规模向金融机构注资的方式来挽救美国金融系统的危机。呆坏账在中国只是一个可以解决的严重经济问题，并不等于金融危机。在中国，即使所有金融指标都恶化，只要四大银行不倒闭，一切就都还在可控范围之内。

中国经济持续高增长的重要原因之一就是从没有被真正的金融危机打断过，也没有发生过真正的金融恐慌，如果四大银行倒闭一家，中国人立即就会明白什么是金融恐慌和金融危机。银行是公器，掌握着巨大的公共权力，虽然大量民营银行发展有利于资金合理配置，但是整个金融系统不能成为少数人牟利的工具这一点还是要坚持的。以四大国有银行为基础是目前中国金融体系的基本特色，其意义不仅在于比华尔街更公平一些，更重要的是这个体系面对金融风险时具有华尔街无法比拟的抵抗能力。当然，这些不应成为国有银行进行股份制改造、提高经济效益、学习国外风控经验的障碍，更不能成为发展民营金融机构、促进金融业市场化、国际化的障碍。

（本文原载于《金融界 8 号》2016 年 1 月）

经济增长理论创新及其对中国经济的实践意义

——兼论如何重开中国经济高增长之门

摘　要：本文在充分理解马克思关于资本主义生产理论的基础上重新审视了经典经济增长理论；指出了两种理论逻辑的基本差异；在强调货币数量直接推动虚拟经济 GDP 增长的几个基本事实的基础上，阐述了虚拟经济自我膨胀的机制及其本质；从制度因素对经济增长影响的角度，比较了市场经济是最优资源配置机制的理论与马克思认为市场自发配置资源会导致周期性经济危机从而周期性大规模破坏生产力的理论，并根据历史事实指出了为什么市场经济只有第三条道路可走；在上述基础上，创立了以产业创新为核心的经济增长理论，阐述了技术进步、金融创新及制度因素等直接推动经济增长的核心机制；用此经济增长理论解释了中国前 30 年经济高增长的基本路径；比较了中美产业结构差异，对服务业带动中国经济继续高增长的前景进行了估测；明确了下半段经济改革的基本方向和核心问题。

关键词：经济增长理论；马克思经济学；虚拟经济；产业创新；中国经济高增长

GDP 是一个国家当年创造的全部新价值，也是国内所有人的“毛收入”，它的基本内容是工资和利润，直接关系到国计民生，是最重要的经济指标。中国持续 30 年 GDP 的高增长不但改变了中国，也改变了原有的世界经济格局。显然，无论物价、汇率还是其他经济指标都不能如此密切地关系到民族兴衰乃至世界大局。但是，人们对 GDP 增长的逻辑及其因素的认识却是以西方经典经济增长理论及其相关计量分析为依据的。如果这些理论有问题，甚至是错误的，据此制定的政策一定效果不佳。如果能够厘清真实逻辑，理解 GDP 增长的真实路径，不但可以重构符合实际的经济增长理论，而且有利于我们拨开迷雾，看到正在重开的中国经济高增长之门。

一、GDP 的本质与经济增长的不同逻辑

经济增长的指标是人均 GDP，如果暂不考虑人口问题，经济增长最重要的指标就是 GDP 本身。经典经济增长理论认为，推动经济增长的因素主要有两个：技术进步和生产要素投入。我们即将说明的是，总产出或总产量增长与 GDP 增长并不是一回事，技术进步推动 GDP 增长也是一种似是而非的误解。更重要的是，经济增长的本质不是经典经济增长理论所描述的物质生产过程或技术过程，而是一个价值增殖的社会过程。让我们从 GDP 的性质开始，讨论两个完全不同的 GDP 增长逻辑。

1. GDP 是用货币衡量的价值概念

我们首先要确定 GDP 的性质，确定它是一个物量概念（如总产出）还是一个价值概念，抑或二者是同一个概念。不同物质属性的产品是没有办法加总在一起的，如小麦和电脑。异质品唯一可以加总的办法是用货币加总它们的价格总额。我们首先可以肯定，名义 GDP 是一个价值概念，不是一个物量概念。但是，用不变价格计算的 GDP（或者用物价指数缩减的 GDP）则被许多经济学家解释为是一个物量概念，称为实际 GDP，并看作西方主流经济理论中的总产品或总产出。实际上，用不变价格计算实际 GDP 的方法只不过是使商品的数量变化与其价值变化一致罢了，这改变不了 GDP 是价值概念而非物量概念的本质。何况剔除了通货膨胀因素的实际 GDP 也不能反映产品质量的变化，技术越进步，认识到这一点越重要。例如，电脑技术不断进步，不断增加新的功能，价格却在不断下降，因此，用 10 年前的电脑价格来计算电脑数量的增长没有任何意义。

既然 GDP 是一个用货币衡量的价值概念，商品的数量（和质量）与价值之间的关系就是技术进步能否推动经济增长的关键。如果技术进步导致产品数量增加的同时，单位产品的价值量不变，产品的价值总量就会增加，技术进步推动经济增长的逻辑就是成立的。如果技术进步导致产品数量增加的同时，单位产品的价值降低，从而导致产品价格降低，技术进步推动经济增长的逻辑就不成立。主流经济学属于前者，马克思属于后者，他们对经济增长有完全不同的理论逻辑。如果马克思是对的，或者马克思基本是对的，就意味着我们必须重新审视经济增长理论及其相关政策。

2. GDP 与技术进步成正比的主流逻辑

效用价值论认为，价值就是物品带给人们的效用，在人们的偏好既定的前提下，效用量随着产品的数量增加和质量提高而增加。根据这样的逻辑，产品的数量、质量与其价值量是同方向变化的。既然效用是所有物品都具有的性质，它本身又是价值，用货币来加总异质品的价格不过就是用货币来衡量效用量罢了。只要通过物价指数缩减名义 GDP，剔除了通货膨胀的影响，实际 GDP 价值量的大小就应该理解为总效用大小，总效用大小与产品数量多寡和质量高低一致。在核算期内（通常 1 年）人们的偏好大致不变，边际效用递减规律就可以忽略不计。于是，价值增长与产量增长和质量提高完全一致。效用价值论是现代经济增长理论的基石。技术进步可以在投入不变的情况下导致产出增加，导致总效用增加，总效用增加就是价值总量增加。如果不存在这个关系，技术进步推动 GDP 增长的逻辑就不成立。

3. 劳动生产率与单位产品价值成反比的理论

现在，让我们来看一个完全不同的理论。马克思的劳动价值论认为，除去劳动之外，土地、机器设备等其他生产要素都不创造价值。于是，马克思的劳动价值论提出了如下逻辑：无论劳动生产率怎样提高，一定的社会必要劳动量在一定时期内创造的价值总量不变。劳动生产率越提高，单位产品的价值量越低，劳动生产率与单位产品的价值量成反比。根据这个理论，如果劳动投入不增加，价值量就不增加，技术进步只能降低单位产品价值，降低单位产品的成本。GDP 既然本质上是价值总量概念，按照马克思的这个理论，技术进步就不可能推动 GDP 增长。

4. 观察到的事实

我们先不讨论劳动价值论本身的对错，至少人们到处都可以发现技术进步与产品价格成反比的实例。在高科技部门，如电脑生产，其技术指标（如计算速度）通常是按照几何级数增加的，而其价格往往增加幅度不大甚至下降。技术越进步，单位产品价格越低的现象随处可见。在那些劳动密集型的服务业，如理发行业，其价格与技术密集型产品价格相比往往是相对上升的。虽然这些事实并不能严格证明马克思劳动价值论是对的，至少可以提醒我们经济活动中可能真的存在劳动生产率与单位商品价值成反比的规律。这个规律如果存在，技术进步推动经济增长的逻辑就不成立。

我们再来看美国长期的统计数据（见表 1），根据美国国家经济分析局的统计，20 世纪 50—60 年代，美国制造业创造的 GDP 占美国 GDP 的比例为

23%—27%，金融房地产服务业创造的 GDP 占美国 GDP 的比例为 11%—14%，现在，美国制造业的 GDP 占比已经下降到 12%左右（2008—2015 年），而同期金融房地产服务业的 GDP 占比则上升到 20%以上。美国学术界强调工业的萎缩，称之为“去工业化”，我们强调金融房地产服务业的膨胀，称之为“经济虚拟化”。

表 1　美国各产业 GDP 占美国 GDP 的比例

单位：%

年份	农业	采矿	公用事业	建筑	制造	运输仓储	信息产业	金融房地	职业服务	教育医疗救助	娱乐休闲餐饮	其他服务	批发	零售	政府服务
1950	6.8	2.6	1.7	4.7	27.0	5.7	3.0	11. 5	3.5	2.0	3.0	2.9	6.4	8.9	10.7
1960	3.8	2.2	2.3	4.4	25.3	4.4	3.3	14.2	4.3	2.7	2.8	3.0	6.6	7.9	13.2
1970	2.6	1.5	2.1	4.8	22.7	3.9	3.6	14.7	5.0	3.9	2.9	2.7	6.5	8.0	15.2
1980	2.2	3.3	2.2	4.7	20.0	3.7	3.9	16.0	6.2	4.8	3.0	2.5	6.7	7.1	13.7
1990	1.60	1.5	2.5	4.2	16.7	3.0	4.1	18.1	8.9	6.5	3.4	2.7	6.0	6.9	13.9
2000	1.0	1.0	1.8	4.5	15.1	3.0	4.6	19.4	10.8	6.6	3.8	2.7	6.1	6.8	12.9
2010	1.1	1.1	1.8	3.6	12.2	2.8	4.9	19.7	11.6	8.3	3.6	2.2	5.8	5.8	14.3
2014	1.2	1.2	1.6	3.8	12.10	2.9	4.8	20.1	11.9	8.2	3.8	2.2	6.0	5.8	13.1

数据来源：根据美国国家经济分析局网站（http：//www.bea.gov/industry/ gdpbyind-data.htm）相关数据整理。

有人用统计分类的变化解释这个长期变化趋势，认为美国的分工更细了，有许多活动被重新分类了才会如此。这只是臆测：第一，如果统计部门将制造业的某些活动从制造业的 GDP 核算改为计入金融服务业，必须明确说明；第二，重新归类的统计项目调整，必须调整相关的历史数据，统计部门不可能用统计分类的改变去冒充经济历史的变化；第三，一些技术服务部门的发展，如编程，并非制造业的应有的编程工作分出去的结果，而是制造业和其他企业对专业编程需求增加的结果。同样，会计、审计、投资咨询、理财、公司治理平台设计等也不是金融业分离出去形成的，它们是新的技术、新的金融环境下企业专业需求催生的新行业。50 年代至今，美国制造业企业的科技研发力量是日益加强的，并没有被分流出去。分流出去的是研发能力弱的低端制造业。显然，美国去工业化和经济虚拟化既不是统计分类造成的问题，也不是制造业分类成其他行业所致，而是历史统计数据可以证明的事实。重要的是，这个统计事实与技术进步推动经济增长的逻辑是相悖的。如果说美国从 50 年代到现在没有科技进步显然是说不通的。如果说有科技进步，那么美国长期科技进步的结果怎么会造成制造业对 GDP 贡献率下降了一半，金融房地产服务业的 GDP 贡献率上升了近一倍呢？除非有更重要的因素在推动经济增长，否则无法做出合理解释。

5. 制造业高端化会造成其 GDP 贡献率萎缩

事实是，美国的低端制造业多数已经转移到境外了，留在美国的都是高端制造业。也可以说，美国的“去工业化”就是高端制造业替代低端制造业的产业升级，经济虚拟化就是金融房地产服务业替代制造业成为美国 GDP 创造支柱产业的过程。美国制造业高端化是一个事实，美国制造业对 GDP 贡献率的相对萎缩也是一个事实。这岂不是在证明，美国制造业的高端化产业升级造成的后果就是制造业对 GDP 的贡献率的持续下降。美国的事实一方面提醒我们，中国的制造业升级并不一定能带动中国 GDP 维持中高速经济增长；另一方面也提醒我们，需要重视美国金融房地产 GDP 贡献率提高的事实及其背后的政策含义。

二、虚拟经济与经济增长的另一个动力

将经济增长看作一个物质生产过程，其动力就只有资源投入和技术进步，如果将经济增长看作一个价值增殖的社会过程，其增长因素就多得多了。让我们先来梳理金融活动如何创造 GDP。许多文献都论证说金融对经济增长起着重要作用，发展中国家存在的“金融压抑”抑制了发展中国家的经济增长，而发达国家的金融自由化则推动了金融深化，从而为经济增长创造了更好的环境。这些文献虽然强调金融是经济增长不可忽视的因素，但却从未将金融与技术进步、土地、劳动、资本等并列为直接创造 GDP 的生产要素。它们最多是为经济增长创造了更好的环境和条件，促进了资源配置的效率，促进了要素利用率的提升和技术进步。直接造成实际 GDP 增长的还是技术进步和生产要素投入。主流经济学认为金融的基本功能不是直接创造财富，而是将储蓄转化为投资，为技术进步和资源投入创造更好的环境和条件。但是，按照 SNA 核算系统的计算，美国和英国的实际 GDP 中有 20%以上是金融和房地产服务业直接创造的。这个事实正在改变着金融为实体经济服务的习惯性思维逻辑。

1. 重复交易怎样创造实际 GDP

主流经济学认为，银行和证券公司与汽车生产厂家一样都是企业，都投入劳动和资本并向社会提供真实产出，只不过汽车业提供的是汽车产品，银行和证券业提供的是金融中介服务。这种服务与汽车修理、餐饮服务一样都要计入当年实际 GDP。只有这样我们才能看到美国金融房地产服务业创造的 GDP 超过任何其他行业成为美国经济增长的支柱产业。但是，要搞清楚这些 GDP 的性质与制造业和普通服务业 GDP 的区别。

无论是根据经济理论还是常识，一件商品无论重复交易多少次，还是这一件商品，不会增加任何效用价值或劳动价值，否则只要交易频率足够高，几个人之间反复交易同量产品就可以创造出一个国家的 GDP。任何国家在任何时期的国民经济核算都将剔除重复计算被视为一项基本原则，但是在人们根据科学原则统计的 GDP 中却充斥着由重复交易创造的成分。以股票二级市场为例，证券公司和交易所要为股票交易提供中介服务，这种中介服务与餐饮服务一样是创造效用，从而创造价值的，因此，中介服务的价值要计入实际 GDP。同量股票交易的次数越多，交易额越大，证券公司和交易所提供的中介服务就越多，计入其创造的净产值也就越多，GDP 也就越大。如果按交易额的千分之一收取服务费并将其看作是其服务创造的价值，股市在日交易额 5000 亿元的时候就大约有 5 亿元的中介服务收入需要计入 GDP。假定中国股市日均交易额为 5000 亿，按一年 250 个交易日计，年交易额为 125 万亿，按万分之三收取服务费并计算其中介服务价值，每年因股市由重复交易创造的实际 GDP 大约为 375 亿。

重复交易在经济中十分常见，在金融和房地产服务业领域尤其集中。外汇市场、房地产市场、股票市场、债券市场、大宗商品期货交易及衍生品市场都存在大量重复交易。重复交易本身虽然不计入 GDP，但它每时每刻都在创造着实际 GDP。重复交易中有些与实体经济相关的还可以称为价值再创造，如二手车的重复交易。那么，当外汇交易额超过进出口贸易额 50—70 倍（2007 年前后），甚至 103 倍（2013）的时候，其中的大部分就不是为贸易服务的，而是牟利性的货币交易，这时无论按效用价值论还是按劳动价值论，不增加任何实际的使用价值或效用，只是单纯增加“中介”服务，这种中介服务的收入与其说是服务的报酬，不如说就是为投机提供服务的“抽成”，与赌博抽成性质一样。在美元与黄金脱钩之前，这种现象并不严重。但浮动汇率制度之后，最初是避险为主的外汇交易上升，随后投机日盛，并养育了日益庞大的国际游资，专事国际金融投机活动。它们影响金融资产的交易频率和规模，从而直接影响金融房地产服务业 GDP 的多寡，影响汇率和国际收支，影响经济兴衰。

2015 年美国金融房地产服务业创造的中介服务价值（名义 GDP）达到 3.66 万亿美元，超过其全部 GDP（17.9 万亿美元）的 1/5；与美国第一产业（农林牧渔）和第二产业（采矿、公用、建筑、制造业）之和的 3.67 万亿美元相当。金融房地产的中介服务虽然不能全部看作重复交易，但其中很大一部分中介服务与重复交易直接相关。

如果重复交易本身不是真实财富创造，由重复交易衍生的服务也就具有虚拟的性质，这就是我们一定要将这类活动称为虚拟经济，而不是金融经济的原因。因为只有虚拟经济这个词才能反映这类经济活动的本质特征。个别人可以靠此发财，一个民族或国家的兴旺和发展却不能依赖它。

2. 货币直接创造实际 GDP 的方式

自由主义经济学坚持货币中性理论认为货币仅仅是交易媒介，不是要素投入，货币增加不会带来真实的经济增长，而只能带来物价（最多加上资产价格）上涨。有大量计量经济学的研究成果证明这个理论的正确性。虽然有些相反的计量结果，但都不被主流经济学所接受，因为一旦否定了货币中性，货币可以直接创造实际财富，要素投入和技术进步创造真实财富的经济增长理论就会遭到颠覆。我们要强调的一个事实恰好提供了货币直接创造实际 GDP 的证据，它不是假定下的推理，而是又一个被忽视的事实。

各国官方以 M1、M2 定义的货币，除少量现钞以外，都是不同期限的存款，包括活期存款和定期存款等。可以说，所有的存款都是货币。银行与钢铁厂一样都是企业，钢铁厂在投入劳动与资本的同时还要投入原料铁矿石，银行在投入资本和劳动的同时也要投入其特有的原材料——存款（货币）。货币在银行业的生产过程中直接就是投入，而不再像钢铁厂那样，是获得（购买）铁矿石原料的媒介。货币增加就是存款增加，也就是银行投入的增加，这必然造成银行的产出——贷款——增加，于是银行提供的中介服务增加，中介服务就是银行创造的真实财富，中介服务的净收入要计入 GDP。当货币成为“生产要素”投入银行的时候，就绝不是什么短期货币冲击了，而是实实在在的货币创造净产出（GDP 或 GNP）的真实过程。

货币也可以推动重复交易增加，从而推动重复交易导致的实际 GDP 上升。需要强调的是，存款（货币的主要形式）之所以可以推动经济增长，不是因为金融机构将存款转化为实体经济的投资再由实体经济去创造 GDP，而是银行贷款活动直接被记入 GDP。问题仅仅在于贷款给汽车厂商就是将汽车厂商创造的 GDP 与银行创造的 GDP 加在一起，如果是贷款给进行股票重复交易的证券公司，增加的实际 GDP 就不会有任何实际可供消费的产品和服务，仅仅是金融服务增加，即证券交易中介创造的 GDP 和银行创造的 GDP。当前者出现的时候，按照主流经济理论，还可以说银行业将储蓄转化为贷款去生产汽车，增加了总产出；当后者出现的时候，即使按主流经济学理论也无法认同贷款给重复交易会与贷款给汽车生产一样可以增加总产出。货币直接创造的 GDP 的过程与重复交易创造的 GDP 的过程一样带有虚拟性质。

3. 金融技术创造 GDP 的能力

20 世纪 70 年代末、80 年代初，美国政府由凯恩斯主义转向新自由主义，放松管制实行金融自由化政策。其最突出的影响之一就是证券化。到 1985 年，国际证券融资第一次超过银团贷款，成为国际融资的主要方式。证券化一方面方便了融资；另一方面也开启了通过金融工程技术大规模创造金融资产的时代。

以收入证券化为例，一个年净收入 5000 万美元的收入流，如果将其证券化，其理论价值大约是这个收入流除以利息率。假定利息率为 5%，这个收入流可以证券化为 10 亿美元的金融资产。中介机构在资产证券化的过程中要提供中介服务，并按融资额收取一定的费用。假定按资产价格的千分之一收取，证券公司的收入为 100 万美元，这也是中介服务创造的价值。在这个过程中，5000 万的净收入没变，证券化的中介服务创造出了 10 亿美元的资产，同时也创造出了 100 万美元的 GDP。这还不算可能引起的证券二级市场增加的重复交易，以及会计师事务所、律师事务所与其他专业服务因此而增加的服务和收入。

4. 与土地、金融资产价格相关的 GDP 创造

金融资产的创造过程可以创造 GDP，意味着资产价格的上升也可以增加 GDP。大多数与资产交易相关的服务，其服务收费的高低及其服务创造 GDP 的大小都要与资产的交易额、融资额等直接相关。例如，房地产的中介服务、开发活动等的收入高低就与土地价格直接相关。证券化的收入与融资额，甚至经济案件的法律服务、会计财务服务等收入都与所涉项目的名义价值直接相关。虽然货币、金融资产、土地的名义价格本身都不被看作真实财富，但是针对一定资产价格收取费用的融资、交易、评估、分析等服务却被看作是有真实价值的，要计入当年的GDP。相关资产价格高低与这部分中介服务创造的GDP密切相关。资产价格上升的背后必然有货币数量的推动。

如果重复交易不是真实财富的创造方式，货币增加、价格上升也不是真实财富的创造方式，那么它们引起的GDP就带有严重的虚拟性质。难怪许多经济学家将增发货币、资产价格膨胀导致的经济繁荣称为虚假经济繁荣，称为泡沫经济。我们称其为虚拟经济就是要强调这种方式创造的净收入流虽然要计入GDP，但是这些财富的积累方式是以价格上升和金融资产大幅度增加为基本形式的“价值化资本积累”（实际资本积累仅指固定资本形成），与此相关的实际GDP可以在极短时间内连同其依赖的巨额虚拟资产一起蒸发，如土地价格暴跌和股票暴跌引起交易骤减等，因为它们本来就是虚拟的。国民经济高度依赖虚拟经济支撑是靠不住和危险的。

5. 虚拟经济不同于实体经济的运行机制

主流经济学将价格与供求之间的关系被看作市场经济最基本的运行机制，只要普遍实现供求相等就意味着经济是平衡的，而完全竞争下价格系统会自动实现普遍的供求均衡。按照这个逻辑，证券化、二级市场的重复交易只要有需求支撑，满足这个需求的供给就不可能过度。而金融市场的价格系统（包括利息率）被看作是最及时、最有效的，均衡会自动及时实现。金融活动也可以概括为债权与债务的关系，从宏观角度看，借方和贷方永远是均衡的，可以相互抵消，不会对经济有什么特殊影响。在微观经济学中，债权债务关系是可以删去不计的。但事实远非如此简单。虚拟经济的定价方式及其供求规律与实体经济有重大区别，需要对虚拟经济的定价原则与供求关系的特征有充分认识，否则用实体经济的运行机制去理解虚拟经济总是会出现“意外”。

实体经济的定价方式是成本定价。在微观经济学中，竞争的均衡价格恰好会与长期平均成本曲线的最低点完全一致。供给者就是生产者，需求方就是消费者或生产资料使用者。虚拟经济的定价方式可以用预期收益折现的定价方式来概括，如股票，其定价实际上是对其盈利能力的估值，理论上是预期利润除以利息率。这种定价方式已使得股票的价格远离企业成本，且利息率并不在企业所能控制的范围内，实体经济的供求均衡关系完全不适用于虚拟经济。

在实体经济中，竞争越激烈、越长期，预期的作用越小，价格越接近长期成本曲线的最低点，于是成本就是实体经济价格决定的准绳。成本是供给方或生产者的事，与需求方无关。在虚拟经济定价机制中，预期是众多当事人心理预期的集合平均，且包括买卖双方的心理预期。而利息率则是包括货币政策在内的各种宏观因素的综合体现，且越是长期，心理预期和利息率越是不确定。

虚拟经济的买卖双方与实体经济的需求和供给完全不是一回事。以股票交易为例，第一，股票的买卖双方并不像牛肉的供给和需求那样相对固定，其交易的供求双方往往只是因为对股票价格预期（看涨或看跌）的不同而分为供求双方，与实体经济中相对固定的供求双方完全不同，更像赌徒押大还是押小的选择。第二，股票交易的中介服务价值需要计入GDP，但这个中介服务价格（中介服务费率）对交易中介服务的供求没有多大调节作用，股票交易中介服务的供求取决于股市的活跃程度。第三，股票交易的供求与价格之间的关系也不像牛肉等实体经济的供求关系那样，价格越低，需求越大、供给越少。“追涨杀跌”的正反馈基本上可以看作是虚拟经济中的常态。第四，虚拟经济的需求虽然可以归为心理因素，但它往往与人的贪欲心理有关，贪欲是无止境的，是投机行为的心理基础。当贪欲迅速蔓延到越来越多的人群时，投机行为成为主流，虚拟经济便会脱离实体经济自行膨胀。第五，债权债务关系更不能等同于供求关系。当明斯基归类的“庞氏融资”盛行的时候，债权债务虽然依旧相等，几乎必然引起违约的庞氏借款者则会将金融危机带给整个经济。可见债权债务的相等与实体经济中的供求均衡根本不是一回事。债权债务关系是经济活动中不可忽略，更不能从理论经济学中删去的经济活动。

在现实中，我们也很容易看到，电脑、手机、电视、冰箱的价格虽然可以偏离其平均成本，但很难炒到其成本数倍、十数倍的程度，其价格受到其生产成本较强的约束。商品期货的这个约束就小得多，因为其供求之间加入了大量投资者或投机者，其价格往往可以在较长时间大幅度偏离其成本，如有期货市场之后的黄金、铜等贵金属，其价格波动远大于一般工业品。股票、债券及其他资产二级市场的交易价格基本不遵循与生产成本相一致的原则。用牛肉价格调节牛肉供求的理念来解释虚拟经济供求均衡的机制显然是过于简单了。虚拟经济是一种不同于实体经济的运行方式，它集中于金融房地产业，但也可以在黄金、石油甚至大蒜的交易过程中发现这种运行方式。本文要强调的是，这种运行方式与实体经济的正常运行方式是有区别的。将二者看作毫无差别，都符合一般供求关系的理论并不妥当。

6. 圈定虚拟经济的范畴

在我们指出虚拟经济为什么可以自我膨胀之前，有必要为虚拟经济定义。经济学概念的定义通常有两类，一是理论定义，二是现实内容的界定。以货币为例，理论定义可以是自由主义经济学的“交易媒介、价值尺度”等功能性定义，也可以是马克思的本质性定义“货币是价值的独立化表现形式”等，现实中的货币定义则是 M_1、M_2、M_3、准货币等。“虚拟经济”理论上可以定义为以心理因素为基础的定价系统，以区别于实体经济以成本为基础的定价系统。马克思曾经指出，资本主义的生产过程是物质生产过程和价值增殖过程的统一，其本质是价值增殖过程。按照这个逻辑，虚拟经济本质上就是脱离了物质生产过程的价值增殖过程的独立化。简单地说就是用钱生钱的经济运行方式。

但更重要的是，要有一个可以识别现实虚拟经济的统计刻画，至少可以大致圈定主要从事虚拟经济活动的行业。从理论定义看，虚拟经济是一种经济运行方式，不是特定的行业。我们看到当成本定价的大蒜、郁金香等产品作为资产被炒作的时候，这些商品本身的主要功能就不是消费品而是金融资产，于是心理预期就超过成本成为其定价的基础，于是它们便与股票、期货的“恶炒”一样进入了虚拟经济的运行方式。但是在实体经济中，这种活动不是经常发生的。在金融和房地产服务领域，心理定价方式是常态，炒股票、以获得买卖差价为盈利方式与分享企业利润的投资方式都被看作常态。

房地产服务业与建筑业最大的区别就在于其是土地开发商，是房屋买卖的中介服务者，是从事资产买卖的中介商。房地产在市场经济中的主要功能不是解决住房问题，它是不动产，是最重要的信贷抵押资产。它是虚拟经济的秤砣，通过金融杠杆托起庞大的金融资产，维持借贷关系脆弱的平衡。将金融房地产看作虚拟经济的核心行业几乎是多数同意虚拟经济概念的人们的共识。

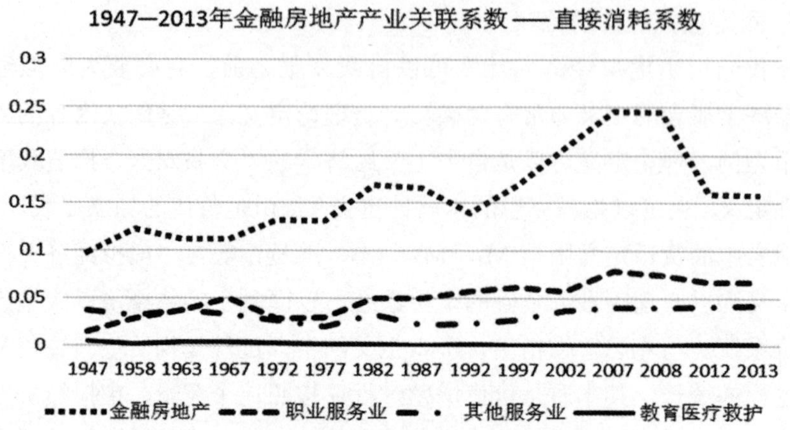

图 1　房地产金融对应职业服务业关联性

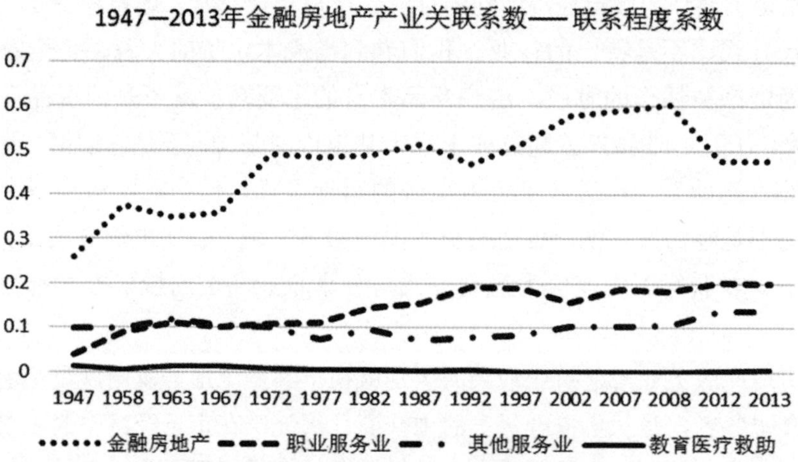

图 2　房地产金融对应职业服务业关联性

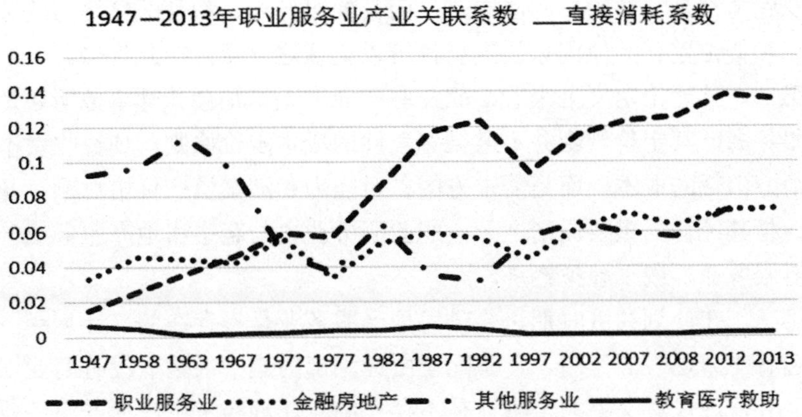

图 3 职业服务业对应房地产金融关联性

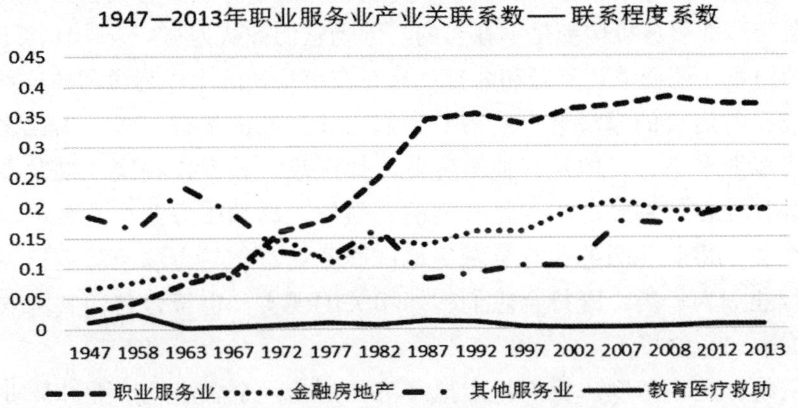

图 4 职业服务业对应房地产金融关联性

争议更大一些的是将按美国标准分类的职业服务业也归为虚拟经济。我们的主要理由是，第一，从投入产出的行业相关系数看，职业服务业是与金融房地产服务业相关性最强的行业；利用关联分类法（将相似关联的经济活动组成一个集合的分类方法），我们论证了金融、房地产和职业服务业的经济活动方式相似关联，是属于同类产业。采用 1947—2013 年美国投入产出表中直接消耗系数、联系程度系数来表明产业之间的技术联系，测算部门间在生产过程中的联系程度的大小。图 1 至图 4 显示在第三产业中，不管是从金融房地产角度论证与职业服务业的关系，还是从职业服务业角度论证其与金融房地产服务业的关系，金融、房地产、职业服务业相互消耗产品、联系密切程度及趋势都是一致的，同涨同落。而其他服务业、教育医疗等与此关联性很弱，相似性差。其他国家的数据也可以论证这一点，在此省略。

第二，从理论定义上来看，职业服务业中无论是会计师事务所还是软件开发服务商，其定价规则并不遵循竞争性的成本定价原则，项目收费不是根据供给方消耗的成本，而是需求方的支付能力和涉案资产价格总额。开发高端客户是其经营的重要原则之一，职业服务业也与金融房地产服务业一样是高价值服务业，属于虚拟经济。

第三，在计划经济时期，金融房地产服务业是不存在的。计划经济的银行只起着“簿记”的作用，资源配置由计划部门集中决策。没有商业银行与央行之分，现代意义上的金融业是不存在的。计划经济中房地产服务业也是不存在的，只有建筑业、房管局和企业的房管处负责住宅和办公用建筑的配置。职业服务业也不存在，会计师事务所、律师事务所、咨询公司、高端技术服务等职业服务机构都是不存在的，因为它们被认为与广告一样，不但不能创造财富，还会消耗资源和财富。只有在市场经济中作为盈利的一种方式和市场正常运转的润滑剂时才需要它们。计划经济没有这些，工业化和消费都可以照常进行。但是其他服务业，如医疗、教育、餐饮、批发零售、信息等行业在计划经济中也是必需的。显然，高端服务业与是否市场经济高度相关。将职业服务业与金融房地产服务业看作与市场经济运行高度相关的行业划为一类，既符合它们密切相关的现实，也符合它们共同的运行方式。

从统计刻画角度，我们将虚拟经济圈定为：金融房地产业和职业服务业。如表 2 所示。

表 2　美国各产业实际 GDP 占比（1950—2014 年）

年份	传统实体经济							虚拟经济			一般服务业							
	农业	采矿	公用事业	建筑	制造	运输仓储	总计	金融房地	职业服务	总计	信息产业	教育医疗	娱乐休闲	其他服务	批发	零售	政府服务	总计
1950	6.8	2.6	1.7	4.7	27.0	5.7	48.5	11.5	3.5	15.0	3.0	2.0	3.0	2.9	6.4	8.9	10.7	36.9
1960	3.8	2.2	2.3	4.4	25.3	4.4	42.4	14.2	4.3	18.5	3.3	2.7	2.8	3.0	6.6	7.9	13.2	39.5
1970	2.6	1.5	2.1	4.8	22.7	3.9	37.6	14.7	5.0	19.7	3.6	3.9	2.9	2.7	6.5	8.0	15.2	42.8

续表

年份	传统实体经济							虚拟经济			一般服务业							
	农业	采矿	公用事业	建筑	制造	运输仓储	总计	金融房地	职业服务	总计	信息产业	教育医疗	娱乐休闲	其他服务	批发	零售	政府服务	总计
1980	2.2	3.3	2.2	4.7	20.0	3.7	36.1	16.0	6.2	22.2	3.9	4.8	3.0	2.5	6.7	7.1	13.7	41.7
1990	1.60	1.5	2.5	4.2	16.7	3.0	29.5	18.1	8.9	27.0	4.1	6.5	3.4	2.7	6.0	6.9	13.9	43.5
2000	1.0	1.0	1.8	4.5	15.1	3.0	26.5	19.4	10.8	30.2	4.6	6.6	3.8	2.7	6.1	6.8	12.9	43.5
2010	1.1	1.1	1.8	3.6	12.2	2.8	23.7	19.7	11.6	31.3	4.9	8.3	3.6	2.2	5.8	5.8	14.3	44.9
2014	1.2	1.2	1.6	3.8	12.1	2.9	24.2	20.1	11.9	32.0	4.8	8.2	3.8	2.2	6.0	5.8	13.1	43.9

数据来源：美国国家经济分析局网站（http://www.bea.gov/industry/gdpbyind_ data.htm）相关数据整理。行业实际 GDP 数据=行业名义 GDP 数据 / GDP 平减指数。

7. 虚拟经济为什么可以自我膨胀

虚拟经济自我膨胀的基本形式是金融资产价值膨胀（包括数量膨胀和价格膨胀），交易活跃，且以超过实体经济增长的速度增长。造成资产膨胀和交易活跃的基本条件有两个：第一是创造巨额金融资产的能力；第二是货币增加，提高货币利用效率和创造金融杠杆的能力。金融创新概括了这两方面的因素，商业银行的货币创造能力与提高支付速度及交易频率的计算机技术、互联网技术结合在一起，一方面创造出巨额金融资产，另一方面大大提高了现金的利用率和金融杠杆的泛化，并实现了金融市场的全球化。

之所以虚拟经济可以脱离实体经济自行膨胀，第一是因为其定价机制不是以生产成本为基础，而是以心理预期为基础，用预期收入流除以利息率的估值。这可以创造出高于收入流数倍至数十倍的金融资产，理论上对一项持久收入流的估值，利息率从 5%下降到 2.5%，其估值会从收入流的 20 倍上升到 40 倍。在正常情况下，经济越是繁荣，货币资本越充斥，利息率越低，资产价值越是被高估。虚拟经济具有将现成的收入流放大为巨额资产的能力，特别是与投行业务相关的金融中介活动。第二，虚拟经济活动可以省去实体经济的许多必要的环节，如研发、生产、销售等。只将其收入流资本化，为其融资，代其理财就可以在其收入并不减少的情况下创造出新的资产和 GDP。因此，虚拟经济活动比实体经济更具吸引力。第三，虚拟经济内部可以相互服务的余地大，内部相关性高于其与其他行业的相关性。第四，金融全球化之后，世界对主要国际储备货币资产的需求大幅度增加，这会刺激主要国际储备货币发行国的金融资产进一步膨胀。因此，美国和英国的经济虚拟化程度更高，欧盟则在欧元出现后，各成员国都可以通过创造欧元金融资产（主要是欧元债务）获得利益，于是债务大幅度膨胀，为欧元区的债务危机埋下祸根。

在实体经济的收入流证券化的同时，实体经济还会获得融资，当虚拟经济的收入流被证券化时，基本上没有资金流入实体经济。在虚拟经济高涨的时候，甚至会吸引大量实体经济的资金流入虚拟经济。资产创造与金融杠杆及货币利用效率提高的各种金融技术结合在一起便产生了超出任何实体经济行业的造富能力和 GDP 创造能力。正是这个能力使虚拟经济可以脱离实体经济自行膨胀。

8. 实体经济对虚拟经济的约束

实体经济对虚拟经济的约束理论上有两个方面：第一，虚拟经济的参与者需要实体经济提供消费品并满足其他对实体经济的需求；第二，虚拟经济需要实体经济提供市场。打破这两个约束，不仅需要虚拟经济自我膨胀的机制，更重要的是主要国际储备货币的发行国有来自国外对本国金融资产的巨大需求。这使得发达国家实体经济对其虚拟经济的市场约束力大大弱化；来自金融全球化带给主要国际储备货币资产的需求刺激了这些国家虚拟经济的发展，而用虚拟经济带来的高额收入又可以从发展中国家进口便宜的商品，这也就减弱了本国实体经济对其虚拟经济的另一个约束。

有些学者将美国经济虚拟化与中国世界工厂的新角色看作新的国际分工，认为会长期持续维持这种状态。从资源禀赋到比较优势，再到国际分工被奉为国际贸易理论的“圣经”。但是从价值链上看，它根本不是分工，而是分级，是贵贱等级的划分。你真的相信国际分工可以永远是美国人专事金融和高科技，日本、德国专事精密制造，中国负责低端制造，然后有农业国、世界牧场等的分工？这不是分工，是高低贵贱的划分等级。如果真的有这样的国际分工，中国原来是个农业大国，搞农业就够了，何必工业化。接受这个理论就会葬送中国经济发展的未来。其实，经济发展的规律才是根本，从农业国到工业化，从低端工业到高端工业，再到后工业化的经济发展是一个基本规律。资源禀赋最多是经济发展初期阶段可供利用的优势，不能将经济发展的某一阶段固定化为永久的国际角色。这很容易将低级的经济发展阶段人为地固化为一个民族的永久状态。国际分工只在较小的经济体之间存在，国家越大越不能固定在某些所谓优势产业上，大国需要全面发展经济。美元目前具有霸权，是其经济可以高度虚拟化的重要条件。如何维持美元霸权，能维持多久，需要了解货币的本质，以及它在今天靠什么支撑、支撑多久等，需另辟专题讨论，这里不便赘述。

9. 虚拟经济的本质和基本动力

既然虚拟经济的本质就是价值增殖过程的独立化发展，实体经济与虚拟经济的动力就会有显著不同，实体经济的基本动力是物质生产要素投入，货币仅仅是获得生产要素的媒介；而虚拟经济的基本动力是货币资金投入及提高其利用率的技术。与自由主义经济学将货币看作是交换媒介或记账单位不同，我们将货币看作一种经济能量，是价值增殖的一种特殊动力。当价值增殖还在实体经济中进行时，货币仍是资源投入的媒介，而在虚拟经济中货币则上升为推动价值增殖的主要动力。在虚拟经济不发达的国家，货币投入过多时就会发生通货膨胀，如津巴布韦；在虚拟经济较为发达的国家，货币过度投入会引起资产价格膨胀，引起泡沫经济，如曾经的日本；而在虚拟经济发达国家，货币过度增加则会引起金融创新活跃，引起资产数量膨胀，引起经济虚拟化，如美国。本质区别在于物价上涨是纯粹的虚拟经济，没有任何实际价值产生，而资产泡沫在一定程度上会刺激一些中介服务价值增加，但资产价格泡沫会淹没有限的经济增长，人们关注的往往是泡沫及其风险。经济虚拟化则是产业扩张，是更有持续性的资产规模（主要是资产数量并非单纯资产价格）膨胀。它会带来其他资源（劳动和必要设备等）投入虚拟经济，因此，其正常运行时会推动经济增长。

银行中介活动的多寡，重复交易额的高低，以及资产价格的贵贱等背后都有货币数量的推动力，从这个意义上看，货币是推动虚拟经济活动从而GDP创造的基本动力之一。美联储持续五年量化宽松的货币政策之所以起作用，恰恰证明货币是虚拟经济创造 GDP 的要素投入，金融创新则是货币要素利用率提高的技术进步。美联储在60—70年代增加货币供应量是为了提高有效需求，刺激制造业为主的工业经济恢复。凯恩斯认为利息率很低时便陷入流动性陷阱，货币政策完全失效。理性预期学派则用可以预期到的政策会失效来解释 70 年代货币政策的失效。2008 年美国金融危机之后，美联储持续注资的同时持续 5 年坚持 0 利率政策，却挽救了金融业，挽救了房地产，带动了职业服务业和一般服务业的恢复。与 70 年代相比，同样的货币刺激政策已经十分有效了。不是今天的美国人更笨，不能预期到政策的结果，也不是凯恩斯主义利息率陷阱的理论是错的，而是美国的经济结构变了，这就是经济虚拟化。从货币中介说到凯恩斯的货币资产说，再到虚拟经济理论的货币动力说，是经济学理论的进步，更是资本主义经济结构演变的必然结果，我们的理论只是与时俱进，说出了真实因果关系罢了。

将货币看作虚拟经济价值增殖的投入要素，是经济增长的动力之一，意味着从逻辑上颠覆了货币中性理论，颠覆了经典的经济增长理论，也意味着货币不参与相对价格决定从而不参与资源配置的微观经济学的基础理论被颠覆。

10. 虚拟经济的产业性质与虚拟经济的功能

虚拟经济不是泡沫经济的原因就是它是特殊产业，以特殊运行方式创造真实收入和创造就业的行业，虽然其运行方式使得其创造的 GDP 具有虚拟性质，但虚拟经济不是可有可无的资产价格泡沫，更不是简单的物价普遍上涨。它首先是供给方面的产业。其次它还有重要的经济调节功能。

从宏观角度看，金融和财政具有再分配的功能，从而影响资源的再配置。虚拟经济中滞留着大量的资金，是整个经济中的流动性储备池。既有吸收大量资金的能力，也具备输出资金配置资金的能力。1997 年亚洲金融危机爆发后，大量资金流入美国，既无通货膨胀，也未造成对美国经济的冲击。美国发达的虚拟经济是挡在本国实体经济与外部冲击之间的防火墙和防浪堤。随着经济虚拟化，融资方式更加便利，投资活动早就不再受自有资本的限制，因此，资金配置逐渐上升为资源配置的第一序机制。虚拟经济配置资金的功能使它在经济中的作用超过了单纯的产业概念。它有天然的影响全局的能力。虚拟经济有按市场规律配置资金的正面作用，也有扭曲价格、错配资金扰乱资源配置正常秩序的能力。因此，除严格监管外，及时政策调整也必不可少。

三、制度推动经济增长的逻辑：意识形态中的道路选择

将经济增长看作一个社会过程，自然社会制度对经济增长就起着重要作用。西方经济学家也逐渐意识到了这一点。制度影响经济增长的文献很多，其中较有代表性的要数 North 和 Acemoglu 两位经济学家的著述。North 的论文（1976、2005）主要从产权的角度，限制政府权力的角度阐述制度因素对经济增长的长期影响。Acemoglu（2001、2002、2005）比较了不同制度，论证越是保护好私有产权，政府权力受限越多，市场经济制度越是自由化，经济增长越是长期向好。遗憾的是，当代几乎所有有关制度影响经济增长的文

献都不能摆脱将经济增长看作一个技术过程的思维定式，制度因素不过是导致资源配置优化、促进技术进步使资源利用效率提高的条件罢了。即使如此，只要谈到制度就脱离不了产权，脱离不了价值观，脱离不了意识形态。

1. 私有产权与自由市场制度最优的逻辑及其意识形态

无论是从历史的角度还是从逻辑角度看，私有产权、自由市场与经济增长之间关系的理论要追溯到“理性人”假定，其原型就是斯密的“经济人”假定。它是现代经济学分析的历史起点，也是当代全部主流经济学的逻辑起点。没有这个假定，当代西方经济学的大厦就会坍塌，其人权、自由、民主的意识形态也会荡然无存。

亚当·斯密提出的经济人假定，已经包含着将人权和自由看作市场经济生存和发展的基础。这在当时是具有革命性的思想。在贵族与教会统治下的中世纪欧洲，人权、自由、民主还不是当时社会的普世价值观。当时的普世价值观是贵族的价值观，尊卑有序的等级观念、对君主和国家的忠诚，捍卫贵族的等级制度需要的勇敢、牺牲精神等。贵族文化重视荣誉、信用、尊严和家族血统传承，维护等级制度；贵族意识形态鄙薄金钱，鄙视商人。金钱被看作腐蚀灵魂的毒药，商人被看作唯利是图的小人。犹太人也因缺乏贵族血统，且多从事商业而长期受到歧视（莎士比亚的戏剧中亦不乏此例）。重商主义是第一个为金钱正名，同时也为商人和贸易正名的经济学流派。而第一次为个人主义正名的却是亚当·斯密，他的经济人假定第一次宣告每个人都有追求自己经济利益的权力。追求个人经济利益的权力是一切其他人权的基础，也是自由市场经济的行为基石。

“经济人假定”虽然早就有，但只有将经济人与“看不见的手”联系在一起，才形成了主流经济学的基本逻辑。斯密在其理性人假定的基础上提供了一个主流经济学一直坚持至今的基本逻辑：要想使每个人都有追求自己利益的权利就必须保护好私有财产权，只有如此他才有自行决策的权力；由每个人自由决策的社会不但不会进入无序状态，而且会由看不见的手（市场）将一切都安排得更好。后来的帕累托论证说，自由竞争的结果是一种最优状态。这就为人权、自由主义和民主政治的社会奠定了理论基础。欧洲告别专制进入市场经济制度，使世界发生了翻天覆地的变化。从亚当·斯密的看不见的手到瓦尔拉斯的一般均衡和帕累托最优，再到阿罗-德布鲁的动态随机一般均衡模型，以及诺斯和 Acemoglu 对市场制度的推崇。他们都认为自由市场制度是最佳的经济制度，是终极制度，不可能有更好的经济制度存在。

2. 市场制度并非最优的逻辑及其意识形态

逻辑起点的假定是经济理论的关键，理性人假定已经包含了对私有财产权的肯定，甚至包含了对市场经济是最佳制度的肯定。因此，不同的理论逻辑也必然也要从财产权的分析开始。马克思认为，资本主义社会中资本与劳动在经济地位上是不平等的，资本处于统治和支配的地位，劳动处于被统治被支配的地位。资本的积累和集中一方面会使财富越来越集中在少数人手里，另一方面也会不断加强资本的统治地位。在马克思看来，技术进步、商业模式创新、资本集中模式创新（股票市场的发明）等都会增加资本的收入。无论是投资还是选择技术和营销模式都不是根据劳动者的利益决策的，而是根据资本盈利的目标来决策的。只要经济权力不平等，人权、民主、自由就是一句空话。与主流经济学更大的区别在于，马克思论证了资本主义市场经济并非最佳的资源配置机制，他论证两极分化会造成需求不足，自由化的市场经济也不能保证部门间按照一定的比例均衡发展，此会周期性爆发经济危机，经济危机会严重地破坏生产力，中断经济增长，导致资源被大量浪费。因此，市场自发配置资源的方式和在此基础上的经济增长方式并非最佳。

按照这样的逻辑，私有制下的自由市场经济既不能保证平等的人权，也不存在最佳的资源配置机制。因此，马克思主张实行公有制，主张以劳动为基础来保障人与人之间的平等权利。在公有制中，劳动者共同占有生产资料，共同享受资本带来的利益。资本积聚的力量不再是个人牟利的工具。大家都只能靠劳动获得收入，劳动只有差别，不会产生两极分化。只有获得经济利益的权利平等了，才有真正的人权和自由。根据马克思的这个逻辑，苏联创立了计划经济。工业企业国有化，农业生产集体化，这被后来的马克思主义者看作是公有制的两种基本形式。

计划经济是根据理论逻辑推理创造的经济制度，更是一种意识形态，过度保护意识形态的心理拒绝触及计划经济的缺陷，于是计划经济理论和实践越来越故步自封，与自由主义经济学家保护私有制及其意识形态的固执心理一样，这必然导致理论和实践的贫乏、僵死。在计划经济中，不是由市场配置资源，而是由国家计划来配置资源。近似于平均化的收入分配制度大大降低了人们的收入差距，不再有生产过剩的经济危机，却出现了普遍的短缺。经济僵死，缺乏活力，再加上官僚主义盛行，长期效率低下，无法继续维持，要么改革（中国），要么崩溃（苏联）。

3. 第三种逻辑与第三条道路

在30年代以前，世界上主要有两种经济学家。第一种是自由主义经济学家，他们的全部理论只是为了证明资本主义完美无缺，虽然数学模型越来越接近科学的形式，维护自由主义意识形态无疑是其最重要的目标。第二种是马克思主义经济学家，他们论证资本主义几乎一无是处，必须通过革命推翻资本主义制度并建立社会主义制度，这形成了另一种意识形态。这两种意识形态的共同之处是都反对封建的等级制度，主张平等的人权和民主，只是因道路不同而势同水火。马克思主义者指责资本主义制度维护资本的统治，为资本牟利服务，为资本压榨落后国家制定国际规则；自由主义经济学指责计划经济是官僚利益至上的专制制度，是“通向奴役”之路（哈耶克）。自凯恩斯的《通论》出版以后，世界上有了第三种经济学家，他们承认资本主义市场经济有缺陷，但认为其缺陷是可以纠正的。如果将经济学家比作医生，自由主义经济学家只会说，资本主义即使出现经济危机也不是病，市场可以自动修复，不用治。马克思主义经济学家论证称资本主义已经病入膏肓了，不能治。凯恩斯主义经济学家则认为市场经济会生病，但可以医治并开出了药方。美国的凯恩斯主义者（如萨缪尔森）强调三大心理规律导致的经济衰退是主要病因，通过财政政策和货币政策就可以治愈。英国的凯恩斯主义者（如琼·罗宾逊夫人）则认为旨在削弱两极分化的福利政策才能从根本上解决资本主义的弊病。虽然药方有别，要治病却是一致的。

在西方，政府对经济的干预早就开始了，干预有两个方面：一是完善市场制度和游戏规则，让市场在规范的法制约束下运行；二是通过干预保持经济运行的顺畅和平稳。

翻开资本主义经济的历史，可以看到资本不断受到抑制、约束，市场不断规范的过程。恩格斯曾在《英国工人阶级状况》一书中记录了英国工人当时工作和生活状况：普遍超过8小时甚至12小时的工作时间，使用童工，没有医疗保障和最低工资限制，没有失业保险制度，住房空间狭小，生活环境恶劣等。此外，工业污染最早也出现在英国，在相当长的时间里并无任何约束，直到造成大量死亡和疾病。当这些现象不受到任何约束的时候，我们很容易理解马克思为什么说在资本原始积累的时期，“资本来到世间，从头到脚，每个毛孔都滴着血和肮脏的东西。”

市场不但不存在自动抑制资本负面影响的机制，更不存在保护弱者的机制。通过舆论的谴责，媒体的揭露，工人罢工，法律界和政治家为维护弱势群体利益的奔走呼号等市场之外的力量，才能有最低工资法、失业补助金等等保障弱势群体利益的立法。即使有好心的资本，在对邪恶资本毫无约束的情况下，"劣币驱良币的法则"也会在资本之间盛行，尚有良心的资本会遭到无情淘汰。资本主义经济制度是在市场力量和市场外力量的共同推动下进步的，而这个制度的种种进步都要靠政府和其他公益力量及其机构来推动和维护。今天，西方发达国家的资本早已不再像资本原始积累时期那样"滴着血和肮脏的东西"了。但是资本的本质没有变。只要稍加放松，两极分化，不顾弱势群体利益的现象就会抬头。我们在制度不完善的发展中国家中，不难看到"滴着血和肮脏东西"的资本，因为它们的原始积累就在昨天，甚至就在当下。

凯恩斯主义认为市场经济运行存在缺陷，在必要的时候政府有必要帮助市场渡过难关，保障其顺畅运行。西方发达国家在第二次世界大战后或多或少都有一些试图从根本上改变资本主义经济运行方式的尝试。法国等欧洲发达市场经济国家在六七十年代曾出现过国有化浪潮，普遍实行福利政策，向富人高额征税，向弱势群体转移支付，增加就业，降低收入差距，补贴医疗和养老保险等。美国政府的经济干预重在短期熨平经济周期的财政和货币政策。政府对经济自发运行过程的干预在 20 世纪 60—70 年代达到了有史以来的高峰。为了标示这种经济制度变化，萨缪尔森等新古典综合派的经济学家将当时的经济制度称为"混合经济"或"混合资本主义"。80 年代以后，欧美资本主义国家基本放弃了凯恩斯主义，迎来了新自由主义的空前发展。进入 21 世纪，持续的金融创新与房地产业扩张导致美国经济进入空前的繁荣，随后于 2008 年爆发的金融危机也是空前的。笃信新自由主义的美国政府和美联储被迫放弃不干预的自由主义价值观，尽其所能干预经济，以帮助美国市场经济恢复正常的运行。持续五年量化宽松政策的干预力度也是美国历史上空前的，美联储的资产负债表在这个时期扩张了 4 倍。其实，完全自由主义的市场经济与完全平均化的社会主义一样也是一种空想，只不过后者是穷人的空想，前者是富人的空想罢了。当自由主义经济学家警告中国没有第三条道路可走的时候，发达的市场经济国家已经在第三条道路上行走很长时间了。

在世界的另一头，中国从邓小平时期的改革开始，可以说是被迫尝试第三条道路。首先，中国经济不能完全私有化和自由化，要走共同富裕的社会主义道路；其次，中国需要放弃旧有的计划经济，引入市场经济机制。现在，中国一方面更进一步强调市场机制在资源配置中的决定性作用，同时也坚持国有企业为主导，坚持共同富裕的基本方向。主张第三条道路的基本理由就在于：一方面承认市场配置资源的效率；另一方面也必须抑制由资本逐利引起的两极分化、损害公共利益、损害经济效率的各种弊端，纠正经济的畸形运行，使得市场机制的作用方向与人类社会进步的方向一致。这既可以看作是对计划经济体制的改革，也可以看作是从计划经济衍生出的第三条道路。纯粹自由化的市场经济和纯粹的计划经济都不再可能维持，不是像华盛顿共识所说“没有第三条道路”，恰恰是只有第三条道路可走。中国提供了一个制度变迁促进经济增长的范例，30 年高增长的起点就是改革经济体制。与其说是制度因素推动经济增长，不如说选择什么经济发展道路从根本上决定着经济增长的基本方式，从而决定着经济增长。

帕累托最优是主流经济理论判断制度优劣的标准，也是他们认为自由化市场经济具有长期经济增长优势的依据。但是建立在逻辑推演上的拍累托最优不是一个客观的判断标准，只有长期稳定增长的经济指标才能最终告诉我们谁优谁劣。事实证明市场不是越自由越好，政府干预也不是越多越好。关键是怎样才能恰到好处。

4. 经济增长的本质是价值增殖的社会过程

让我们继续马克思的理论。在《资本论》第一卷中，马克思有关技术进步的理论有两个重要的观点：首先，马克思认为从工场手工业到机器大工业（《资本论》第一卷第十一到第十三章）的工业革命最重要的作用是巩固了资本对劳动的统治，巩固了资本主义制度。其次，马克思提出了相对剩余价值生产的理论。根据劳动生产率提高，单位产品价值降低的规律，劳动生产率普遍提高会普遍降低生活成本，从而降低劳动力的价值，降低劳动者的收入[工资（V）]在新创造价值中[国民收入（V+M）]的比例，提高剩余价值（M）在新创造价值中的比例。马克思认为，在资本主义市场经济中技术进步和生产率提高有利于资本。这也符合当代西方主流经济学的逻辑，越是资本密集型（有机构成越高）企业，由于资本投入比例大，资本的收入比例也就越大，这就是常被国内一些经济学人推崇的“按贡献分配”的理论。在马克思的理论中，技术进步与新价值创造（V+M 创造）基本无关，而只是关系到收入分配和两极分化。

马克思认为生产力决定生产关系，因此技术进步和生产力提高是人类社会进步的基础。但是，价值创造与物质生产却不是一回事，物质生产是一个技术过程，是人与物和物与物的关系，而价值是人与人的关系，价值创造也就必然是一个社会过程。所以马克思说，资本主义的生产过程是物质生产过程与价值增殖过程的统一，其本质是价值增殖过程。他认为，本来任何社会中物质财富的生产都是人类赖以生存的基础，也是人类进步的基本动力，但在资本主义生产关系中，物质财富的增长却是以价值增长的方式（价值增殖）存在的。生产的目标不是需求，更不是生产参与者的共同利益，而是资本的逐利需要。资本逐利是这个社会决定一切的行为基础，无论是工资还是就业都从属于资本逐利行为，如不能盈利，一切经济活动都不可能进行。因此，马克思将资本主义的社会生产看作头脚倒置的。

马克思告诉我们市场经济中是资本决定着生产什么、怎样生产和为谁生产。马克思关于资本主义生产的理论揭示了当代经济增长的本质，只有将市场经济增长的本质看作是价值增殖的社会过程，才能理解去工业化和经济虚拟化背后的规律，也只有将经济增长看作是社会过程，才能理解为什么金融、制度、文化都可以推动经济增长，甚至政策和对经济的干预也都可能促进经济增长。

四、还原经济增长本来逻辑

在收集相关文献的过程中，有大量全要素生产率的研究文献涉及来自科技进步和要素投入以外因素对经济增长的贡献。因此，在建立新的经济增长基础理论之前，有必要说明我们要做的工作与全要素生产率的研究有什么区别。

1. 全要素生产率与经济增长理论

全要素生产率的概念是索洛在验证以生产函数为基础建立的经济增长理论时提出的。最初，索洛将实际 GDP 超过劳动和资本增长的部分看作技术进步引起的经济增长，后来一些经济学家赋予全要素生产率更广泛的意义，他们将要素投入和技术进步以外的所有促进经济增长的因素都囊括在“全要素生产率”的概念之中，全要素生产率被看作是广义的技术进步，已经超出了科技进步的含义。凡是你能想到的对经济增长有贡献的因素，凡是那些说不清楚的导致“额外”经济增长的因素都可以用这个概念来涵盖。它什么都是，可以算得出（虽然不同人的计算结果千差万别）却说不清。它是经验研究中提出的概念，理论上依然是以微观经济学生产理论（包括生产函数和规模经济理论）为基础的。因此，TFP 并不提供制度、金融、教育、文化等因素直接推动经济增长的机制，只是将它们看作提高要素质量、促进技术进步等的外部条件，直接推动经济增长的还是要素投入和技术进步。

我们的研究与全要素生产率研究的本质区别就是与经典经济增长理论的本质区别：经典经济增长理论将经济增长看作是一个技术过程和物质生产过程，制度、金融、文化等不过是外部条件。不存在这些外部条件单独推动经济增长的机制，它们必须通过提高技术进步和要素质量来影响经济增长。我们遵循马克思的逻辑，将市场经济的经济增长过程看作一个价值增殖的社会过程，而社会过程不但已经包含了物质生产过程，而且包含了所有导致价值增殖的因素。我们并不会特别强调科技进步，尽管科技进步本身就是人类的永恒目标之一，市场经济对其依赖仅仅是它能带来价值增殖的时候。因此，我们不但要阐述科技进步导致经济增长的机制，而且要阐述所有这些因素促进经济增长的共同的，也是最基本的经济增长机制。

2. 技术进步推动经济增长背后的基本逻辑

我们必须明确的是：第一，这里探讨的经济增长仅限于市场经济，所谓市场经济可以定义为以价格系统为基础通过货币资金流动配置资源的经济；第二，经济增长的具体指标是按美国标准核算的 GDP，这里不讨论人均 GDP 增长，只讨论市场经济中 GDP 增长的机制。

让我们先来讨论技术进步如何在现实中增加企业的净产值或净收入。为了使问题更清晰，我们可以将技术进步简化为如下状况：假定企业技术进步导致的劳动生产率提高只表现为产量和质量不变时劳动投入减少。于是，在产品价格不变的情况下，企业的销售收入不变，企业创造的总价值量不变，只是企业的工资支出减少导致利润提高。技术进步只改变分配关系，并不增加企业收入，也不增加企业净产值。在一个行业或产业中，如果技术进步表现为劳动投入减少，即使在全行业其他投入不变、产量不变、销售收入不变的情况下，也不会增加企业创造的价值量，而只是减少工资支出，增加利润。假定技术进步导致劳动生产率提高，进而导致产量增加的同时，产品价格下降，如果产量增加提高企业或行业净产值的作用与价格降低减少企业或行业净产值的作用相互抵消，企业或行业的净产值依然不变。劳动生产率提高就不会导致 GDP 增长。

技术进步的结果大致有两种：第一种是提高了产量，第二种是创造出新产品。从经典经济增长理论看，二者都创造效用价值，没有本质区别。但按马克思的理论，这二者就完全不同，如果劳动投入量不变，技术进步只是提高了劳动生产率，产出虽然大幅度增加，但价值量并不增加。即使是引进新设备，也仅仅是转移到产品价格中的设备折旧费增加罢了。如果是创造出新产品就不同了，这种劳动本身就是创新，是倍增的劳动，可以创造更大的价值。产品创新为新产业形成提供物质基础，一旦形成新产业，推动经济增长的意义就大得多。从企业角度看，新产品创造与产量提高、成本降低的技术进步都是提高企业竞争力的因素。

真实的情况是：在竞争的市场中，个别企业的技术进步导致其劳动生产率提高，或者产量增加，单位产品成本大幅度下降，或者创造出新产品，创造了新的市场需求。但是，在提高产量降低成本的新技术尚未扩散到整个行业之前，市场价格不会普遍下降，于是企业的销售收入增加，工资和利润都有提高的空间，更重要的是企业有降价从而扩大市场份额的空间。形成新产品的技术进步也是一样，新产品必须市场化、规模化生产之后，才会真正使企业增加盈利。因此，无论是提高产量、降低成本的技术进步，还是创新产品衍生出新市场的技术进步，都使得企业具有技术优势和较强的竞争力。一方面，获得竞争优势的企业会增加劳动和其他生产要素的投入，扩大生产规模，增加市场份额以增大利润空间。另一方面，这也会刺激其他企业的技术进步，引起技术扩散，从而导致整个产业进入持续扩张的阶段。竞争加剧会引起新技术扩散，一旦新技术扩散到整个行业，个别企业的技术优势消失，技术进步会完全转化为产品价格下降。任何创新产品，作为倍增劳动的成果，是增加新价值的，但是在其形成生产规模之前，其推动经济增长的作用就可以忽略不计，只有形成一定的生产规模，才能创造利润，形成企业竞争优势，当新产品扩散、形成新产业并不断扩张时，其推动经济增长的力量才能发挥出来。但是一旦新产品被普及之后，技术进步提高生产率，降低价格的规律就会起作用。因此，马克思关于劳动生产率与商品价值成反比的理论是普遍适用的。在微观经济学中，技术进步会降低平均成本曲线的原理，以及边际收益递减理论等也描述了劳动生产率上升与价值及价格下降之间的因果关系。

率先实现技术进步的企业会降低成本增强企业竞争力，从而提高利润。这会导致技术扩散和产业扩张，推动要素投入增加，推动 GDP 增长。但是，技术进步并不是获得竞争优势的唯一途径。管理创新、营销模式创新等都可以带来竞争优势，它们都可以提高效率，增强企业竞争力，增加利润。同样，无论是新技术扩散还是新管理模式和营销模式的扩散都可以引起产业的扩张，劳动和其他投入增加、GDP 增加。

例如，对于什么是核心竞争力，就有许多不同的答案。有的企业家认为只有保持行业技术领先的地位才有竞争力；也有企业家认为诚信和品牌才是核心，只有受到公众长期信任的企业，才能保持长久的竞争力；也有的服装企业将引领时尚、能长久受到市场追捧当作核心竞争力。此外，文化、企业内部的向心力、凝聚力也是一些人主张的企业核心竞争力。可见科技虽然是工业企业中重要的竞争力因素，却不是唯一重要的竞争力，也不一定适用于所有行业的所有时期。服装与军工可能就有很大差别，交通运输、银行、教育、美容等之间也有很大区别。只有一点是肯定的，只要企业有竞争力，不断扩张其规模，增加各种投入，企业直接创造的价值就会增加。

无论是根据效用价值论还是劳动价值论，客观上都认同企业规模扩大和产业扩张是经济增长最基本的途径。与其说技术进步推动经济增长，倒不如说是竞争优势推动产业扩张，从而推动经济增长。

3. 到底该怎样看待科技进步

到此为止，也许有人会误解本文贬低了科技进步。现在，我们必须郑重声明：

第一，科技进步是人类福祉的基本保障，也是人类社会进步的标志之一，一个社会制度的优劣也要看其对科技进步的推动作用大小。第二，科技进步虽然可以用来提高企业竞争力，增加企业的盈利能力，却不一定都能直接用于市场赢利。探索太空、基础物理实验等大量科技活动是非营利的，不盈利就必须靠市场以外的力量来推进，如政府拨款和社会捐款等。科技发展不应被当作推动经济增长的手段来对待，应该当作社会发展和经济发展的目标。发展科技虽然可以推动经济增长，但不是为了经济增长。相反，经济增长的重要目的之一应包括推动科技进步。

4. 产业创新，产业结构更新与经济增长

科技创新、管理和营销创新，以及制度创新随时都在发生，其中哪些可以促成新产业却无法准确预料。但是，总有一些技术创新、产品创新、营销模式创新等组合在一起形成新产业，新产业的扩张会形成新产业群，其中规模最大的新产业会成为新的支柱产业。它们也会促进老产业的技术更新和制度更新，并紧密结合成一个新的产业结构。这些相互促进、相互制约的产业共同扩张会导致经济增长进入繁荣时期。

产业创新是其他一切创新推动经济增长因素的集中体现。它可以是科技创新引起的，也可以是交易模式或经营模式创新等其他因素引起的，更多的则是各种创新交织集合在一起形成的。如计算机硬件的技术创新与二进制的算法发展及软件编程等技术创新形成了快速增长的电脑行业；又如，养老模式创新与保险产品创新及政府养老制度创新结合在一起可以形成新型的养老产业；体育赛事制度创新与俱乐部经营模式创新结合在一起可以形成新的体育产业；等等。70 年代以后，虽然科技进步一直引领着实体经济的进步，但美国却明显展现出一幅高端服务业扩张引领经济增长的真实图景。自由化政策放松了金融监管，金融房地产业高速发展，带动了职业服务业等扩张，进一步带动医疗、教育行业的扩张，从而带动整个服务业的扩张和整个经济的扩张。美国 GDP 创造的支柱产业改变正是这次产业结构更新的结果。无论称其为去工业化还是经济虚拟化，都是在描述产业结构的变化。新产业形成不过是各类创新活动的集中产业化。当新产业结构形成以后，新产业群的扩张就会带动整个经济进入繁荣时期。

产业结构大致会经历孕育形成期、扩张期、鼎盛期和老化期，这个过程很漫长，形成 50—60 年的经济长周期。新产业结构的孕育时期是与旧产业结构老化交织在一起的，大约 25—30 年，扩张期与鼎盛期大约 25—30 年。当产业结构逐渐进入老化时期的时候，经济呈现出长期萧条或低增长，如 1929 危机之后的大萧条一直持续到第二次世界大战爆发。由于产业结构老化，企业家开始寻求新的盈利空间和盈利模式，大量资本开始聚集于新产业，于是进入新产业结构的孕育期，也就是产业创新期，如第二次世界大战前后的一段时期（战争延长了这次长周期的下降段）。当新兴产业开始盈利的时候，更多资金涌入，并带来的各种资源投入，企业规模不断扩大，出现新产业的龙头企业，这些新兴企业会带动新产业的整体扩张，新产业对 GDP 和就业的贡献也会不断增强。进入新产业结构的扩张期，如 50—60 年代前半期。这时一旦遇到需求不足或其他冲击，持续的产业扩张往往会被打断，导致失业增加。但是，由于这个阶段新产业结构增长的余地还很大，采取凯恩斯主义的需求刺激政策尚能使企业增加投资、扩大规模，从而继续被打断的产业扩张，增加就业推动经济增长，直到鼎盛的繁荣时期，如 60 年代末至 70 年代初的美国。此后，支柱产业的产能越来越大，直到严重过剩。产业扩张余地越来越小，直到消失，产业结构进入老化时期，如 70 末和 80 年代的美国。这时，主要产能已经是绝对过剩，各主要产业现有的产能已经足以应付任何需求扩大，即使是刺激需求，增加的需求也不足以使企业扩大投资，扩张规模。结果，需求管理的政策便会全面失灵，刺激需求不但不会导致企业规模扩大和产业扩张，反而会刺激工资上涨形成通货膨胀，于是经济陷入滞涨。美国于70年代频繁扩张性政策刺激下出现滞涨，停止扩张性刺激政策之后的80年代进入持续低增长。产业结构的更迭是经济长周期的根本原因。

如果我们客观地总结20世纪70年代以来美国最重大的产业变化，不是科技革命，尽管科技总是被人们放在最前面，而是金融创新和自由化的政策引起的产业结构更迭。科技没有引起美国产业结构的巨大变化，只是重复新科技替代老科技的故事。而经济自由化和金融创新则使美国产业结构发生了巨大变化，也使支撑美国 GDP 创造的支柱产业从制造业转变为金融房地产服务业。

5. 结论：经济增长的真实逻辑

现在可以概括符合实际的新经济增长理论。这里所谓的经济增长，其核心概念是价值总量的净增长，其对应统计指标为实际 GDP 或 GNP，实际 GDP 是剔除了通货膨胀因素的国内全部新增价值总额。新经济增长理论的要点可以概括如下。

第一，在市场经济中，经济增长是一个物质生产过程和价值增殖过程结合在一起的社会过程，其本质是价值增殖。作为社会过程，首先要确定的就是社会制度的基本形式，它决定着资源配置的基本方式，以及非市场力量存在和作用的基本方式，从而决定着经济增长的基本路径。市场经济是以市场为基础的资源配置方式。但市场不是没有约束，没有补充的唯一资源配置的机制。

第二，在市场经济中推动经济增长的具体方式和路径是企业和产业的规模扩张，企业间的竞争是市场经济促进产业扩张的最重要机制；产业创新是各种创新市场化的集合，当科技创新、经营模式创新、管理创新、金融创新等具有竞争优势的创新在产业内，甚至整个经济中扩散的时候，会形成新产业；新产业群的出现会形成新的产业结构，新产业结构的孕育、扩张、鼎盛、老化和再次孕育的过程则决定着经济增长的现时状态、长期趋势和周期。

第三，科技进步和社会文化进步是人类进步的基本内容。充分利用市场机制有助于科技进步和社会文化发展。能够提高企业竞争力的技术创新和文化创新会引起技术扩散效应，从而推动产业扩张和经济增长。更重要的是，它是利用市场经济达到科技进步和社会文化发展目标的重要机制。利用市场竞争的刺激，科技和社会文化发展的速度会更快。但是，科技和社会文化不能完全依赖市场发展，那些不能用于盈利，无法市场化的科技、文化发展需要政府和民间非营利组织的资助和支持。市场配置资源是基础，但要由非市场力量来支持不盈利的事业也是任何国家都不可或缺的。

第四，正因为经济增长是一个由价值增殖主导的社会过程，因此，存在着价值增殖相对独立化发展的趋势，即经济虚拟化趋势。在虚拟经济中，可以清晰地看到货币如何直接创造 GDP。因此真实经济增长有两个基本动力：一个是以劳动（就业）为核心的生产要素投入，另一个是集中体现了社会力量的货币资金投入。货币政策和财政政策以及其他旨在推动经济增长的政策，最后都必须通过货币注入来实现，货币资金既是市场力量推动经济增长的动力之一，也是要素投入以外各种力量推动经济增长的基本途径。

经济增长理论应该包括两方面的内容，一是搞清楚经济增长是什么和为什么，梳理是什么因素怎样推动经济增长；二是据此建立能够指导实际预测并指导政策调整细节的经济增长模型。二者相比，前者是根本，后者虽然十分重要，但本文的目标在前者。

五、即将重新打开的中国经济高增长之门

如果用我们的理论来看中国经济持续 30 年高增长，很容易发现：首先，中国的持续高增长来自经济制度改革，来自长期市场化的一系列改革措施；其次，中国经济持续高增长是来自对中国而言的产业创新和产业结构的更新。

1. 实体经济的市场化改革和产业结构更新

中国在改革前的计划经济时期还是一个农业大国，虽然初步建立了自己的工业体系，但其中大部分技术落后，有些甚至是发达国家已经淘汰的技术和产品。如果与国外产品竞争，其中不少产业几乎要归零。“短缺”是那个时代最显著的经济特征。例如，中国有国家重点支持的三大纺织基地（上海、天津、青岛），许多省市也都有规模较大的国营纺织厂，年年热火朝天地生产，但全国人民还是要配给，每人一丈七尺三布票。其他大多数生活必需品也是如此。中国工业还局限于解决国民经济基本需求的水平。当时小康之家

的标志是自行车、手表、缝纫机，它们被当作奢侈品和富裕生活的标志。中国的经济高增长就是在这样的基础上，靠市场化改革和新产业结构的形成、扩张实现的。

首先，市场化改革推动了老产业的技术更新和产业扩张。以纺织业为例，改革开放以前，纺织业的资源是由计划委员会和纺织部一起配置的，人员、原料、设备、其他物资的配置，以及产品价格，工资、奖金等也都是统一制定规则集中管理的，产品也是统购统销。所有制结构是国营企业为主，辅以集体小企业。地域结构则是重点发展上海、天津、青岛的纺织基地。同时扶植有一定纺织业基础的城市，如石家庄、广州等。其他行业也基本如此，如拖拉机由计委和第一机械工业部配置资源，并重点发展洛阳、沈阳、天津等拖拉机制造厂的地域结构等。钢铁、汽车等都是如此。1992 年以后，市场化改革开始加速，这极大地刺激了中国工业的发展。到现在，中国已经是世界最大的服装出口国，比较改革前后，由纺织部与计委配置纺织资源的状态已经成为历史，市场成为纺织资源配置的决定性机制。纺织业不再是国企的一统天下，形成了大中小企业并存，国企、非国企共同支撑中国的纺织业的格局。计委和纺织部已经取消了，市场化的结果并没有使得纺织业凋敝，却使得纺织业大幅度扩张了；计划时期的三大纺织基地也消失了，山东、浙江、江苏、广东等东南沿海地区的纺织业生产能力早已超过了当年的纺织业规模。显然，市场化导致了纺织产业的大幅度扩张。实体经济的其他所有行业也都在扩张，中国经济自然就会高增长。

其次，在中国经济高增长的过程中，新产业群的出现和产业结构的更新是中国经济持续高增长的最重要、最直接的动力。改革开放以前，小康生活水平的标志是自行车、手表、缝纫机。改革开放后不久，家电开始挑战“老三件”的地位，新的小康之家的标志是彩电、冰箱、摩托车。家电虽然在境外已经是老产业，但对中国却是新产业。从零开始，引进一条家电生产线，无论是按名义 GDP 还是实际 GDP 计算，其增长率都超过 100%，引进第二条生产线，大约增长率是 50%。手机、计算机、汽车大致都经历过这样的引进过程，2003 年中国汽车业的产量和销量分别增长了 35.2%和 34.2%，“如果汽车可以按两位数增长，还有什么产业不能按两位数增长”。显然，中国汽车业虽然不是新产业，但作为家用耐用消费品的轿车行业对中国来说则完全是新产业。家电、手机，包括随后的计算机等都是如此。2003 年非典事件之后房地产也如火如荼地兴盛起来。小康之家的标志再次更新为私人住宅、汽车和存款。中国小康之家开始跻身世界中产阶级行列。这应该感谢中国经济持续 30 年的高增长，而高增长直接受益于对中国来说的大量新产业群的出现和新产业结构的形成及扩张。

市场化改革提高了资源配置的效率，而开放则将发达国家成熟的产业带给中国，包括各种成熟的技术、经营方式和管理方式。学习、模仿、引进是落后国家经济增长最有效的推动方式，中国人不必自己再重新发明汽车、发明冰箱等。这种对落后国家来说的全产业链引进方式，自然会在一定时期内创造出两位数的经济增长。将一部分甚至大部分利润以专利费形式交给发达国家，换来产业结构的巨变和高速经济增长，这是这种经济增长方式必须付出的代价。

与改革前相比，中国实体经济发生了巨大变化，短缺不再有，代之而起的是产能过剩。从实体经济的产业结构看，发达国家有的，中国基本上都有了，差距虽有，但越来越小。也正因为如此，靠引进实体经济中整个产业链来推动经济高增长的时代基本结束，但是服务业引进全产业链以推动中国经济高增长的时期才刚刚开始。

2. 中国当前产业结构蕴含的经济增长潜力

美国国家经济分析局将美国产业分为 15 大类，我们将其中的农业、采矿、公共、制造、交通运输、建筑 6 大产业归类于实体经济，将金融房地产、职业服务业、信息、批发、零售、医疗教育、娱乐餐饮、政府服务及其他服务业 9 大产业归类于大类的服务业。然后将美国数据与中国国家统计局的类似分类数据比较，制成表 3（批发、零售合并为一类），表 3 反映出中、美供给侧产业结构的巨大差距。2015 年美国实体经济 GDP 所占比例仅为 23.4%，中国实体经济 2013 年的 GDP 占比为 57.9%；美国服务业的 GDP 占比为 76.6%，中国服务业的 GDP 占比为 42.3%。各大类产业在 GDP 中的比例就是该产业对 GDP 的贡献率。

从表中可以看出，美国实体经济对 GDP 的贡献已远远小于服务业对 GDP 的贡献，而中国的 GDP 增长依然是高度依赖实体经济的，依赖以制造业为核心的实体经济。中国与美国经济结构的巨大差异，意味着中国经济依然可以靠全产业链引进的方式更新产业结构，不是压缩现有的实体经济各产业，而是大规模引进并扩张服务业的“新产业”。

表 3　中国、美国各大类产业 GDP 占比

		实体经济							服务业								
		农业	采矿	公用	建筑	制造	运输仓储	总计	信息	金融房地	职业服务	批发零售	教育医疗	娱乐餐饮	其他服务	政府服务	总计
GDP占比	美国	1.1	1.7	1.6	4	12.1	2.9	23.4	4.8	20.3	12.2	3.9	8.3	3.9	2.2	13	76.6
	中国	9.7	4.3	2.5	6.9	30.1	4.4	57.9	2.3	13.1	2.7	9.6	5.0	2.4	3.6	3.7	42.3

数据来源：美国数据根据（http：//www.bea.gov/industry/gdpbyind_data.htm）美国国家经济分析局网站相关数据整理。中国数据根据 2015 年《中国统计年鉴》整理，其中中国 GDP 数据为 2013 年。

产业结构的再次更新需要确定：第一，中国产业结构向服务业为主发展是否符合历史规律；第二，如果产业结构朝着服务化发展，中国经济增长的潜力到底有多大；第三，怎样才能发展到位。

首先，美国产业结构的发展不是政府干预的，是市场经济在自由化方向上发展的必然结果。英国的产业结构与美国几乎完全一样，德国和日本虽然实体经济占比稍大一些，也基本上实现了服务业占大比例的产业结构。从发达国家的总体状况看，服务业的产业扩张应该是毫无疑问的规律性趋势。从农业国向工业化发展，从低端工业向高端工业发展，从工业化经济向后工业化或服务型经济发展，是一个规律性的大趋势。中国发展服务业当然符合市场经济发展的基本规律。

其次，我们来估算中国发展服务业导致的整个经济增长的潜力。精确估算经济增长的数据只有在原产业结构不变的情况下才能比较精确，估算产业结构改变具有的潜力则只能是一些较为粗略的数据，但结果的方向却十分肯定。我们试着做两种假定，以说明中国服务业发展为什么可以给中国重新打开高增长的路径。

假定中国 GDP 以 6%的年增长率再增长 10 年，以 2013 年中国 GDP 为 58.8 万亿计，到 2023 年 GDP 为 105.31 万亿。假定在此期间中国产业结构全部调整为美国 2015 年的 GDP 占比，其各大产业的年均增长率如表 4 所示。从中可以看出，全部实体经济各大产业的年均增长率都大大低于 6%甚至负增长。服务业都是正增长，且全部超过年均 6%的增长率。当然这个假定是不合理的，因为整个实体经济多数出现负增长。但这也说明，即使全部实体经济增长率都下降，且制造业以年均-3.23%的速度下降。只要服务业朝着增加其 GDP 比例的方向发展，中国经济依然可以保持年均 6%的增长率。由于我们计算的是比例关系，而实际GDP与名义GDP是要用同一个缩减指数缩减，因此用名义GDP还是实际GDP对我们的计算结果没有太大影响。

表4　假定中国GDP以6%增长10年期间按美国产业结构计，各产业年平均增长率

分类标准	农业采矿公共	建筑	制造	运输仓储	批发零售	信息产业	金融房地	职业服务	教育医疗	娱乐休闲	其他服务	政府
美国2015年GDP比例	4.40	4.00	12.10	2.90	11.80	4.80	20.30	12.20	8.30	3.90	2.20	12.90
中国2013年GDP比例	16.53	6.94	30.10	4.43	9.57	2.30	13.13	3.92	5.00	2.40	1.47	4.21
中国2013—2023GDP年均增长率（%）	−7.14	0.32	−3.23	1.61	8.24	14.07	10.72	18.75	11.50	11.29	10.39	18.56

现在我们换一种假设：假定中国实体经济每年以5%的速度增长，持续10年，以2013年中国实体经济总量为34.1万亿计，10年后中国实体经济的GDP达到55.56万亿。若这10年期间，中国实体经济和服务业的GDP比重朝着2023年实现美国2015年各产业GDP的比重发展，10年后中国服务业的GDP比重也达到76.6%，服务业的GDP应该达到181.87万亿，中国的GDP总量将达到237.42万亿。根据这个假定计算的各产业年均增长率如表5所示。服务业年均增长22.1%，将带动中国经济以15%的年率增长。

前一种假定说明，即使中国实体经济全是负增长，只要大致以美国产业结构为目标，发展服务业，也能维持6%的经济增长率。实体经济全部负增长显然不可能，服务业扩张却是已经显现的趋势。后一种假定则会使中国经济冲上15%的年均高增长率，但可能性也不大。但是有两件事是肯定的：第一，实体经济即使维持在较低（如3%）的增长率水平，只要实体经济的所有产业都保持正增长，同时按照市场规律去发展服务业，在此期间，中国GDP继续维持8%以上的经济增长率是很容易实现的；第二，我们不会完全实现美国的产业结构，但是服务业在GDP中的比重增加也是一个确定的大趋势。剩下的问题就是如何实现产业结构的历史性转型。

表 5 中国预期 10 年后分行业 GDP 及预期增长率

分类标准	行业	2013（亿元）	预期十年后（亿元）	预期增长率（%）
实体经济	农业	56966.0	26116.6	−7.5
	采矿	25289.1	40362.1	4.8
	公用	14962.0	37987.8	9.8
	建筑	40807.0	94969.6	8.8
	制造	177012.8	287283.1	5.0
	运输仓储	26036.3	68853.0	10.2
	总计	341073.2	555572.3	5.0
服务业	金融房地产	77178.1	481970.8	20.1
	职业服务	13306.6	289657.4	36.1
	信息	13549.4	113963.5	23.7
	批发零售	56284.1	282534.6	17.5
	教育医疗	29425.5	197062.0	20.9
	娱乐餐饮	14094.6	92595.4	20.7
	其他服务	21413.8	52233.3	9.3
	政府服务	21693.0	308651.3	30.4
	总计	246945.1	1818668.3	22.1
中国 GDP		588018.3	2374240.6	15.0

3. 中国现有产业结构的稳定性问题

供给侧经济结构有两个重要的内容：一是产业结构的关系稳定与否及各产业的发展前景，二是资源配置的方式及其效率。

马克思的再生产理论曾经告诫世人，社会生产是要按比例进行的，否则就会出现失衡。与此有关的理论包括利昂捷夫的投入产出表和已经被废弃的《计划经济学》，这些理论都将维持不同产业间可以长期维持的比例关系看作必须遵守的规律。虽然在市场经济中，特别是开放的市场经济中，一个经济体内部产业间严格的比例关系并不存在，但是靠某些行业过度发展来带动经济对一个大国来说显然是不够的，不论是软件业（印度）还是汽车业（韩国），不论是博彩业还是金融业，它们可以带动经济，但不是经济的全部。制造业也是一样，中国制造业的 GDP 占比远高于欧美发达市场经济国家。决策者们必须回答，制造业占 GDP 30%以上的比例是否已经接近极限？这个比例能够长期维持吗？一些产业过度发展，而一些产业严重短缺（医疗、教育等），是典型的不平衡发展。不平衡意味着结构不稳定。

4. 中国服务业状况的基本判断

当国家开始倡导服务业发展的时候，人们很快得到消息，中国服务业已经超过 GDP 的 50%。虽然算法可能有争议，但有一点可以肯定：中国服务业正在迅速发展。细数服务业问题的文献很多，需要重视。最重要的是从服务业整体运行特征来概括它目前的基本状态，然后才能明确改革的基本方向和基本难题。

我们的基本判断是，中国的服务业基本停留在集中配置资源的状态和初步市场化尚待规范化的状态，其运行特征依然显现出“短缺”的计划经济特征和最初市场化的无序特征。

以增长潜力较大的医疗、教育服务业来看，人们常常抱怨大医院人满为患，挂号难、看病难，专家门诊号被高价倒卖，医患关系紧张等；此外，看病、上学托关系找门路的现象随处可见；私营的问题学校和问题医疗机构也层出不穷。问题很多，机会也很多，老实的医生与患者之间可以插进投机者，短缺的资源配置过程中不乏腐败，乱象横生。这很容易使人们联想到改革开放初期，倒卖彩电票，以及买肉、买菜都要托关系、看脸色的旧事。绝大多数服务业在计划经济时期被称为“事业”，它们不是产业。学校、医院等被称为“事业单位”，它们也不是企业。至今服务业并没有根本改变计划经济时期基本性质。因此，中国作为事业运行的医疗、教育的供求关系依然呈现出计划经济的基本性状——“短缺”。

不难看到医疗、教育的资源配置不是市场化的，基本上是由卫生部和教育部的行政权力来配置，包括人、财、物，以及更多的细节。好坏、奖惩也不是遵循市场规则而是由这些行政部门确定原则并直接执行的。其他服务业情况稍有区别，如体育处于部分市场化，旅游、餐饮、娱乐等市场化程度高一些，但是忽略了市场化的另一面，即规范化和有序运行。无序和集中配置资源一样是没有效率的。服务业自发的发展倾向就是市场化，而集中管制则抑制了服务业的市场化发展；服务业改革缺乏市场化的顶层设计，所以无序。因此总的来说，中国服务业急需市场化改革，以便将中国经济继续高增长的潜力释放出来。中国决策者必须面对的难题就是：原来的事业要不要市场化成为产业，以及如何市场化才能既形成推动经济增长的动力，又不至于斯文扫地，用铜臭去污染教育、医德和文化。

5. 服务业改革的基本方向

服务业改革的基本方向就是市场化，但是市场化不是完全将这些领域变成资本牟利的场所，而是利用市场机制来配置资源，使得价格、成本、收入，以及供求关系进入合理、有序、可调的状态。

事实已经说明医疗服务基本由卫生部和地方政府配置资源的方式，不是有效的资源配置方式。医疗供给的增加，必须能够跟上对医疗的需求。计划配置资源的弊病之一就是鼓励消费者的平均化意识，由于供给是不分层次和等级的无差别服务，必然导致需求过旺。统一资源配置下缺乏合理的服务定价机制，于是以药养医、送红包、在私人医院兼职等情况就会盛行。在医疗、教育等事业单位实施行政化管理，充斥着官僚气息。科研项目评审、各种资源配置前的评估、“优秀”人才的选拔，都是集中管理，与计划确定物价配置资源一样，人为因素过多，很难做到公允。这种资源配置方式的效率低下，既不利于学术发展，又不利于医疗、教育服务质量的提高。同服装业或其他市场化的产业相比，医疗服务的“产能扩张”缺乏动力和调节机制，医疗服务的供给早已满足不了经济持续高增长的需要和人民生活水平提高的需要。其中既有供求关系长期失衡且越来越严重的问题，也有不能与我国经济增长协调发展或按一个合理比例发展的问题。

一些人认为，医疗、教育是关系国计民生的大事，不能像做买卖那样商业化，这会毁掉中国的未来。其实市场化与商业化是有区别的，市场化的核心是资源配置不再由集中的行政机构统一进行，而是分散决策，由市场根据供求规律来配置资源。例如，美国的私立大学（哈佛大学、耶鲁大学、斯坦福大学等），虽然其资金来源有很大一部分是学生的学费和企业委托的项目经费，但企业、校友和社会贤达的捐赠也是其运行资金的重要来源。增加私立大学和私立医院并不能完全等同于商业化。公立学校、非营利的私立教育机构和以盈利为目的的教育机构共同形成市场化的教育体系。

有人担心教育、医疗事业的市场化会使穷人更看不起病、上不起学。导致看病难、上学难有两方面的原因，一是两极分化造成穷人看不起病、上不起学；二是供给短缺造成资源供给过度稀缺，造成穷人更难就医和上学。供给短缺是现在中国事业性服务业的突出特征，也是看病难、入学难的根源。

当供给增加，一方面价格与质量和无形资产挂钩的时候，价格和产品会分层，人们会有更多的选择余地；另一方面，根据有一元产品必有一元收入的原理，供给增加必然导致收入增加，只不过拿利润的一方得到的多，拿工资的一方得到的少罢了。在市场经济中，两极分化必须由市场之外的力量去调整。但是，不论抑制两极分化的政策如何调整，穷人还是买不起法拉利和名牌包，只要市场化，就一定会有奢侈性产品和服务出现，而且它们永远不是为穷人生产的。市场经济中，没有任何办法解决奢侈品面前的不平等。除非消灭资本家，取消奢侈品，施行平均（但不公平）与短缺同在的计划经济。只要市场化，就会出现价格和产品的对应分层，奢侈品、一般的品牌产品和满足基本需求的低端产品。市场经济中公平的基本原则在于：保证人民受教育和享受基本医疗照顾的权利。这取决于政府补贴下的医疗保险制度能给低收入者多大程度支持的具体方案，以及教育体系中给低收入者补贴的具体方案。至少可以猜想，面对比计划经济要严重一些、比美国要轻一些的两极分化，大多数人是可以接受的。

6. 服务业市场化的基本内容

改革的基本内容有以下三方面。

第一，要有大量非国营的服务业企业群，以医疗为例，包括专业医院、大型综合医院、私人诊所、社区医院及国际合作（合资）医疗机构，教育和其他服务业也是如此。培育这个非国营服务业企业群，并改革原有事业单位，就可以形成市场化的服务产业，形成市场化配置资源的市场机制。

第二，取消相关部委配置资源的功能，将统一的决策和资源配置转变成分散决策、由市场配置资源的体制，撤并相关部委，将其主管职能转变为监管职能。

第三，要在市场化的同时建立健全相关法规，确保服务业的有序、高效运行。

同中国实体经济成功的市场化改革相比，服务业基本上还是集权配置资源，这种实体经济与服务业的严重不对称长期存在一定会拖中国经济的后腿，必须将改革进行到底。改革就像爬杆，半路一旦松手，再爬的时候往往不是从松手的地方开始，而是从头开始，也许连从头开始的机会都不再有。

7. 服务业的全产业链引进

中国实体经济的高增长是由对中国而言的产业创新推动的，在这个过程中，有些是合资引进整机生产（如空调），然后逐渐掌握核心技术，再到自己的专利和品牌；也有些是从为外企加工开始的，而后开始生产成品，把握核心技术，开始有自己的专利和自己的品牌。从零部件到整机，从加工、组装到核心技术，从进口主要零件到全部国产化，是引进型产业创新的大致发展路径。这种全产业链引进方式使得中国的实体经济中迅速诞生了一大批新产业，新产业群形成新的产业结构，带动中国经济高增长。服务业也可以借鉴这样的模式更新中国的产业结构，再次引领中国经济进入高增长。

以医疗为例，为什么不能引进欧美一些大医院与中国合资合作呢？打破卫生部的一统天下，合资组建高端医疗机构，全产业链引进，也是用市场换技术、换管理的方式。这既可以带动中国医疗机构的管理水平，也可以促进医疗卫生监管部门的监管水平。再以体育事业产业化为例，中国足球的产业化发展比较早，采取了引进足球俱乐部的形式，也比照欧洲赛制启动了中国足球的分级联赛制。这也大致可以看作是全产业链模仿了，这些模仿既没有使中国足球发达起来，也没有将足球产业发展成 GDP 创造和吸收就业的重要产业。据《2016—2021 年全足球产业商业价值与投资战略规划研究报告》发布的信息，世界足球产业的年生产总值达 5000 亿美元。这是一个巨大的产业，在中国有巨大的发展潜力。中国人喜欢看欧洲杯、世界杯。如果模仿不成功，为什么不能直接引进一些境外赛事呢？在所有的服务业都可以采用“全产业链引进”的方式。如果体育、文化、教育、医疗、信息、职业服务业，以及其他服务都能释放出增长的潜力，中国经济依然可以在高增长路径上走完改革的下半段。

8. 区分两种产业创新

产业创新是经济增长最直接、最重要的动力。但结合中国的情况看，产业创新也有两种：一种是仅针对中国现有产业结构上的产业创新，一种是针对发达国家和对全世界意义上的产业创新。就实用性来说，第一种最简单实用，但仅对落后国家才存在。当中国经济接近发达国家的产业结构时，或者接近稳定的产业结构状态以后，靠引进的产业创新就不再可行，高增长就会基本结束。目前，中国只有服务业还可以靠全产业链引进来推动经济增长，实体经济已经不再有全产业链引进的机会了。

9. 科技发展和实体经济的产业创新

中国工业的升级换代是工业化的必然趋势，它是做强中国经济的根本。实体经济的产业创新能力也是中国经济能否真的有一天站在世界最前列的根本。科技发展需要教育、科研体系的发展，这依然是事业单位的改革问题。中国科技创新能力虽然与发达国家的差距不断缩小，中国产业创新能力却依然很弱。中国的产业创新被世界模仿，从而引起世界经济扩张的时代还没有到来。服务业进入全产业链引进的高速发展时期，是为中国科技体系创新能力发育留下的最后一个机会期。10 年后，当中国经济的产业结构转型基本完成，如果实体经济仍然不具备发起新产业革命的能力，中国经济将不再有免疫衰退的能力，与其他市场经济曾经发生过的历史一样会不可避免地发生经济衰退和“长期萧条”。因此，中国经济未来10年是经济结构转型和经济继续中高速增长的时期，也是加快科技体系和教育体系改革，尽快提高中国实体经济产业创新能力，为世界产业革命积蓄能量的时期。下一次产业革命源于中国或有中国的重要贡献，这是中国自身经济发展的需要，也是中国迟早要负起的大国责任。

理论要联系实际，首先要理论符合实际，不管是西方的还是中国自己的，只要是理论就是如此。马克思的经济学是个宝库，你可以不信，但不能忽视。从历史趋势中寻求基本方向并发现当前困境的根本原因，才能有高瞻远瞩的视角，才能抓住主要矛盾。解决中国的经济问题，《矛盾论》似乎比经济学重要，经济学不提供发现问题的大思路，相反只有在有正确思路的基础上，无论马克思主义还是自由主义的经济学才能有助于制定有效的政策和行动。

参考文献

[1] 成思危. 虚拟经济纲要[M]. 科学出版社，2016.

[2] 成思危. 虚拟经济探微[J]. 南开学报（哲学社会科学版），2003（2）：23-28.

[3] 刘骏民. 经济增长、货币中性与资源配置理论的困惑——虚拟经济研究的基础理论框架[J]. 政治经济学评论，2011，4.

[4] 刘骏民. 从虚拟资本到虚拟经济[M]. 山东人民出版社，1998.

[5] 刘骏民. 虚拟经济的经济学[J]. 开放导报，2008，6: 5-11.

[6] 刘骏民. 虚拟经济的理论框架及其命题[J]. 南开学报（哲学社会科学版），2003（2）：34-40.

[7] 林左鸣. 相信市场的力量[N]. 人民日报，2014-12-15.

[8] 林左鸣,尹国平. 价值理论的困境、出路及创新研究[J]. 广义虚拟经济研究，2011，1.

[9] 刘晓欣. 当代经济全球化的本质——虚拟经济全球化[J]. 南开经济研究，5.

[10] 刘晓欣. 虚拟经济的统计刻画——基于美国投入产出表（1947—2010）[R]. 北京：第七届虚拟经济研讨会主题报告，2013.

[11] 刘晓欣. 虚拟经济与价值化积累——经济虚拟化的历史与逻辑[M]. 南

开大学出版社，2005.
[12] 刘晓欣，宋立义，梁志杰. 实体经济、虚拟经济及关系研究述评[J]. 现代财经，2016（7）.

（本文原载于《政治经济学评论》2016 年第 6 期）

虚拟经济的运行方式、本质及其独特分析框架

——马克思逻辑的历史延伸

关键词：马克思主义；虚拟经济；价值增殖的独立化；平衡机制

“脱实向虚”是当前中国经济面临的一个重要问题，它被看成是积聚金融风险，抑制实体经济发展，甚至扭曲中国经济未来发展方向的一个不良倾向。2008年美国爆发的金融危机和随后欧洲爆发的债务危机中，都可以看到脱实向虚倾向下系统性风险长期孕育、积聚直到引爆的过程。本文的目的就是从理论和实践两方面认清虚拟经济的本质，理解其运行方式，并沿着马克思的逻辑建立一个新的经济分析框架，并举例说明在这个分析框架下可以发现哪些传统分析框架下被忽略的经济现象及其背后的规律。

一、关于真实与非真实经济的争议与共识

建立识别真实经济的标准，是古今中外许多经济学家进行经济分析时的一个重要出发点，也是界定虚拟经济的重要前提之一。从真实经济与非真实经济的概念开始，比较效用价值论和马克思的劳动价值论，并梳理其他相关的主要观点以及不同理论基础上的经济核算理念，为界定实体经济和虚拟经济奠定尽可能宽厚的思想基础。

1.“真实财富”及其源泉的早期分歧

在相当长的历史时期内，特别是在工业化社会出现以前的农耕时期，无论中外都有重农抑商的思想，重视农业，鄙薄商业。这种思想认为，粮食、布匹及相关生产资料（耕地、牲畜、农具）等才是真实财富，与它们相比，货币（当时是金银等贵金属）不是真实财富。在莎士比亚的戏剧中，商人被描述为自私和贪婪的小人，犹太人也因为多从事商业，缺乏贵族血统而备受

歧视。鄙视商业和歧视商人是古代欧洲社会的“普世价值观”。它广泛存在于经济学说、政策和文化等意识形态。重农主义是其典型代表，虽然它作为学派在欧洲晚于重商主义，但其基本思想却有着更长的历史影响。重农主义的政策含义就是：农业强则民富国强。

与重农主义不同，重商主义者将贵金属货币看作是真实财富，他们明确指出，一个国家的富裕程度与其持有的货币量成正比。贸易会带来货币，货币又带来更多的商品，贸易繁荣就是经济繁荣。16、17世纪的海上贸易为欧洲商人带来巨额财富，也使得最初崇尚贸易的国家迅速富强起来。重商主义理论的政策含义就是：繁荣贸易并维持出超是强国之本。

早期关于财富性质争议的焦点就是：货币是不是与其他物质一样的真实财富。这不但牵涉到财富存在形式及其本质的基础理论，也牵涉到强国之路的选择。

2. 效用价值论的财富观及其核算理念

效用价值论认为对人有效用的任何事物都有价值。无论是满足生理需要还是心理需要，无论是有形产品还是无形的服务，无论是人类生产的还是大自然赐予，效用就是价值，再加上稀缺性就会产生价格。在山里捡到的钻石与人们生产的手表是一样的财富，一场演出也是与面包一样的真实财富。根据这样的理念，大自然与人类劳动一样可以创造效用，创造价值，创造真实财富。所以，土地、劳动、资本共同创造价值就成了效用价值论的基本观点，也是迄今为止西方主流经济学的“常识”。

效用论中的效用概念与马克思使用价值概念有本质区别，效用具有主观性，它本质上不是物的性质而是人的感觉。因此，效用的最大源泉并不是客观上创造使用价值的各种要素，而是“人对物有用性”的主观评价。在现实中，所有买者和卖者对某交易物的主观评价碰撞在一起就会形成其市场价格。庞巴维克将集市上这种买者与卖者之间的价格形成机制称为“边际对偶”。就像股市上买卖股票一样，股票的价格是众多买者和卖者主观出价和要价之间“竞价”的结果。出价者（买者）只要主观认为某商品的效用很大，愿意出高价，这个高价就是该商品对其主观效用价值的货币表现，要价者（卖者）接受了这个价格就可以成交。这样，偏好及其产生的主观心理就成了财富的重要源泉之一，这意味着心理可以创造价值。近年来，越来越多的学者从行为经济学和行为金融学的角度将心理因素对财富创造的影响纳入其理论，其根源就在于将人们对物的主观评价直接定义为价值。人们不禁要问，心里想出来的财富是真的吗？

根据效用论的价值概念，只要生产效用就是生产性的。（System of National Accounts, SNA）核算体系将市场经济几乎所有的行业都认定为生产性行业，所有创造效用的活动都要计入实际 GDP。不但包括商业、医疗、教育、文化、体育、娱乐、金融、房地产服务业等，还包括政府服务。仅政府服务创造的 GDP 就占美国 GDP 的 12.7%（2017 年）。而在中国人的理念中，政府靠税收生存，不创造财富。而在西方经济学中，政府提供的服务与餐馆的服务一样创造价值。名义 GDP 用物价指数缩减之后称为实际 GDP，也就是西方经济学界公认的真实财富。只要不是货币推动的名义财富增加，效用增加与价值增加是一回事，二者同步增减。

效用价值论有三个要点。一是效用是财富的本质属性，也是价值的基本内容，价格是人们用货币数量表现的对效用大小的评估，这也是心理因素和需求创造财富的原始逻辑；二是从生产和供给角度看，效用论认为土地、劳动、资本共同创造效用，共同创造价值。加上第一点就是，人们的心理、生理需求与土地、设备和自然资源共同创造价值。三是效用大小与价值大小是同一件事，在 SNA 核算体系中，物量大小与价值也是同一件事。他们认为，只要剔除了通货膨胀因素，价格就包含了所有买卖双方的所有的主观价格评估因素，产出物品的数量与其效用量和价值量增减完全同步。

这里最关键的是物量增减和价值量增减是否同步。如果产量与价值量增减是同步的，物质生产过程与价值创造过程就是一回事；如果不同步，生产率提高导致产量增加的同时，单位产品的价值量同步降低，就意味着物质生产与价值创造不是一个过程。大量事实证明，生产率越是提高，价值（价格）越是下跌，从而价值量不与产量同步增减的时候，技术进步提高生产率、推动经济增长的逻辑就会被颠覆（除非经济增长与价值毫无关联）。恰好，马克思就认为物质生产与价值创造并非一回事。

3. 马克思的财富观：从财富的两种形态到生产二重性

马克思虽然肯定了海外贸易对欧洲资本主义诞生所起的奠基作用，但他并不认为财富是贸易创造的，他否定“贱买贵卖”可以创造财富的理念。贸易增加的财富（利润）属于让渡性质，流通领域不创造财富，只有生产领域才创造财富。马克思认为，资本主义诞生的前提是“劳动力转化为商品，货币转化为资本”（《资本论》第一卷）。英国 17 世纪的圈地运动奠定了劳动力大规模商品化的社会基础，而海外贸易顺差积累的巨额货币财富则为“货币转化为资本”奠定了基础。无论是货币财富的积累还是大批农民失去土地和生产资料，都仅仅是为欧洲后来的资本主义工业化进行的原始积累。财富创造的真正源泉是贸易刺激下的工业革命，它才是经济繁荣的真正推动力。马克思在《资本论》第三卷中明确将商业和金融业排斥在生产性部门之外，它们的利润都属于让渡利润，流通领域本身不创造价值和剩余价值，它们只是转移工、农业等生产领域创造的价值和剩余价值。通过利润率平均化规律，产业资本与商业资本、生息资本、土地所有权一起瓜分产业资本创造的剩余价值。所有的新价值（V+M）都来自生产领域，来自产业资本的生产活动。这一点之所以无比重要是因为我们可能面对一个当代不可回避的事实：包括贸易和金融中介等创造的可计量财富（GDP）远远大于工农业等实体经济创造的财富。

马克思认为商品是资本主义经济的细胞，也就是财富在资本主义经济中的基本形式。商品有使用价值和价值二重属性，使用价值是商品的物质属性，价值是商品的社会属性，也是商品的本质属性。马克思认为，商品是为卖而生产的商品，使用价值和价值之所以是商品的内在矛盾，是因为卖者要得到的是商品的价值，而买者要得到的是它的使用价值。买者消费财富的物质内容，卖者则追求财富的社会形式——用货币体现的价值。二者之间孰真孰假呢？站在买者和卖者各自的立场上，他们得到的都是真实财富。马克思实际上是将财富的存在形态分成了两大类：物质形态和价值形态，即财富的物质内容及其社会形式。相应的，资本主义的生产过程也被马克思看作物质生产过程与价值增殖过程的统一，且价值增殖过程是资本主义生产的本质过程。马克思认为，随着商品经济的发展，商品内在的使用价值和价值的矛盾“外化”为商品界与货币的对立统一。社会财富的物质内容由数量众多的商品表现，而其社会形式——价值，则是由独立存在的货币来表现。所以马克思说货币是商品价值的独立化表现形式。马克思认为社会财富有两种形式，商品表现的物质形式和货币表现的价值形式。在资本主义市场经济中，它们都是真实存在的财富。

在早期人类的氏族社会中，使用价值曾经是财富的唯一形式。任何物品的生产并非为了出售，生产物品是为了满足自己和族人的需要，剩余才拿去交换。到了资本主义社会，原本的物质生产过程却必须采取价值创造和剩余价值创造的形式，否则就不能生存和发展。所以马克思称资本主义经济是“头脚倒置”的。

马克思曾援引威廉·配第的名言“土地是财富之母，劳动是财富之父”来解释使用价值的创造。可见，马克思并不否认使用价值是土地、劳动和机器设备共同创造的观点。但马克思却认为价值是劳动创造的，且只有劳动才创造价值。马克思是彻底的劳动价值论者，没有给机器设备及其他任何因素留下创造价值的余地。他认为，无论劳动生产率如何变化，一定量社会必要劳动在一定时间内创造的价值量不变。当劳动生产率提高时，产量增加，单位产品的价值量降低，使用价值量与劳动生产率成正比，单位产品的价值量与劳动生产率成反比。只要劳动量不增加，无论机器设备和其他生产资料增加还是技术进步都不会增加价值量。马克思的逻辑否定技术进步推动价值量增长，无论是企业层面还是总量层面都是如此。重要的是，马克思将物质生产过程与价值增殖过程在质上和量上的层面都划分为两个不同的过程。使用价值创造是物质生产过程或西方经济学中生产函数描述的技术过程，而价值创造却是价值形成的一个社会过程。因此，资本主义生产不是单纯的物质过程，而是包含物质过程的一个社会过程。按照马克思的逻辑，如果实际 GDP 本质上是一个价值概念，技术进步就不会推动实际 GDP 增长。随处可以看到技术进步导致单位产品价格下降的现象可以帮助我们理解这一点。

劳动价值论有三个需要强调的要点。第一，在商品经济或市场经济中，财富的基本形式是商品，使用价值是其物质属性，价值是其社会属性，随着商品社会的发展，商品的内在矛盾外化为商品与货币在社会层面的对立统一，于是社会财富具有了两种存在形态，即物质形态和价值形态。第二，使用价值可以由自然和劳动共同创造，但价值创造的唯一源泉是社会必要劳动，机器设备及土地等自然资源都不创造价值。第三，使用价值量（产量或真实产出）与技术进步成正比，商品的价值量与技术进步成反比，使用价值与价值量的变动并不一致。于是，商品生产的物质创造过程和价值创造过程无论在质还是量上都是可以分离的。

4. 计划经济回归纯粹的物质生产过程

比较计划经济与市场经济中的行业差别，有利于理解哪些行业与市场经济制度密切相关，没有市场经济它们也将随之消失。计划经济不是马克思本人建立的，而是苏联的马克思主义者们建立的。计划经济及其核算体系体现着苏联马克思主义者们对马克思理论的理解和实践。在计划经济中，利润不再是企业追求的目标，生产的直接目标是满足社会日益增长的物质和文化需要。既然生产不再是价值增殖过程，社会生产过程也就不再是物质生产过程与价值增殖过程的统一，而是一个单纯的物质生产过程。价值增殖既不是目标，也不是生产活动的必备条件，它只是核算成本、提高效率需要考虑的一个方面，并无资本主义社会中那种对生产的绝对约束力，社会生产自然也就不再是头脚倒置的了。

市场经济中的大多数行业计划经济都有，工农业自不必说，体育、教育、医疗、餐饮、文化娱乐亦不例外。只是它们的运作方式不再是盈利，但却根据是否物质生产被分为生产性行业和非生产性事业两大类。但无论称呼如何，这些行业都是人类生存必需的行业，任何社会都有。还有一些市场经济的行业在计划经济中是没有的，它们的存在与市场制度密切相关。首先，在计划经济中没有房地产业服务业，只有建筑业。土地（使是使用权）也不可以买卖，是由国家根据计划划拨的。住房是根据国家计划由设计院设计，建筑部门建造，企业和房管局系统进行分配和日常管理的。其次，计划经济时期虽然有银行，却并没有市场经济中的金融业。银行是国家机关，不是盈利企业，那时的中国人民银行隶属于财政部，是政府部门。其基本职能是货币发行和回笼，控制物价总水平，维持计划经济中物质平衡与价值平衡等。生产资料的配置是通过物资部门调拨完成的，并不依赖于资金的流动，各企业也不必自行举债，解决生产及扩大投资等问题。甚至消费品的分配也不是完全依赖货币的流通来解决，要用配给制度的各类票、证辅助消费品分配。货币只解决一部分计划外消费品和农用生产资料的配置。与市场经济相比，根本不存在以营利为目的的金融活动，计划经济没有市场经济那样的金融业。此外，投资咨询、债务评级、会计师事务所，以及其他以盈利为目并为盈利服务的商业服务业也都不存在。

马克思认为，广告、奢侈的包装及旨在刺激销售的各类促销活动等不但不增加产品价值，还要消耗大量的社会财富，因此他将商业费用看作社会财富的扣除。因此，在计划经济中，商业也被定义为非生产性行业。但是它在计划经济中实际上被改造成了与交通一样的生产性行业。中国的计划经济将传统商业改造为两个部分：一是消费品分配系统，由商业局系统和供销社系统构成，它们的主要任务是对消费品（和部分农具等农业物资）进行配售；二是生产资料调拨系统，由物资局系统，以及煤炭、石油等专业部委在全国范围内进行计划生产和调拨。运输系统也围绕生产资料和消费品的配置计划安排运力。严格地说，商业和物资系统所从事的已经不是以盈利为目标的营销活动，而是纯粹的消费品分配和生产资料配置。这也使得我们可以清晰地看到，商业活动最基本、最具实体经济意义的功能。它们与运输一样，已经成为社会生产的一个组成部分。

在计划经济中，货币不是真实财富。价值的独立化形式也就不再重要，价值独立化存在的其他形式，如股票、债券等，也无存在的必要。价格系统和货币金融系统对资源配置的决定性作用被中央计划替代。财富的价值形式和价值增殖形式对生产过程不再有约束力，社会生产基本上回归纯粹的物质生产过程。当然，价值系统配置资源的效率和约束力也荡然无存。可以确定的是，以金融房地产服务业为代表的一些行业，完全是市场制度的产物，它们也是判断是否市场经济的基本标志之一。

5. 争议、共识与研究虚拟经济的目的

早期关于真实财富的争议集中在货币是否真实财富，贸易、金融领域是否创造价值的问题上。20 世纪 60 年代西方经济学界爆发的剑桥资本争论的根本意义在于：市场经济本质上是一个由生产技术表现的物质系统，还是一个由货币表现的价值系统。至今这个争议仍没有定论。主流经济学依然认为货币不是财富，它本身也不会创造财富，这就是著名的货币中性理论。凯恩斯虽然通过利息率与投资的关系突破了货币中性理论，却因与经典的价格决定理论（微观经济学）不相容，在 20 世纪 70 年代以后，很快被主流经济学抛弃了。马克思对财富的认识则与西方经济学完全不同，马克思认为在资本主义市场经济中财富有两种存在形态，即物质形态和价值形态，它们都是真实的客观存在。但二者在质和量上并不由一个机制来决定，而是分属不同的过程。马克思明确指出，资本主义生产的本质是价值增殖过程，而不是物质生产过程。在马克思的眼里，财富的物质内容是根基，是脚，但资本主义现实却是头脚倒置，甚至是头重脚轻的。

自由主义经济学与马克思主义经济学是根本对立的理论。但是，在虚拟资本概念上却存在着极少有的共识。马克思将股票称为虚拟资本，自由主义经济学的代表人物哈耶克也使用虚拟资本的概念，他们使用这一概念的基本含义都是要将资本的所有权证与实际运行的物质资本从性质上区别开。虽然现代西方主流经济学不再提虚拟资本的概念，但他们依然强调真实投资与金融投资的区别。只有固定资本形成才是真实投资，金融投资不是投资，不论是存款、买债券还是买股票，在主流经济学中都被归为储蓄，金融投资实际上被看作虚拟的投资。

在当代，有两个典型经济现象几乎被公认为非真实经济。第一个典型经济现象是通货膨胀，绝大多数经济学家都认为，货币增加引起价格上升所增加的财富是虚拟的；第二个典型经济现象是“泡沫经济”，资产价格泡沫为主的经济繁荣通常也被称为虚假经济繁荣。尽管他们都不用虚拟经济这个词，在分析真实的经济关系的时候，却一定要剔除这些虚拟的成分。无论是马克思主义经济学家还是自由主义经济学家，在通货膨胀和泡沫经济都不是真实经济的问题上并无争议。将纯粹的货币现象或主要是货币创造名义财富的现象看作是虚拟经济已经被大多数经济学家所接受。

将一些典型现象称为虚拟经济就容易被接受，但要将市场经济的任何一个行业、部门称为虚拟经济就总是会引起争议。无论是将股市、房地产还是将金融衍生品市场称为虚拟经济，都会有专家告诉你，这些活动是如何真实、重要和不可或缺的。供求自动均衡被西方经济学论证为资源配置的核心机制，只要有需求，市场衍生出的一切都不是多余的。这就向我们提出了一个根本性的问题：提出虚拟经济的概念到底是为了什么？我们区分虚拟经济和实体经济的目的是区分两种不同性质的经济活动及其发展了的不同经济运行方式。

二、虚拟经济的行为基础、本质及统计刻画

即使绝大多数经济学人都认同通货膨胀和资产泡沫都不是实体经济，但这些现象都可以在现有的经济学的框架之下进行分析，并不构成经济学一个可以相对独立存在的研究领域，不需另起炉灶。除非发现一系列从行为基础到运行特征都不能被现有理论所涵盖的经济现象，而现有的分析框架不但不能帮助人们清晰地认识真实的因果关系，而且还会却产生大量误导。当代经济中恰恰就有这样一系列现象，它们可谓经济学的“新领域”，新就新在现有理论对它们几乎完全熟视无睹。

1. 货币直接创造实际 GDP——虚拟经济的行为基础

既然通货膨胀和泡沫经济被公认为是纯粹的货币现象，就需要明确货币能否直接创造财富，以及这些财富的性质。在当代，被公认为真实财富代表的就是按 SNA 标准核算的实际 GDP（或 GNP）。找到了货币直接创造实际 GDP 的行为基础，既可以说明为什么要将某些经济活动冠以虚拟经济的名称，又可以彻底解决长期困扰经济学界的货币中性问题。

第一个实例是重复交易如何直接创造实际 GDP。重复交易本身不计入 GDP，它却可以直接创造 GDP。以股票二级市场交易为例，股票交易额不计

入实际 GDP，证券公司和交易所为股票交易提供的中介服务却要计入实际 GDP。在 SNA 核算体系中，这种中介服务与餐饮服务一样创造效用，创造价值。同量股票交易的次数越多，交易额越大，证券公司和交易所提供的中介服务就越多，创造的 GDP 也就越大。股票在一级市场发行时会有一部分资金流入实体经济，而二级市场的交易无论多频繁，交易量多大，也不会再有资金进入实体经济。也就是说，重复交易自己膨胀得再大也不再与实体经济有关。在市场经济中，重复交易十分常见，外汇、房地产、股票、债券、大宗商品期货交易及金融衍生品市场等都存在大量重复交易。例如，外汇交易额已经是国际贸易额的 70—100 倍，外汇交易早已超出了为国际贸易和国际实际投资服务的需要，而是为谋取利润独立于实体经济之外的牟利行为。如果重复交易不创造真实财富，由重复交易衍生的服务也就具有虚拟的性质，这就是我们一定要将这类活动称为虚拟经济的原因。重复交易额的高低与实际资源投入基本无关，却与进入炒作的货币数量多寡、交易速度快慢直接相关。它是货币直接创造财富的典型之一。

第二个实例是资产价格可以创造实际 GDP。虽然资产价格膨胀本身不是真实财富，但资产价格上涨却可以创造实际 GDP。大多数与资产交易相关的服务，其服务收费的高低都要与资产价值、评估值、交易额等直接相关。例如，房地产开发收入的多寡就与土地价格直接相关。会计师服务的收入、投资咨询的服务、律师事务所对经济案件收取的服务费等都与所涉项目的名义价值直接相关。当资产价格普遍上涨的时候，这类服务的收入就要增加。即使用物价指数缩减之后，这些服务收入中的绝大部分也要计入当年的实际 GDP。资产价格上涨创造的 GDP 既不依赖于技术进步，也不依赖于资源投入，而是依赖于所涉资产价格和购买资产的货币数量（包括自有的货币收入和借入的资金）。资产价格膨胀是货币现象，由资产价格膨胀创造的实际 GDP 无疑是这类货币现象的结果。

第三个实例是货币如何作为要素投入直接创造实际 GDP。根据西方经济学的理念，银行与钢铁厂一样都是企业，都有投入和产出。钢铁厂在投入劳动与资本的同时还要投入原料铁矿石，银行在投入劳动和其他设备的同时也要投入其特有的原材料——存款。但无论是定期存款还是活期存款都属于各国官方定义的货币，或者含在 M_1 内，或者含在 M_2 中。由于现钞只占货币中很少的比例，可以说货币绝大部分都是存款，更可以说所有存款都是货币。既然所有存款都是货币，货币在银行业的“生产过程”中直接就是投入，而不再像钢铁厂那样，是获得（购买）铁矿石原料的媒介。货币增加就是存款增加，就是银行投入的增加，这必然造成银行的产出——贷款——增加。于是银行提供的中介服务增加，中介服务就是银行创造的真实财富，中介服务的净收入要计入 GDP。这里的关键在于：银行贷款给实体经济的部分，其中介服务创造收入的同时也会引起实体经济的物质财富创造过程，从而增加物质财富；而那些从事房地产开发或股市、汇市等重复交易的贷款部分则不会对实体经济的物质创造和价值创造产生作用。但它们会创造货币收入，其中很大一部分会被记入实际 GDP。这里货币依然直接推动银行业的实际 GDP 创造，而间接推动实体经济的资源投入，从而间接推动实体经济的财富创造。

第四个实例是收入流的资本化及其他资产证券化的过程创造的实际 GDP。假定一个年净收入 5 亿美元的永久性收入流，如果将其证券化，其理论价值大约是这个收入流除以利息率。假定利息率为 5%，这个收入流可以证券化为 100 亿美元的金融资产。中介机构在资产证券化的过程中要提供中介服务，并按融资额收取一定的费用。假定按资产价格的千分之一收取，证券公司收入 1000 万美元，这也是中介服务创造的价值。在这个过程中，5 亿美元的净收入不变，工厂的技术过程和盈利能力不变，但证券化的中介服务创造出了 100 亿美元的资产，同时也创造出了 1000 万美元的 GDP。这还不算可能引起二级市场增加的重复交易，以及会计师事务所、律师事务所及其他专业服务因此而增加的服务和收入。

第五个虚拟经济的实例是庞氏债务膨胀的财富创造。这种财富创造过程虽然有一些中介服务要记入实际 GDP，但主要是创造货币资产。所谓庞氏债务膨胀是指借新债还老债方式造成的债务膨胀。由于所有虚拟经济活动都是货币资金推动的，而大规模虚拟经济活动的主要资金来源不是自己的现金收入，而是债务。因此，持续扩张的虚拟经济活动最终必然导致庞氏债务膨胀，反过来庞氏债务又会推动重复交易额膨胀和资产价格上升等纯粹的货币现象。例如，依靠抵押资产增加的债务可以增加购买房地产的资金，从而可以推动房地产价格膨胀并增加其创造的货币收入和实际 GDP。房地产价格的提高反过来又会提高房地产开发商的贷款能力，增加流入房地产开发的资金。于是房地产价格与相关债务相互促进共同膨胀。随着债务增加，无论是房地产开发商还是买房者，其还债能力会越来越依赖于房地产价格持续上涨，直到借新债还老债成为唯一的生存途径，等待房地产价格更大幅度上涨成了最后希望。这时，现金流就成了关键，一旦现金流中断，就会立即引发违约的多米诺骨牌效应，引爆金融危机。一般来说，庞氏债务膨胀的最后希望一定是寄托于某种可能的巨额货币收入，最容易在短期内创造巨额货币收入的都属于虚拟经济，庞氏债务膨胀从来不会将还债的希望寄托在低端制造业上。靠借新债还老债的企业往往在寻求高科技的投资机会，但等待高科技实际产生巨额收入的过程太漫长了，将它们作为噱头推动相关资产价格上升却可以在短期得到巨额收入。在企业层面，越是大集团、大的金融控股公司就越容易卷入庞氏债务膨胀的漩涡。这些大集团公司的分公司、子公司众多，股权、债权关系复杂，往往可以较长时间掩盖其真实财务状况。但是，只要严格监管，企业层面的庞氏债务膨胀是可以有效控制的。政府是唯一可以公开靠借新债还老债长期制造巨额债务的主体。20 世纪 60 年代的凯恩斯主义者们（如萨缪尔森）曾论证政府“赤字财政”无害。虽然 70 年代遭到了新自由主义的严厉批判，但美国联邦政府却一直沿用赤字财政政策，从克林顿政府之后至今，似乎长期靠借新债还老债维持的赤字财政不但无害，还可以给美国经济带来“强劲”的繁荣。在中国，有不少地方政府也积累了大量这样的债务。庞氏债务膨胀是各种虚拟经济活动聚集风险的主要途径，当它成为越来越突出的融资方式时，就会成为引爆金融危机最后的大合唱。

2. 虚拟经济的运行特征

西方微观经济学将追求效用最大化看作是需求的行为基础，将追求利润最大化看作供给的行为基础，无论普通商品定价还是资产定价，供求都是决定性因素。在短期或瞬间，可以假定供给不变，价格完全由需求决定。在长期，价格与长期平均成本曲线最低点的值相等。时间越短，越是由需求决定价格；时间越长，越是由成本决定价格。供求均衡是价格决定的机制，也是宏观经济均衡的机制。所谓“均衡”，其本身的意义是稳定。寻求稳态至今仍是主流经济学的基本方法，更是其不可割舍的情结。但虚拟经济的运行完全颠覆了西方经济学的基础理论和观念。

第一，虚拟经济具有供求关系不确定，且可以瞬间相互转化的基本特征。虚拟经济的需求不是以消费者效用最大化作为其行为基础的，其供求双方都是以利润最大化为其行为基础。由于买卖双方都是以盈利为目标，这就造成了虚拟经济的买卖双方角色不固定的状态。例如，股民预期股票价格会由跌转涨的时候，会有越来越多的卖者转而成为买者，导致供求关系发生巨大而迅速的转化。股票、房地产、期货等众多交易中都存在着这种状况。供求关系不固定是虚拟经济运行方式的特点之一，也是孕育大规模投机行为的温床。

虚拟经济中买者和卖者完全不是实体经济中的供求双方的含义，倒更像赌博中临时起意押大押小的选择。供求角色的不确定通常是流通领域的事，不涉及生产领域。

第二，以心理为基础的定价方式是虚拟经济运行的核心机制。虚拟经济的定价方式与实体经济不同。例如，对企业盈利能力的估价是对企业未来价值的评估，与根据过去发生的成本为商品定价完全不同。在定价过程中，不但要以买卖双方心理因素为基础形成出价和要价，还要包括宏观景气状况、政治及其他各种因素对社会心理的影响。这种心理定价属于非生产领域的价格决定，与劳动多寡无关。马克思明确提示过非生产领域的价格决定机制。例如，马克思认为，利息率在一般情况下由借贷资本供求双方的议价能力决定，与供求双方提供的劳动多寡无关。另一个明显的例子是马克思认为土地价格是地租收入的资本化，也与土地投入的劳动多寡无关。劳动价值论适用于生产领域的商品定价和机器设备的定价，却不适用于企业盈利能力的估价及各种资产未来价值的评估。因为虚拟经济是纯粹的货币现象，基本上不受物质投入及其相关技术变动的约束。

第三，在虚拟经济中，供求均衡的“稳定”含义已荡然无存。在实体经济中，例如面包的供求双方，分别可以用利润最大化和效用最大化来描述生产者和消费者行为。买者的消费行为被描述为随着消费量增加其边际效用递减，于是存在一条向右下倾斜的需求曲线。但在虚拟经济中，买者的最终目的也是盈利，如股票交易，不存在用边际收益递减来描述的需求曲线，往往是价格越高、需求越大，价格越低卖得越少，“正反馈”和“追涨杀跌”变成了虚拟经济中经常出现的规律性现象。实体经济中的所谓供求规律在虚拟经济中并不存在，但买卖双方还在，只是每一时点上的供求相等已经失去了稳定的含义，没有稳定的意义，供求均衡就“除了是个界碑之外，什么都不是”。

第四，贪欲和恐惧是虚拟经济中大规模投机行为的社会心理基础。任何消费通常都有饱和点（效用最大值），唯一没有饱和点的心理就是贪欲。当越来越多人的贪欲心理被唤醒的时候就会形成社会心理，形成大规模投机行为。与贪欲心理相对应的是恐惧，它是贪欲的影子，与贪欲一起完成一个完整投机过程的后半段。社会心理形成的群体行为是虚拟经济中最重要的行为规律，人们只要相信一个谣言，如某股票未来会大涨，形成群体的抢购行为，这个股票就会真的涨起来。那些炒比特币的大佬们曾经总结出一个“炒币”的真理——“共识价值”，只要持币和潜在持币的“傻瓜”们都认为某币有价值，肯拿真货币去买，它就真有价值。心理创造财富的唯一条件就是有没有足够多的买者持有足够多的资金来实现被炒标的物的“价值”。这就是虚拟经济的魅力所在，也是它的危害所在。

第五，货币数量及其使用效率决定着虚拟经济的兴衰及其转折点。实体经济兴衰的决定性因素是要素投入和技术进步，货币在实体经济中仅仅是交易媒介，是中性的，但虚拟经济则完全不同。按照马克思的观点，价值只产生于生产领域，无论是重复交易还是资产价格升降都不属于生产领域，它们属于脱离了实体经济、脱离了劳动价值范畴的纯粹货币现象，即纯粹的价格现象。无论货币还是债券、股票、资产抵押证券，都是价值的独立化存在形式，它们创造财富的过程实际上就是货币推动资产总价格水平膨胀的过程；它们的交易实际上就是货币与其他价值独立存在形式之间的交易。这些活动在一般均衡及其发展了的分析框架中是容不下的，因为它们与生产函数无关。而将整个经济过程理解为物质过程或以生产函数为基础的技术过程的分析框架不但容不下货币非中性，而且从基本分类到基本逻辑都不能与实际经济相一致。经济学需要新的分析框架。

3. 经济学的基本分类、分析框架与虚拟经济的本质

任何经济理论体系的建立都有两个基础工作：一是将经济活动进行基本分类，二是建立将不同类型的经济活动联系在一起的基本逻辑。基本分类不同，基本逻辑就必然不同，也就产生出不同的经济分析框架和理论体系。亚当·斯密及其同代的经济学家习惯将经济活动分为生产、交换、分配、消费四个基本环节，然后梳理这四个领域之中及之间的因果关系并加以概括，找出基本逻辑，构建理论体系。经过200多年的发展，今天的西方经济学依然继承着这个基本分类和基本逻辑，但却更加简化。经济行为被简化为两类：消费和生产。相应的，社会经济结构也被分为两个基本部门：家庭和厂商。它们之间的基本逻辑就是价格调节下的供求均衡。这个基本分类和基本逻辑下的基本分析框架就是一般均衡分析框架。自凯恩斯提出了收入-支出模型以后，西方经济学增加了一个总需求结构的分析框架。在一年内可以假定技术不变，成本不变，于是每年的经济增长状态就取决于需求，这也被称为需求决定论，属于短期分析框架。当代的自由主义经济学家将它与一般均衡模型结合在一起，形成了当代最主要的经济分析框架。西方主流经济学至今没有以供给侧经济结构为基础的分析框架，但经济学说史上却不乏这类分析框架。从魁奈的经济表到马克思两大部类，再到斯拉法的《用商品生产商品》，都属于供给侧经济结构的分析框架。

从基本分类和基本逻辑角度看，凯恩斯关于货币需求的理论值得格外重视。他将货币需求分为交易的货币需求和投机的货币需求两部分，这表明凯恩斯意识到货币在资本主义经济中有两种主要用途，用于实体经济的交易和资产投机。投机的货币需求后来又被萨缪尔森等新古典综合派称为“资产的货币需求”，充分表明其使用领域的特征——资产交易，包括产权、债权等在内的资产交易。在凯恩斯考虑货币在整个经济中的作用时，他实际上将所有经济活动分成了两类：一类是产品和服务的交易，其中包括消费品、资本品及其相关服务的交易；另一类是包括产权、债权等资产及其相关服务的交易。这已经十分接近实体经济和非实体经济活动的分类。遗憾的是他没有将其发展为与需求结构类似的分析框架。

马克思在经济分析框架上与西方经济学最根本的区别就是其独有的基本分类和基本逻辑。他将经济分为生产力与生产关系两大类，将所有经济活动的物质属性与其社会属性进行了区分，并明确指出推动社会发展演化的恰恰是蕴藏于同一经济活动中的两种不同属性之间的互动。生产力不是经济学的研究对象，生产关系才是需要揭示的经济本质。从商品的二重性中，他揭示了货币如何从价值演化而来的基本逻辑；从生产的二重性中，他揭示了资本主义生产的本质就是价值增殖，并论证了价值增殖在资本主义经济中的决定性作用。他指出利润率平均化及其引起的资本流动才是市场经济中价格决定和资源配置的决定性机制，供求均衡只是这个机制起作用的必然结果。马克思认为是价值增殖引导着资本主义社会的发展和制度演化，从货币产生到资本主义生息资本（G–G'）的发展都不过是价值增殖形式的演化。正如价值作为商品的社会属性会脱离商品界，独立化为货币一样，价值增殖过程也会进一步脱离物质生产过程获得独立化的存在方式。将马克思的逻辑延伸到今天，虚拟经济的本质就是价值增殖过程的独立化，它是资本主义生产过程内在矛盾发展的结果，是纯粹的货币现象。如果说一般均衡理论提供的是以生产函数（或物质过程）或物质生产过程为基础的分析框架，那么虚拟经济与实体经济的划分，就是将整个经济看作价值系统并用货币统一起来的一个可以涵盖实体经济的货币经济的分析框架。

4. 虚拟经济的定义、统计刻画

虚拟经济是市场经济的产物，是以心理定价为基础，以货币为基本动力，供求角色可随时转换，正反馈和负反馈交替起作用，供求虽时时均衡却并不等于“稳定”的经济运行方式。其本质是价值增殖过程的相对独立化，既包括完全脱离了物质生产过程的价值增殖，也包括部分脱离物质生产过程的价值增殖活动。从短期看，虚拟经济的典型现象是以资产价格上涨为主的泡沫经济；从长期看，则是以资产规模扩张为主的经济虚拟化。与虚拟经济相对应，实体经济也是一种经济运行方式，它是以成本定价为基础，价格可以调整供求达到稳定均衡状态的经济运行方式。

经济统计中是按产业或机构划分类别的，而不是根据不同的经济运行方式进行核算的。因此，在现有的统计数据中严格地分离出虚拟经济活动有一定困难。既然虚拟经济是市场制度的产物，同计划经济相比，那些与市场经济制度密切相关的行业就会是虚拟经济运行方式集中的领域。虚拟经济的运行方式大都集中在计划经济基本被取消的那些行业中，如金融房地产服务业（不包括建筑业）、财务咨询、债务评级、会计师行等商业服务业，以及信息行业中大量与预期定价、网络炒作有关的活动。无论是将金融房地产服务业单独看作虚拟经济，还是将金融房地产服务业与职业服务业及信息业都看作虚拟经济，据此对虚拟经济整体状态做出的判断差别不大。利用现行的统计资料会一定程度漏掉炒大蒜、炒郁金香、炒比特币等虚拟经济活动，也会将一些与实体经济高度相关的经济活动统计为虚拟经济，但这些不会影响对实体经济与虚拟经济基本格局的分析和判断。

三、虚拟经济的运行规律

提出虚拟经济概念的意义首先在于归纳出一个具有独特行为和运行规则的领域，其次是解决50年前资本争论所涉及的市场经济的根本性质问题，即当代发达的市场经济是一个由货币统一在一起的价值系统还是一个物质系统的问题。只有将市场经济理解为一个由货币统一起来的价值系统，并将物质生产活动与纯粹货币现象区别开来，才可以在逻辑上理解为什么在英美发达市场经济中，金融房地产服务业可以替代制造业成为实际 GDP 创造的支柱产业。因为在商品这个资本主义经济细胞中已经包含了当代一切经济活动价值化现象的基因，只有在马克思的基本分类和基本逻辑的分析框架之下，才能看清市场经济百年来最重要的历史趋势。

1. 虚拟经济兴衰的基本范式

货币数量、社会心理与资产价值之间的互动关系是最重要的虚拟经济运行机制。其核心是在货币推动下由某些信息引起的心理波动反映在资产交易上，导致资产价格波动及相关经济活动兴衰的过程。当大量资金突然涌入虚拟经济时，卖者会转化为买者，预期会由看跌转为看涨，羊群效应和正反馈则会不断强化这种转变，名义价格下的高收益率（高利润率）被人为地不断放大，越来越多人的贪欲心理被焕发出来形成社会心理，交易额就会暴涨，引起资产价格和资产数量的进一步扩张。一旦有消息、政策、突发事件使预期逆转，恐惧会替代贪欲成为社会心理，从而迅速引发相反的过程。它可以是一个较短期的资产价格为主的泡沫过程，也可以是一个以债务和其他金融资产数量扩张为主的长期经济虚拟化过程。

2. 货币与资产价格关系的“柳欣机制”

在上述货币数量、社会心理和资产价值的互动机制中，可以嵌入一个关于货币数量与资产价值关系的重要机制。当货币增加时，无论是推动资产价格上升还是推动资产数量上升（如新发行的债券、股票、新投入市场的土地等）资产价值总量都会增加。这会导致可抵押的资产规模扩张，金融业就可以提供更多资金进入房地产市场和其他虚拟经济领域，资金扩张会推动虚拟经济创造的 GDP 增加，同时也推动实体经济增长。但随着债务增加，金融杠杆会随之延长。随着长期经济增长和金融杠杆的不断延长，债务会不断膨胀，不良资产也会不断增加，而现金流和自有资金的比例会逐渐减小，直到银行和金融机构为防范风险开始紧缩信用，引起流动性短缺，全面信用紧缩直到爆发金融危机。这就启动了完全相反的过程。这种资产价值与流动性的互动关系是虚拟经济周期性经济波动的重要机制之一。这曾是南开大学柳欣教授提出的货币数量与名义 GDP 之间互动机制的宏观模型，其核心就是资产价值与货币数量如何互动以推动经济自我膨胀和收缩的机制，我们将这种货币与资产价值之间互动造成经济波动的机制称为“柳欣机制”（2003 年）。柳欣机制也是一个风险聚散的机制，其重要意义在于将货币的内生性建立在资产价值与货币数量关系的基础上。这样货币供给量就有两个决定因素：一是中央银行对货币的调控，二是由资产价格波动代表的市场内生因素。

表 1　美国未到期债务、M_1（10 亿美元）及其比例（倍数）

年份	未到期债务	M_1	未到期债务/M_1
1960	803.65	144.5	5.6
1970	1649.97	220.1	7.5
1980	4867.39	419.5	11.6
1990	14289.30	842.7	17

续表

年份	未到期债务	M_1	未到期债务/M_1
2000	28601.23	1111.70	25.7
2005	43336.59	1396.90	31
2006	47455.12	1387.30	34.2
2007	52432.63	1394.40	37.6
2008	54529.52	1631.80	33.4
2009	54310.95	1723.70	31.5
2010	54663.33	1870.60	29.2
2015	63475.82	3141.10	20.2
2016	65960.87	3383.00	19.5
2017	68590.92	3638.20	18.9

资料来源：wind 资讯。

美国的数据提供了二者同时存在的证据，同时也告诉我们二者的力量哪个更大。表 1 列出了美国 1960—2017 年末偿还债务与具有完全流动性的货币 M_1 的年度名义值，也列出了未到期债务除以 M_1 的倍数（为了简捷，删掉了一些年份）。债务是虚拟经济活动中最重要的资产之一，它的增长直接与可供融资的现金有关。M_1 是具有完全流动性的货币。M_2 包括定期存款等金融资产，它们必须变现为 M_1 才能媒介商品交换和资产交易。可以认为 M_1 就是流动性本身，而未到期债务（量大且交易频繁）既可以作为金融资产的代表，也可以作为积累风险的总债务存量，以观测资产的膨胀与收缩。“债务存量/M_1”的比值越大表示相对于债务的现金流量越少，发生流动性短缺的风险越大。不管债务积累的存量多大，积累了多长时间，它总是要用现期资金流量来还的。因此，债务存量/现金纸币是与资产负债率一样重要的指标，是宏观经济中最重要的金融杠杆。

从表 1 可以看出，未到期债务与 M_1 几乎每年都在增长。但未到期债务对 M_1 的倍数却在发生变动。1960 年还是 5.6 倍，此后不断增长，到金融危机前的 2007 年达到最大值 37.6 倍。这 37 年间，债务膨胀的规模超过 M_1 膨胀的规模。未到期债务膨胀了 65.2 倍，M_1 只膨胀了 9.65 倍。可以肯定的是，现金在这期间不但媒介了实体经济的交易，也媒介着资产交易和债务膨胀。一般来说，实体经济的交易速度大致稳定，其交易额和所需的货币数量也大致稳定。无论是小麦、钢铁，还是衣服、鞋子的交易速度每年的变化极小，因为它们受交易物物理属性的约束，受消费周期和生产周期的约束。而虚拟经济中的交易速度则不受此约束，它们可以在计算机和网络帮助下进行高频交易，也可以突然崩盘使交易近乎停止。凯恩斯的流动性偏好概念其实就是指货币参与交易的程度是可以变化的。因此，货币的内生性不是主要通过现金 M_1 的数量体现而是主要通过货币流通速度或交易速度的变动来体现。2007年，美国债务/现金比已经达到了历史的峰值。

表 1 的后半段提供了政府强力干预的鲜明实例。金融危机是市场经济的清道夫，在无政府干预的情况下，金融危机会清理不良资产和资不抵债的金融机构。因此，金融危机是自动的去杠杆机制，就是通过金融机构倒闭使得债务总水平大幅度降低。但美联储空前力度的干预改变了这个自发的过程，它的手段就是向金融业注入巨额现金。美国在金融危机爆发后的 2009 年，未到期债务仅仅是稍有下降，随后依旧小幅度持续上升。2008—2017 年，未到期债务增长了 26%，而同期M1 则增长了 123%。“债务存量/M1”比值也从 33.4 倍下降到 18.9 倍。同危机前相比，现金 M1 的增速大于债务增速。美联储在金融危机后持续向金融领域注资，现金 M1（现钞和活期存款）以前所未有的力度扩张。在债务继续增长的情况下，只有现金增加幅度大于债务增加幅度的时候，“债务/现金”倍数才会降低。从 2009—2017 年的数据中我们可以得出的第二个结论是，中央银行控制货币数量的力量大于货币的内生性，因此有能力扭转货币与虚拟经济自发的互动趋势。

3. 模型：货币、实体经济与虚拟经济

现在我们建立一个简单的数学模型以便说明虚拟经济、实体经济及货币之间的基本关系。设 Q 为实体经济，S 为虚拟经济，它们可以理解为交易总量，也可以理解为 GDP 净值。将货币供应量与货币流通速度的乘积看作一个变量 MV，称为货币总量。假定 MV 是货币当局控制的外生变量，但货币还有内生性，设内生的货币数量为ΔMV。货币数量、实体经济、虚拟经济三者的关系可以写为：

$$MV + \Delta MV = Q + S \tag{1}$$

假定ΔMV 是虚拟经济 S 的函数：设 β 为虚拟经济影响内生货币量的系数：

$$\begin{aligned} \beta &= \frac{\Delta MV}{S} \\ \Delta MV &= \beta \cdot S \end{aligned} \tag{2}$$

假定虚拟经济符合正弦波函数，如图 1 所示。虚拟经济波动周期为 360°，可分为四个阶段：0°—90°、90°—180°、180°—270°、270°—360°，正弦波的波幅在小于 1 与大于-1 之间波动，虚拟经济影响内生货币量△*MV* 的参数可以设定为：

$$\beta = A(\sin X) \tag{3}$$

式中 A 为小于 1 的正数，以保证 β 的绝对值小于 1。也可以假定 A 为 0.5，从而因虚拟经济变化而变化的内生货币量△*MV* 最多不超过虚拟经济总值的一半。

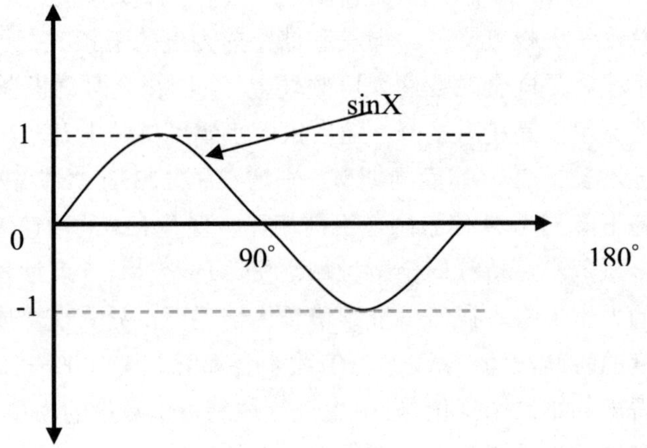

图 1

于是，（1）式可以写为：

$$MV + \beta \cdot S = Q + S$$
$$MV + A(\sin X) = Q + S \tag{4}$$

当虚拟经济处于上升段，即 0°—90°的区间时，随着时间的推移，β 将从 0 向 1 变动，这时△*MV* 为正值，货币总量增大，这会导致等式的右边等额扩张。假定实体经济 Q 是一个受资源和技术等物质内容约束的常数，增加的货币就会推动虚拟经济扩张。随着周期进入 90°—180°，0≤β＜1，△*MV* 开始下降，直到 β=0，内生货币量△*MV* 等于 0，虚拟经济对货币的正反馈效应消失。随后进入周期的第三个阶段（180°—270°），0≥β＞−1，△*MV* 转为负值，货币总量 *MV*+△*MV* 减少，虚拟经济紧缩并负反馈给货币，直到进入周期的第四阶段（270°—360°），R 值开始上升，到 360°时，β=0，然后再进入下一个上升周期。

（4）式可以写为：

$$S = MV + \Delta MV - Q = MV + A(\sin X) - Q \quad (5)$$

虚拟经济的大小取决于进入虚拟经济的货币量 $MV + \Delta MV - Q$ 。

由于 MV 为外生变量，该式对周期度 X 求导：

$$\frac{dS}{dX} = \frac{d\Delta MV}{dX} = A(\cos X)S + \sin X \frac{dS}{dX} \quad (6)$$

（6）式表示，虚拟经济的变化量取决于内生货币量随周期度 X 变化而发生的变化。

根据公式（2）、（3）得出：

$$\Delta MV = \beta \cdot S = A(\sin X)S$$

对周期度求导：

$$\frac{d\Delta MV}{dX} = A \cdot S(\cos X) + \sin X \frac{dS}{dX} \quad (7)$$

该式表示，内生货币量的变化取决于周期度 X 的变动值，以及虚拟经济总量及其变化量。

这个模型的意义在于：第一，货币在实体经济中依然维持中性，但在虚拟经济中，货币不是中性的交易媒介，而是决定虚拟经济兴衰的兴衰；第二，货币具有很强的内生性，且货币的内生性源于其与虚拟经济的互动关系，货币内生性的强弱取决于虚拟经济在整个经济中的比例；第三，模型表明了马克思的基本观点，市场经济是一个用货币流通统一在一起的价值系统，它可以被分为两部分，即虚拟经济和实体经济，因此既包括受物质生产过程约束的价值增值过程，又包括纯粹的货币过程。

4. 模型二：货币中性与货币非中性共存的经济

设 Q 为实体经济的产量，P 为其物价总水平，（1）式可写为：

$$MV + \Delta MV = Q \cdot P + S \quad (8)$$

既然 Q 是产量，其生产取决于生产函数中的资源投入和技术进步。如道格拉斯生产函数所示：$Q = A(L^{\alpha} \cdot K^{\beta})$ ，这就是说产量 Q 与货币无关，实体经济中的货币是中性的。这样，公式（8）中的 Q 就可以假定为一个常数。但实体经济中的物价总水平则与进入实体经济的货币数量直接相关：

$$P = \frac{MV + \Delta MV - S}{Q} \quad (9)$$

其含义为实体经济的价格总水平就是进入实体经济的货币量除以总产

量，即单位产品的货币数量（包括现金及其流通速度）。只是这个货币数量既包含内生货币量，又包含外生货币量，还要减去虚拟经济分去的货币数量。在实体经济中通货膨胀是唯一纯粹的货币现象。

由于

$$\beta = \frac{\Delta MV}{S}$$

$$\Delta MV = \beta \cdot S$$

（8）式可以写为：

$$MV + \beta \cdot S = Q \cdot P + S$$

$$MV + A(\sin X)S = Q \cdot P + S \tag{10}$$

（9）式可以写为：

$$P = \frac{MV + A(\sin X)S - S}{Q}$$

对虚拟经济的周期度 X 求导：

$$\frac{dP}{dX} = \left(\frac{dMV}{dX} + AS(\cos X) + A\sin X\frac{dS}{dX} - \frac{dS}{dX}\right)\frac{1}{Q} \tag{11}$$

该式表示，实体经济的物价总水平的变化，依赖于由货币当局控制的外生货币供应量 MV 的增减，依赖于虚拟经济周期度 X 的取值大于零还是小于零，依赖于虚拟经济总量随其周期度的变化率。

（8）式也可以写为：

$$S = MV + \Delta MV - Q \cdot P$$

对虚拟经济的周期度求导：

$$\frac{dS}{dX} = \frac{dMV}{dX} + \frac{d\Delta MV}{dX} - \frac{dP}{dX}Q \tag{12}$$

虚拟经济的变动与货币总量变动正相关，与实体经济物价水平的变动负相关。

四、"虚拟经济——实体经济分析框架"下的新理论

虚拟经济与实体经济的划分是马克思基本分析框架和逻辑在当代的延伸。根据这个新的分析框架，可以帮助我们发现被其他分析框架忽略，却从根本上决定着当代市场经济发展方向的经济规律，从理论和实践两个层面认

识它们有利于企业和政府的决策更精准。我们以成熟市场经济的美国为例，说明我们在这个分析框架下观察到的一些重要变化及其所涉及的因果关系。

1. 新分析框架下观察美国经济结构的量变

将农林、采矿、公用、建筑、制造、运输、信息设为实体经济，只将金融房地产服务业作为虚拟经济，余下的作为一般服务业（不算政府服务）。我们可以看出，70 年代以前，以制造业为核心的实体经济对美国 GDP 的贡献率在 40%—51%（制造业为 20%—27%），虚拟经济对 GDP 贡献率为 11.5%—16%，一般服务对 GDP 的贡献率为 26.7%—30.3%。制造业是 GDP 最重要的支柱产业。但是到了 2016 年实体经济的 GDP 贡献率已经下降到 27.8%，其中制造业的贡献率仅为 11.7%。虚拟经济的贡献率则上升到 20.9%，成为美国 GDP 的支柱产业。教育医疗、娱乐餐饮、批发、零售、商业服务业及其他服务业（一般服务业）加在一起对 GDP 的贡献率为 38.5%。从长期看，金融房地产、商业服务业对 GDP 的贡献率大幅度攀升，教育医疗对 GDP 的贡献率也由 70 年代前的 2%—4.8%上升到 2017 年的 8.2%。与其相比，批发、零售、娱乐餐饮的 GDP 贡献率大致维持不变。如果将信息、商业服务业与金融房地产合在一起来表示虚拟经济，70 年代前实体经济 GDP 贡献率为 36.1%—47.5%，虚拟经济为 18%—26.1%，一般服务业为 23.2%—24.1%，2017 年实体经济下降到 22.9%，虚拟经济上升到 37.9%，一般服务业维持在 26.4%。不论怎样划分虚拟经济，我们都能看到美国经济结构长期发生的量变，它背后是美国经济运行方式的质变。（见表 2）

表 2　美国各产业 GDP 占比（1950—2017 年）

年份	农林	采矿	公用	建筑	制造	运输	信息	金融房地	商业服务	教育医疗	娱乐餐饮	批发	零售	其他	政府服务
1950	6.8	2.6	1.7	4.7	27	5.7	3	11.5	3.5	2	3	6.4	8.9	2.9	10.7
1960	3.8	2.2	2.3	4.4	25.3	4.4	3.3	14.2	4.3	2.7	2.8	6.6	7.9	3	13.2
1970	2.6	1.5	2.1	4.8	22.7	3.9	3.6	14.7	5.0	3.9	2.9	6.5	8.0	2.7	15.2
1980	2.2	3.3	2.2	4.7	20.0	3.7	3.9	16.0	6.2	4.8	3.0	6.7	7.1	2.5	13.7
1990	1.6	1.5	2.5	4.2	16.7	3.0	4.1	18.1	8.9	6.5	3.4	6.0	6.9	2.7	13.9
2000	1.0	1.1	1.8	4.5	15.1	3.0	4.6	19.4	10.8	6.6	3.8	6.1	6.8	2.7	12.9
2010	1.1	2.2	1.8	3.6	12.2	2.8	4.9	19.7	11.6	8.3	3.6	5.8	5.8	2.2	14.3
2015	1.0	1.8	1.6	4.1	12.1	3.0	4.8	20.5	12.0	8.2	3.9	6.1	5.8	2.2	12.9
2016	1.0	1.4	1.5	4.3	11.7	3.0	4.9	20.9	12.1	8.4	4.0	5.9	5.9	2.2	12.9
2017	0.9	1.7	1.5	4.3	11.6	3.0	4.8	20.9	12.1	8.4	4.0	5.9	5.9	2.2	12.7

数据来源：Wind 资讯。

2. 美国经济结构的质变：经济运行方式的根本性变化

实体经济与虚拟经济作为两种不同的经济运行方式，共同存在于市场经济之中。当经济是以制造业为支柱的工业化经济时，整个经济基本上呈现出实体经济运行特征。当经济是以金融、房地产为支柱的“去工业化经济”或“虚拟化经济”时，整个经济就呈现出虚拟经济的运行特征。

第二次世界大战后，美国是典型的工业化大国。美国的一切优势都是在此基础上建立起来的。甚至战后的世界经济秩序也与美国的工业化地位有直接关系。90 年代以后，多数西方经济学家将美英服务业的大幅度增长称为“后工业化”，认为后工业化是生产率不断提高的结果，第二产业将与第一产业一样成为非主流经济活动，第三产业将上升为经济活动的主流。这被看作西方资本主义社会的重大进步。进入 21 世纪，越来越多的经济学家意识到关于后工业化的乐观预测可能存在问题，英美正在经历的实际上是被动的“去工业化”。去工业化是一个贬义词，与其相对应的正面词汇是“再工业化”，以纠正去工业化的偏差。美国去工业化的原因并非后工业化理论所述，是因为工业生产率极大提高，第一、第二产业已经足以满足人们的需要，于是更多的人从事第三产业，如服务业。事实是资本找到了比提高技术更便捷的提高利润率的方法：利用中国和其他第三世界的廉价劳动力。去工业化不是工人们的选择，也不是美国政府的选择，而是资本盈利行为的必然选择。从工业化经济向虚拟化经济的转型正是美国经济运行方式从量变引起的质变。它造成了一系列整体运行规则的变化。经济危机的次序被颠倒，货币与通货膨胀的传统关系被改变，就业与 GDP 增长之间的关系被扭曲，并造成了国际收支状况的历史性改变。

3. 经济危机性质的改变

从金融危机的比较中最容易看出经济运行方式的明显变化。无论是按照马克思的理论还是按照凯恩斯的理论，在工业化经济中总需求不足都是经济危机的直接原因。在 70 年代及以前的经济危机中，人们很容易观察到有效需求不足。其危机发生的顺序为：有效需求不足引起企业销售困难，企业减产、倒闭，大量失业，从而引发经济危机；随后，因企业倒闭引起银行和金融机构不良资产增加，导致大批银行和金融机构倒闭，引起金融危机。金融危机反过来又会加剧经济危机。而美国 2008 年的金融危机并不是有效需求不足引起的，而是金融杠杆断裂和资产价格下跌先引起金融危机，然后波及其他服务业和制造业，造成大量失业，引起全面经济危机。随着去工业化和经济虚拟化，有效需求退出美国经济兴衰的核心机制，流动性、社会心理预期、资产价值之间的互动关系逐渐成为美国经济运行的核心机制，决定着美国经济的兴衰。对于当代的美国经济来说，恢复和维持金融房地产服务业的兴旺，维持债务与流动性之间的稳定关系，要比增加消费和固定资本投资重要得多。

4. 货币数量对经济作用机制的重大转变

在经济虚拟化过程中，货币作用的改变出现在两大方面：一是对物价影响的机制发生了重大变化，二是推动实际 GDP 增长的直接作用日益明显。在虚拟经济壮大以前，通货膨胀与货币量之间的关系是十分直接的。货币量增加直接导致通货膨胀已经被当作经济学的常识，货币数量与物价之间的直接关系也是货币中性理论的核心。虚拟经济大幅度扩张以后就完全不同了。虚拟经济规模越大，货币增加推动一般物价（CPI 和 PPI）水平上升的力度越小，而货币数量推动资产价值（=资产数量×资产价格）膨胀的力度越大，从而直接推动金融服务增长，推动实际 GDP 增长的力度越大。美国 70 年代滞涨严重的时期，货币与通货膨胀之间几乎是直接相关。弗里德曼“稳定货币供应量以消除通货膨胀”的主张在 80 年代初的成功也说明了这一点。但是，2008 年美国爆发金融危机之后，美联储资产负债表持续扩张了 3 倍（直到 2016 年末），却迟迟看不到通货膨胀，反倒推动了股市持续高位和房地产业的恢复。在当代的英国和美国，经济虚拟化使得货币数量与经济之间的基本关系发生了重大质变。

5. 经济虚拟化改变经济增长与就业关系

去工业化的核心是低端制造业移出美国，但低端制造业中的工人们不能跟着移出美国。这既会导致美国就业结构发生重大变化，又会造成 GDP 增长与就业增长的关系发生变化。比较五六十年代和 2016 年 GDP 结构数据和就业结构数据，可以清晰地看到这个变化。

表 3　美国各行业就业人数占总就业人数的比例（1950—2016 年）

年份	农林牧渔	采矿	公用	建筑	制造	运输仓储	信息	金融房地	职业服务	教育医疗	娱乐餐饮	批发	零售	其他	政府服务
1950	4.8	1.7	0.8	4.7	27.6	5.5	2.7	3.6	3.3	3.0	4.9	4.5	9.3	6.8	16.8
1960	3.3	1.1	0.8	4.8	25.3	4.3	2.5	4.2	4.1	4.1	5.0	4.5	9.6	7.1	19.5
1970	1.9	0.8	0.7	4.7	23.0	3.5	2.5	4.6	5.2	5.5	5.4	4.5	10.3	6.1	21.4
1980	1.7	1.0	0.7	4.6	19.5	3.1	2.4	5.4	7.0	7.8	6.6	4.8	10.9	5.0	19.6

续表

年份	农林牧渔	采矿	公用	建筑	制造	运输	信息	金融房地	职业	教育医疗	娱乐餐饮	批发	零售	其他	政府服务
1990	1.2	0.6	0.6	4.6	14.9	2.9	2.3	5.9	10.1	9.8	7.7	4.7	11.4	4.9	18.5
2000	1.0	0.4	0.4	5.0	12.6	3.2	2.6	5.7	12.2	11.2	8.6	4.2	11.2	4.9	16.8
2010	0.9	0.5	0.4	4.2	8.5	3.1	2.0	5.7	12.5	14.5	9.7	4.1	10.8	5.0	18.3
2015	1.0	0.5	0.4	4.5	8.4	3.3	1.9	5.6	13.5	15.1	10.4	4.0	10.8	4.8	16.7
2016	1.0	0.4	0.4	4.6	8.3	3.4	1.9	5.6	13.6	15.3	10.6	4.0	10.8	4.8	16.5

资料来源：Wind 资讯。

如表 3 所示，美国各行业就业人数占总就业人数的比例（也就是各行业对美国就业的贡献率）从 20 世纪五六十年代到 2016 年发生了重大变化。制造业的就业贡献率大幅度下降，从 25%—27%下降到了 8.3%。制造业在就业中的作用已经被严重弱化。截止到 2016 年，就业贡献率超过 10%的行业有 5 个，政府服务就业贡献率最大，为 16.5%，医疗教育为 15.3%，商业服务业为 13.6%，零售业为 10.8%，餐饮娱乐业为 10.6%。这五个行业的就业贡献率就达到了总就业的 66.8%，服务业已经成为就业的支柱。但这五个就业支柱产业加在一起的 GDP 贡献率为 43.3%，大大低于其就业贡献率。这种不对称在美国 GDP 支柱产业——金融房地产业更加鲜明，金融房地产的就业贡献率仅为 5.6%，其 GDP 贡献率近 21%。而在五六十年代，就业贡献率最大的是制造业，其 GDP 贡献率也是最大的，而且二者同步都是 25%—27%。GDP 增长就是就业增长，二者之间的联系是直接的，因此得出经验性的奥肯定律。现在的变化是 GDP 的支柱产业与就业支柱产业并不是同一批产业。2016 年 GDP 贡献率在 10%以上的行业有制造业（11.7%）、房地产服务业（20.9%）、商业服务业（12.1%）、政府服务业（12.9%）。四个行业加在一起的 GDP 贡献率为 57.6%。而它们的就业贡献率加在一起仅为 44.1%，这大大弱化了就业与 GDP 创造之间的直接关联度，于是 GDP 增长带动就业增长就依赖于 GDP 支柱产业与就业支柱产业之间的关联机制了。

正如经济虚拟化使得物质生产过程与价值增殖过程相分离一样，经济虚拟化也使就业与 GDP 创造在不同行业之间产生了巨大差异。这使得虚拟经济与一般服务业之间的关联方式成为决定 GDP 增长与就业关系的重要因素。2008 年金融危机全面爆发之前，在一般服务业就业的大量低收入者，通过次级贷款分享房地产业繁荣的福利，通过消费信贷分享经济增长的好处。当金融危机割断了低收入者与金融房地产之间的密切联系之后，经济增长与就业的直接关联就大打折扣了。这就注定了美国经济恢复是一个缓慢的过程。

表4总结了各行业GDP除以就业人数得到的年度人均创造GDP的数值。人均创造 GDP 的倒数就是每增加一个就业需要增加的 GDP 数值。“经济”一词在中国有经邦济世之意，多数人参与的活动才是普惠的经济活动，少数人参与并受益的经济活动会加剧两极分化。不同行业人均 GDP 创造力的实质标明了不同行业的经济增长与就业之间的不同关系，这是奥肯定律的核心。当这个关系被拆解到行业之后，差距就格外明显。金融房地产每年人均创造GDP 为 45.9 万美元，意味着每增加 45.9 万美元就增加一个就业岗位。而低端服务业餐饮娱乐人均创造 4.9 万美元 GDP，意味着这些行业只要增加 4.9 万美元就可以增加一个就业岗位。可以毫不隐讳地说，原来被奉为高端服务业的医疗教育在美国已经接近餐饮娱乐业的水平了。它们从总量上看都是低端服务业。

表 4　美国各行业年度人均创造 GDP（1950—2017 年）

单位：万美元

年份	农林牧渔	采矿	公用	建筑	制造	运输	信息	金融房地	商业服务	教育医疗	娱乐餐饮	批发	零售	其他	政府服务
1950	0.7	0.8	1.1	0.5	0.5	0.5	0.6	1.6	0.5	0.3	0.3	0.7	0.5	0.2	0.3
1960	1	1.7	2.4	0.8	0.8	0.8	1.1	2.8	0.9	0.5	0.5	1.2	0.7	0.3	0.6
1970	1.9	2.6	4.1	1.4	1.3	1.5	2	4.4	1.3	1	0.7	2	1.1	0.6	1
1980	3.7	9.5	9.1	2.9	3	3.4	4.7	8.5	2.6	1.8	1.3	4	1.9	1.4	2
1990	6.7	12.6	21	4.6	5.6	5.2	9	15.4	4.4	3.3	2.2	6.4	3	2.8	3.8
2000	7.5	20.7	33.8	6.8	9	7	13.3	25.6	6.7	4.4	3.3	10.9	4.6	4.1	5.8
2010	13.2	47.3	48.4	9.2	15.4	9.7	26.4	37.2	10	6.2	4	15.2	5.8	4.7	8.4
2015	12.2	43.8	48.7	11.1	17.5	11.1	30.8	44.6	10.8	6.6	4.6	18.6	6.5	5.6	9.4
2016	12.3	43	46.1	11.5	17.3	10.9	31.7	45.9	10.9	6.8	4.6	18.1	6.7	5.6	9.6

数据来源：根据 Wind 数据库中的数据计算。

6. 成思危定理

成思危利用虚拟经济与实体经济的分析框架，提供了一个供给侧结构说明国际收支状态的理论，可作为供给侧结构分析的经典范例之一。

美国第二次世界大战后直到 70 年代之前曾经持续经常项目国际收支顺差。其逻辑是：美国通过金融项目逆差向欧洲和其他国家提供美元贷款和援助，这些国家拿到美元后向美国购买设备和技术，这一方面直接造成美国持续经常项目国际收支顺差，另一方面也会刺激美国实体经济的扩张。越是通过金融项目逆差输出美元，就越是会造成经常项目国际收支顺差，并带动本国实体经济扩张。从美国这一段时期的经验，以及日本、德国长期维持工业化经济结构的经验来看，实体经济发展与贸易顺差互相促进至少是一个经验规律。“亚洲四小龙”工业化时期的状况也证明了这个规律的存在。

进入 70 年代，美国经济陷入严重滞涨。这一时期美国出现了两个重大事件：第一是凯恩斯主义遭到批判，萨缪尔森关于政府干预与市场相结合的“混合经济”被抛弃，自由主义最终占了上风，导致经济开始了全面自由化；第二是美元停止兑换黄金，美元对外发行失去了黄金储备的最后约束。前者最重要的成果就是美国的金融自由化，它为虚拟经济的扩张消除了制度障碍。而后者最大的影响则是为货币推动的经济虚拟化和虚拟经济国际化准备了充足的动力。

表 5　美国 1960—2017 年度国际收支状况表

单位：百万美元

年份	经常项目	金融项目	年份	经常项目	金融项目	年份	经常项目	金融项目
1960	2825	-1805	1980	2318	-24932	2000	-403450	478392
1961	3821	-2833	1981	5029	-28463	2001	-389689	402037
1962	3387	-2262	1982	-5537	-32825	2002	-450797	502673
1963	4414	-4053	1983	-38691	21025	2003	-518744	540586
1964	6823	-5917	1984	-94344	75673	2004	-631591	542226
1965	5430	-4974	1985	-118155	99480	2005	-745234	714073
1966	3031	-3660	1986	-147176	116602	2006	-805964	825583
1967	2584	-2378	1987	-160655	167805	2007	-711035	632850
1968	611	-1049	1988	-121153	138261	2008	-681389	747069
1969	399	1118	1989	-99487	47394	2009	-372521	239386
1970	2331	-2110	1990	-78969	58124	2010	-430698	446411
1971	-1433	11213	1991	2897	43833	2011	-444589	525636

续表

年份	经常项目	金融项目	年份	经常项目	金融项目	年份	经常项目	金融项目
1972	−5796	7674	1992	−51613	93943	2012	−426198	448857
1973	7140	−4486	1993	−84805	79208	2013	−349543	403979
1974	1961	483	1994	−121612	124237	2014	−373800	326836
1975	18117	−22833	1995	−113567	82838	2015	−434598	333155
1976	4296	−13429	1996	−124764	134479	2016	−451685	377685
1977	−14336	17985	1997	−99487	47394	2017	−466246	349191
1978	−15143	5145	1998	−215062	66965	—	—	—
1979	−285	−25360	1999	−288365	238603	—	—	—

资料来源：美国经济分析局网站（www.bea.gov）。

从 1982 年起，美国经常项目国际收支开始了持续逆差的时期，除 1991 年有些许顺差之外，其经常项目国际收支至今一直都是逆差，金融项目的国际收支则转变为持续顺差至今，如表 5 所示。其根本原因既不是与日本的不公平贸易，更不是与中国的不公平贸易，而是其供给侧经济结构的重大变化。美国通过虚拟经济创造出巨额 GDP 的同时，美国人会得到等额的美元收入，但这些收入对应的产出中大量是虚拟经济的中介服务及其衍生的金融资产，而美国消费者的需求则是大量可以直接消费的产品和劳务，于是必须进口境外产品以满足这些需求，这就导致了美国经常项目国际收支持续逆差；持有美元的境外企业、个人和政府则主要是购买美国的各种金融资产和债券，导致金融项目国际收支持续顺差。经常项目的持续逆差与金融项目持续顺差抵消后国际收支大致平衡，美元汇率大致稳定。

我们可以得到一条基本定理：持续贸易顺差还是逆差是由国内供给侧经济结构决定的。以实体经济（制造业为核心）为经济支柱的供给侧结构与经常项目国际收支顺差正相互动，与金融项目国际收支顺差反相互动；以虚拟经济（金融房地产为核心）为经济支柱的供给侧结构与经常项目逆差正相互动，与金融项目国际收支逆差反相互动。这个国内供给侧结构变化与国际收支状态变化之间互动的逻辑，是由成思危教授与其研究团队最早提出的，他们将虚拟经济的“介稳性”（成思危，2000）延伸到经济的供给侧结构对国际收支状态的影响。我们将虚拟经济与国际收支逆差的互动逻辑称为“成思危定理”，以纪念成思危教授对理论经济学的重要贡献。成思危定理的意义在于将国际收支的决定性因素归于经济内部的供给侧结构。这在某种意义上也为国际贸易和国际经济学理论的发展开启了新的研究方向。

自20世纪80年代以来，美国经济自由化的结果是美国经济的去工业化和经济虚拟化。这一变化使得自由主义经济学几乎全面失效，无论是货币理论还是经济增长和贸易理论，都与现实产生了巨大差异。根据自由主义经济学的因果关系来套当今经济，几乎处处是陷阱。在各种计算机算法高度发达的今天，各种利用计算机模拟经济现象的尝试大有用方法替代理论的趋势。英国女王对当代经济学的著名疑问，以及2008年金融危机如此令经济学感到意外和无奈，显然是因为在基础理论中并没有包括产生危机的基本逻辑。虚拟经济的研究在中国已经持续了20年以上，其理论意义在于从根本上扭转经济学脱离实际的状态，对马克思主义经济学来说，它将走向当代实践。在实践中发展，并日益与经济实践相结合。全世界都相信中国经济在21世纪的世界经济中将发挥重要推动作用，同样，人们最终也会看到在21世纪的经济学发展中，来自中国的经济理论一定也不会缺席。

（本文由刘骏民、刘晓欣合写，原载于2018年10月第十届全国虚拟经济研讨会论文集）